utb 4747



**Eine Arbeitsgemeinschaft der Verlage**

Böhlau Verlag · Wien · Köln · Weimar
Verlag Barbara Budrich · Opladen · Toronto
facultas · Wien
Wilhelm Fink · Paderborn
A. Francke Verlag · Tübingen
Haupt Verlag · Bern
Verlag Julius Klinkhardt · Bad Heilbrunn
Mohr Siebeck · Tübingen
Ernst Reinhardt Verlag · München · Basel
Ferdinand Schöningh · Paderborn
Eugen Ulmer Verlag · Stuttgart
UVK Verlagsgesellschaft · Konstanz, mit UVK/Lucius · München
Vandenhoeck & Ruprecht · Göttingen · Bristol
Waxmann · Münster · New York

Klaus Dorn

# Basiswissen Bibel: Lesen und Verstehen

Ferdinand Schöningh

Der Autor:

Geboren am 20.8.1951 in Laufach bei Aschaffenburg, Besuch des Musischen Gymnasiums, Studium der Katholischen Theologie und Physik an der Uni Würzburg und im Theologischen Studienjahr Jerusalem an der Dormition Abbey, Assistent am Lehrstuhl für Biblische Einleitungswissenschaft an der Uni Würzburg, Promotion ebd. Derzeit Hochschuldozent am Katholisch-Theologischen Seminar an der Philipps-Universität Marburg in den Fächern Einleitung AT, Einleitung NT, Exegese NT, Hebräisch. Vortragstätigkeit in der Erwachsenenbildung und in der Weiterbildung, div. Publikationen zu unterschiedlichen Themen aus dem biblischen Bereich.

Umschlagabbildung:

Fotolia: 102762845 © MedvedevAndrey

Online-Angebote oder elektronische Ausgaben sind erhältlich unter **www.utb-shop.de**

Bibliografische Information der Deutschen Nationalbibliothek

Die Deutsche Nationalbibliothek verzeichnet diese Publikation in der Deutschen Nationalbibliografie; detaillierte bibliografische Daten sind im Internet über http://dnb.d-nb.de abrufbar.



Internet: www.schoeningh.de



Printed in Germany.
Herstellung: Brill Deutschland GmbH, Paderborn
Einbandgestaltung: Atelier Reichert, Stuttgart

UTB-Band-Nr: 4747
ISBN 978-3-8252-4747-8

Für meine Familie
sowie meine Freundinnen und Freunde,
die in schweren Zeiten mit mir gegangen sind,
mich gestützt und getragen haben

# Inhalt

**Anhang**

# Vorwort

Dieses Buch will dazu ermutigen, als Nichttheologe die Bibel einmal in die Hand zu nehmen und selbst zu versuchen, eine eher wissenschaftliche Betrachtung der Heiligen Schrift zu wagen. Es will dazu dienen, eigene Positionen und Einsichten zu gewinnen, um diese ggf. auch fundiert vortragen zu können.

Für Nichtstudierende, Studienanfänger und einfach nur theologisch Interessierte ist Exegese ein Buch mit sieben Siegeln: Da gibt es angeblich einige sogenannte Fachleute, die drehen und wenden den Text nach Belieben und finden dann zweifelhafte Dinge heraus, die mit dem eigenen (Kinder-)Glauben nichts oder nur wenig zu tun zu haben scheinen, ja diesen sogar unterminieren. So gesehen geraten Exegeten schon fast in den Ruch der Ketzerei: Wie kann da jemand behaupten, es seien keine drei Könige gewesen, die da zum Kind gekommen sind, wo sie doch in Köln begraben liegen? Wie kann jemand behaupten, das jüdische Volk sei gar nicht schuld am Tode Jesu? Das kennt man doch von früher ganz anders – u.v.m.

Das vorliegende Buch möchte versuchen, mit Mythen und Gerüchten zur Erforschung der hl. Schrift, aufzuräumen und das Vorgehen beim exegetischen Arbeiten, der wissenschaftlich gestützten Auslegung, transparent und nachvollziehbar zu machen. Auf den ersten Blick scheint dies nicht einfach zu sein. Aber es ist leichter als man denkt.

Um Exegese zu betreiben, braucht man letztlich gar nicht viel mehr als Neugier sowie die Fähigkeit und v.a. Lust, Fragen zu stellen. Das bedeutet aber auch, dass man nicht einfach über (scheinbar bekannte) Texte hinwegliest, sondern alles Fremde erkennt, um es verstehen zu können. Mit jeder Frage kommt man der Bedeutung des Textes ein Stückchen näher.

*Stellen wir Fragen – sonst kommen wir nie weiter!*

Klaus Dorn,
Marbug 2017

# Einleitung

Vor Kurzem leitete ich einen Bibelkreis. Entsprechend der Leseordnung war ein Abschnitt aus der Apostelgeschichte „dran". Es ging um eine Textauswahl aus der Apostelgeschichte 15, ein Kapitel, das vom sogenannten „Apostelkonvent", auch „Apostelkonzil" genannt, erzählt. Auf diesem „Konvent" stand eine, wenn nicht sogar *die* entscheidende Frage der frühen christlichen Gemeinden auf dem Prüfstand: Müssen sich Nichtjuden – sie werden in der Regel mit dem negativ besetzten Begriff „Heiden" bezeichnet – bei ihrer „Bekehrung" zu Christus und damit nach ihrer Taufe auch noch beschneiden lassen und in der Folge natürlich auch die jüdischen Gebote einhalten? Ausgangspunkt für diese Frage war die Tatsache, dass es nunmehr einerseits Christen gab, die ehemals Juden waren und andererseits die Heidenchristen. Es dürfte bekannt sein, dass der Kontakt zwischen einem Juden und einem Heiden nicht so ganz einfach, wenn nicht sogar unmöglich war – dies gilt für streng orthodox lebende Juden bis zum heutigen Tag! Im NT haben wir auch von Jesus einen Beleg für diese Haltung. Beim Hauptmann von Kafarnaum, dessen Diener krank ist, geht Jesus nicht zu dem Kranken hin, und das respektiert der Hauptmann auch, indem er sagt: „Herr, ich bin nicht würdig, dass Du in mein Haus gehst." Es kommt in der Folge des Gesprächs zwischen dem Hauptmann und Jesus zu einer sogenannten Fernheilung, wie es der Hauptmann erbeten oder erwartet hatte, denn seine Rede fährt fort: „Aber sprich nur ein Wort, dann wird mein Knecht gesund."

Es gibt viele Möglichkeiten für einen Juden, sich durch einen Kontakt mit einem Nichtjuden zu verunreinigen. Der Nichtjude, der die Gebote nicht kennt – oder kennt, aber nicht hält –, hat möglicherweise gerade Fleisch von einem Schwein gegessen, er hatte möglicherweise gerade Kontakt mit (s)einer Frau, die ihre Tage hatte, möglicherweise kommt er von einer Beerdigung und schließlich könnte es sogar sein, dass er vom Götzendienst kommt – das kann ein christlicher, muslimischer oder ein Gottesdienst einer anderen Religion sein. Dies alles sind Gelegenheiten, sich zu verunreinigen, und diese Verunreinigung ist wie eine ansteckende Krankheit: Sie kann durch Kontakt übertragen werden. Will also ein Jude sicher sein, sich nicht zu verunreinigen, geht er am besten auf Abstand zu Nichtjuden.

Das frühe Christentum jedoch verunmöglichte es Judenchristen und Heidenchristen, Abstand voneinander zu halten. Die frühen Gemeinden trafen sich in der Regel in Privathäusern zum gemeinsamen Gottesdienst. In den ersten Jahrhunderten war die Eucharistiefeier mit einem Sättigungsmahl verbunden, wozu jeder Essen mitbrachte. Wer weiß? Vielleicht steuerte ein Heidenchrist tatsächlich einmal ein Gericht mit Schweinefleisch bei. Der Mitchrist mit jüdischen Wurzeln musste davon natürlich nichts essen, aber schon alleine die Tatsache, dass es Schwein bei diesem gemeinsamen Essen gab, dürfte ein Problem gewesen sein.

Wie also sollte man verfahren? Wie sollte eine gemeinsame Eucharistiefeier von Juden und Heiden aussehen, sodass sich die Juden in Sorge um ihre Reinheit nicht in eine Ecke des Raumes zurückziehen mussten? Wenn man ein ganzes Leben lang diese verschärfte Form von Reinheit praktizierte, war es sicher nur schwer vorstellbar, plötzlich alles hinter sich zu lassen und „gesetzesfrei“ zu leben.

Und ein Zweites kommt hier zum Tragen: Aufgrund der jüdischen Tradition und der verschiedenen Bundesschlüsse Israels mit seinem Gott (es gibt mehr als einen Bund!), verstand man sich als das „erwählte Volk“, das sich der Zuwendung „seines“ Gottes sicher sein konnte. Wollte man an dieser Zuwendung Anteil haben, musste man Jude werden, mit allen Konsequenzen.

Dem Apostel Paulus war möglicherweise mehr als jedem anderen klar, dass es wegen dieser Frage zu einem Scheitern des Christentums hätte kommen können. Er gibt daher die Parole aus: Es gibt nur einen Weg zum Heil, und das ist der Weg des Glaubens *an* und die Taufe *auf* Jesus Christus. Das jüdische Gesetz – was auch immer er darunter verstand – konnte nichts mehr zum Heil des Menschen beitragen. „Aus Werken des Gesetzes“, so sein Credo, „kann kein Mensch gerechtfertigt werden“, d.h. in Gottes Heil gelangen. Er pocht daher darauf, Heiden nicht zu beschneiden und von ihnen keine Einhaltung des Gesetzes zu verlangen, denn, so sein Argument, mit dem Tod und der Auferweckung Jesu bietet Gott einen (neuen) Weg zum Heil. Man braucht daher nicht mehr in alter Weise Mitglied des auserwählten Volkes zu sein. Von diesem „neuen Weg“ ist sogar mehrfach in der Apg die Rede – es ist eine frühe Bezeichnung des Christentums (Apg 19,9.23; 22,4; 24,14.22).

Die Streitfrage nach der Geltung des Gesetzes ist also die Ursache für das Treffen auf dem Konvent, mit „Konservativen“ und „Liberalen“. Nach heftigem Streit und nachdem Paulus von den Missionserfolgen unter den Heiden erzählt hatte – auch die Heiden empfingen den Geist Gottes! – kommt man zu folgendem Entschluss: Die Beschneidung der Heiden ist nicht erforderlich. Im Interesse des Zusammenlebens von Juden und Heiden werden allerdings einige wenige Minimalforderungen aufgestellt: Heiden sollen sich von Götzenopfermählern, von Unzucht sowie von Blut und erstickten Tieren (in ihnen ist ja noch das Blut) fernhalten. Weitere Auflagen gab es nicht. Unter Götzenopfermählern oder Götzenopferfleisch versteht man den Genuss von Fleisch, das im Rahmen eines Opfers und damit als Kulthandlung verzehrt wurde: Jemand opfert am Tempel ein Tier, ein Teil des Tieres wird verbrannt oder auf andere Weise der Gottheit übereignet, den Rest des Tieres essen der Opfernde und seine Angehörigen oder wen er dazu eingeladen hatte am Tempel, also gewissermaßen in Gesellschaft der Gottheit. Für einen Juden ist es undenkbar, an solch einem Mahl teilzunehmen, das einem Gott gewidmet ist. Für Heiden war dies überhaupt kein Problem, zumal man bei dieser Gelegenheit einmal die Möglichkeit hatte, Fleisch zu essen. Das war ansonsten für viele kaum erschwinglich. Vorfälle in Korinth, zu denen Paulus dann schriftlich Stellung nimmt, spiegeln genau diese Frage wieder.

Unter Unzucht versteht man zumeist die Ehen zwischen engen Verwandten, die im Judentum nicht (mehr) gestattet waren. Die Ehe des Abraham mit seiner angeblichen Halbschwester Sara sowie die Ehen von Isaak und Jakob mit ihren Cousinen machen deutlich, dass sich im Laufe der Zeit im Bewusstsein des Judentums einiges verändert hatte.

Blutgenuss ist von Anfang an untersagt, d.h. ab der gottgegebenen Erlaubnis zum Fleischgenuss im Anschluss an die Sintflut. Der Grund: Blut ist (wie der Atem) Sitz des Lebens. Ohne Blut kann kein Lebewesen leben – soweit es solches in sich hat. Dem „Heiden“ wird nun auferlegt, sich wie ein Jude zu verhalten und kein Blut zu genießen, und dies schließt auch den Genuss von erstickten Tieren ein, denn diese sind nicht nach den rituellen Regeln geschächtet worden und so ist das Blut noch im Tier und im Fleisch. Das Leben aber gehört Gott.

Soweit die Auslegung von Apg 15. Worauf die Leseordnung jedoch nicht hinweist, ist die Tatsache, dass Paulus selbst auch von diesem Konvent berichtet, und zwar im Galaterbrief (Kap. 2). Dort aber erzählt er, er habe keinerlei Auflagen hinsichtlich der Heiden auf dem Konvent bekommen. Wie kann das sein? Sagt Paulus im Interesse der von ihm so vehement vertretenen Heidenmission die Unwahrheit? Oder erzählt die Apostelgeschichte nicht korrekt? Paulus berichtet im gleichen Kapitel auch von einem Zwischenfall in der damaligen Großstadt Antiochia, die im Südosten der Türkei liegt (heute Antakya). Dort geht es offensichtlich um die Frage des gemeinsamen Mahles von Juden und Heiden. Die Juden ziehen sich bei dieser Gelegenheit aus der Mahlgemeinschaft zurück, nachdem konservativere Kreise, aus Jerusalem kommend, in Antiochia auftauchen. Wenn die o.g. Regeln – Jakobusklauseln genannt, weil von Jakobus, dem sogenannten Herrenbruder, verkündet – schon Geltung besaßen, wieso kommt es dann zum Streit? Man ist heute zumeist der Meinung, dass die Jakobusklauseln erst aus späterer Zeit stammen, möglicherweise im Anschluss an den Zwischenfall in Antiochia verabschiedet wurden. Der Apostel Lukas, Verfasser der Apostelgeschichte, hätte da bewusst oder unwissentlich die Chronologie etwas durcheinandergebracht und die Jakobusklauseln zu früh datiert. Soweit der Teil des Bibelabends, der sich mit der Erklärung des Textes befasste.

Im Anschluss daran sagte eine Teilnehmerin zu mir: Wie sollen wir denn das alles wissen? Woher sollen wir diese Zusammenhänge kennen? Und sie hatte natürlich recht: Außer aus einem Bibelkreis oder ggf. aus einer Predigt des Pfarrers am Sonntag kann niemand die Sachverhalte kennen, obwohl die Ereignisse selbstverständlich bis heute relevant sind – z.B. für die Frage, ob sich das Christentum gegenüber der „Welt“ abschotten und eigene kleine Kreise (die kleine Herde) bilden soll mit einem ordentlichen Maß an Selbstbewusstsein (oder auch Überheblichkeit) gegenüber all den „Heiden“, die sich nicht um den Glauben bemühen.

Aber: Wie im Vorwort schon angekündigt, kann sich Mann/Frau auch selbst mit einigem Erfolg mit dem Text befassen, wenn dazu Fragen gestellt werden – zu allem und jedem, das nicht verständlich ist.

Eine erste Hilfe kann hierbei eine Übersetzung sein, die mit reichlich erklärenden Fußnoten versehen ist. Aber auch davon unabhängig wird vieles einfach durch

Fragen aufgehellt: Worum geht es denn bei der Versammlung? Wer sind die Leute, die dort auftreten, und warum maßen sie sich einen Führungsanspruch oder ein Recht an, Entscheidungen zu treffen? Wieso fordern Pharisäer von den Heidenchristen die Beschneidung und warum wird in diesem Abschnitt der Erfolg unter den Heiden gleich zweimal hervorgehoben? Wieso werden den Heidenchristen Auflagen gemacht – die sogenannten Jakobusklauseln? Man kann sogar die Entsprechungen bei Paulus in seinem Galaterbrief finden, wenn man in der Bibel – z.B. in der Einheitsübersetzung – einmal die Stellen nachschlägt, die nach jedem Absatz in kleiner Schrift eingetragen sind.

Die Bibel besser zu verstehen ist kein Hexenwerk und es bedarf auch nicht komplizierter Methoden, die nur Insidern bekannt sind. Natürlich ist ein Theologiestudium damit keineswegs überflüssig und die „Experten" werden sicher mehr aus den Texten herausholen, als dies eben nur kurz dargestellt wurde, aber mit einer Reihe von Fragen, die jeder an die Texte stellen kann, ist schon Etliches zu klären.

In diesem Buch werden 26 derartige Fragen vorgestellt und gezeigt, wie man vorgehen kann, um sich den Gehalt der Texte zu erschließen. Die Fragen gehen auf Methoden zurück oder beinhalten solche, wie sie von Exegeten verwendet werden. Es wird aber hier weitgehend darauf verzichtet, die klassische Terminologie zu verwenden, weil sie zur Anwendung der Textbefragungen nicht erforderlich ist.

Selbstverständlich gibt es in der Exegese noch eine ganze Reihe weitere Methoden, z.T. sehr spezieller und manchmal auch recht komplizierter Art (vgl. Sekretariat der Deutschen Bischofskonferenz: Die Interpretation der Bibel). Bei einigen steht m.E. der Ertrag in keinem akzeptablen Verhältnis zum Aufwand. Dies gilt in besonderer Weise für Methoden der Linguistik. Auf sie wird ausdrücklich verzichtet.

Die meisten Fragestellungen werden an atl. und ntl. Texten demonstriert. Es ist allerdings nicht möglich, immer wieder die gleichen Texte zu verwenden, weil sich der eine oder andere Text nicht für die entsprechende Untersuchung eignet. Das ist etwas bedauerlich, weil sich die verschiedenen Fragen nicht einer bestimmten Reihe nach abarbeiten lassen. Die Sache hat natürlich auch einen Vorteil: Das Spektrum der behandelten Texte wird dadurch größer.

Einige kurze Anmerkungen zu den Texten: Die Bibeltexte sind, so weit nicht anders angegeben, aus der Elberfelder Übersetzung in der Fassung von 1993 aus dem Bibel-Programm *BibleWorks 8* entnommen. EÜ bezeichnet die Einheitsübersetzung. Der Gottesname wird mit J" abgekürzt. Die Biblischen Bücher und Namen werden nach der EÜ zitiert.

Und nun viel Spaß und Erfolg bei der Lektüre!

# 1. Frage: Die Bibel – Was ist das eigentlich?

Viele Christen verstehen die Bibel so, wie orthodoxe Juden dies bis heute tun und wie auch die Muslime ihren Koran verstehen: *Als göttliche Offenbarung*. Man war zwar nie der Ansicht, sie sei direkt aus dem Himmel heruntergefallen, sondern durch Menschen geschrieben, aber die Autoren und mithin die Schrift galten als „inspiriert“. Dies wurde – zumindest früher – von den meisten Christen so interpretiert, wie es vielfach auf Bildern zu sehen ist: Dem Autor sitzt der Heilige Geist in Gestalt der berühmten Taube auf der Schulter, ersatzweise steht ein Engel hinter ihm und flüstert ihm ein, was er zu schreiben hat. Verbalinspiration nennt man das und dies bedeutet, dass die Schrift nicht nur als Ganzes das Wort Gottes wiedergibt, sondern dass jedes Wort wortwörtlich von Gott übermittelt worden und die Schrift deshalb ohne Widersprüche und Gegensätze sei.

Selbst wenn es so wäre: Wir haben diesen ehemals inspirierten Text heute nicht mehr, denn wie gleich zu zeigen sein wird, existiert keine Originalhandschrift eines Paulus, Mose, Jesaja etc. Die Folgen werden natürlich sehr unterschiedlich beurteilt:

„...Ferner ist behauptet worden, dass die Lehre der Verbalinspiration wertlos sei, wegen der Verschiedenheiten der griechischen Manuskripte, die es an manchen Stellen fast unmöglich machen, die Wörter eindeutig zu bestimmen. Aber dieses berührt nicht in jedem Fall die Frage der Inspiration, bei der es sich darum handelt, dass die geschriebenen Worte von Gott inspiriert wurden. Ob wir eine korrekte Kopie bzw. Übersetzung besitzen, ist eine ganz andere Frage. Die Abweichungen in den griechischen Manuskripten beeinträchtigen in keiner Weise die fundamentalen Lehren des Christentums [das steht da wirklich so, als wenn es „das“ eine, einheitliche Christentum gäbe!]. Nur an einigen Stellen sind die Worte zweifelhaft.“ (http://www.bibelkommentare.de/index.php?page=dict&article_id=392). 4.12.2015

Dies ist nun leider falsch und stellt eine absolute Verharmlosung der Probleme dar. Es macht schon einen wichtigen Unterschied, ob es in Mk 1,1 heißt: *Anfang des Evangeliums Jesu Christi, des Sohnes Gottes* oder nur *Anfang des Evangeliums Jesu Christi*. Und es ist sicher auch von Relevanz, ob der Text lautet: Mt 1,16: *Jakob aber zeugte Josef, den Mann Marias, von welcher Jesus geboren wurde, der Christus genannt wird* oder ob es heißt: *Josef...zeugte Jesus...*“ wie es in einer syrischen Übersetzung heißt. Die Unterschiede zwischen den verschiedenen existierenden Texten sind keineswegs klein und absolut nicht zu vernachlässigen!

Einer Interpretation der Texte sind, nach der Vorstellung der Verbalinspiration, naturgemäß sehr enge Grenzen gesetzt und die Vertreter dieser Ansicht neigen dazu, alles „wörtlich“ zu nehmen. Dann *ist* eben die Welt in sechs Tagen geschaffen worden und *ist* „nur“ 5776 Jahre alt, die Sintflut überzog die gesamte Erde und der Kahn des Noah hatte von jedem Tier zwei bzw. sieben Paare an Bord, vom Krokodil bis zum Virus. Dazu die (natürlich unzeitgemäße) Frage am Rande: Wovon ernähr-

von Wanderhirten, die in Zeiten der Dürre, in denen sie ums Überleben kämpfen, bis nach Ägypten hinunterziehen, um in den noch immer fruchtbaren Auen des Nildeltas zu überleben. Als sie irgendwann von dort wieder zurück in ihre alte Heimat wollen, scheinen die Ägypter diesem Ansinnen Widerstand entgegengesetzt zu haben, sodass nur die Flucht blieb. Diese ist trotz Verfolgung erfolgreich und so entkommt eine Gruppe von vielleicht 100 bis 250 Personen der Ägyptischen Großmacht. So etwas kann unmöglich ohne die Hilfe des eigenen Schutzgottes geschehen sein, dem man das Gelingen der Flucht als Heilstat zuschreibt. Auch diese Erzählung vom Exodus findet Eingang in das Gesamtbewusstsein des Volkes, vermutlich auch hier in Situationen der Bedrohung.

Und so beginnt die Niederschrift der eigenen Geschichte, nicht nur, oder möglicherweise sogar nicht einmal vorrangig, als Geschichte eines Volkes mit seinem Schutzgott. Sie wird als Gesamtisraelitisches Ereignis erzählt, wodurch, das Zusammengehörigkeitsgefühl gestärkt oder vielleicht sogar erst erzeugt werden soll. Urschriften sind freilich heute nicht mehr vorhanden. Bei welchen Anlässen sie verlorengingen, wissen wir nicht, aber es gibt in der Geschichte Israels genug Turbulenzen, in denen es zur Vernichtung der Texte gekommen sein könnte.

Übrigens bleibt es nicht bei den Geschichtserzählungen. Es kommen im Laufe der Zeit neue Texte hinzu, und zwar unterschiedlichster Art: Gebete, wie sie etwa in den Psalmen vorliegen, Texte von Männern, die man als „Propheten" bezeichnet und die vor allem religions- und gesellschaftskritische Äußerungen vortragen. Der Gott wird als ein Gott der Schwachen propagiert, nicht der Herrschenden, wie dies sonst üblich ist! Er ist der Schutzgott des Volkes, der es nicht fremden Großmächten preisgeben würde u.a.

Und auch Gebote und Verhaltensregeln, Gesetze und Gerichtsurteile wurden niedergeschrieben. Der Garant für Gerechtigkeit und die letzte Instanz, welche die Gesetze sanktioniert, ist nicht etwa der Herrscher, sondern wiederum die Gottheit.

Alle diese Schriften entstanden im Verlauf von ca. 600 bis 800 Jahren. Zwischenzeitlich kam es von 586 bis 538 zur Deportation und Exilierung von Teilen des Volkes durch die Großmacht der Neubabylonier. Das Exil hat die Menschen nicht zerbrochen! Vielmehr gewinnt das Bild von Gott neue Facetten hinzu: Die Gottheit und ihre Macht wird nicht mehr stationär auf das Land Palästina beschränkt, das man ursprünglich bewohnte. Dieser Gott war ein mobiler, beweglicher, der mit seinen Gläubigen auch das Exil teilt, auch dort präsent ist, auch dort verehrt werden kann, sogar ohne einen Tempel. Es ist daher gar nicht verwunderlich, wenn man nach dem Exil zunächst kein sonderliches Interesse daran verspürt, überhaupt wieder einen Tempel zu bauen. Da mussten dann schon Propheten her, die den göttlichen Auftrag zum Neubau einforderten. Und wenn dieser Gott auch in der Fremde etwas zu sagen hatte, dann war doch klar, dass er nicht einfach nur für ein bestimmtes Gebiet zuständig war: Er war ein Gott, der überall wirkte und der deshalb auch zeitlos wirkte. Er ist der Gott, der Himmel und Erde gemacht hat und damit der Größte aller Götter, ja überhaupt der Einzige, denn für andere Götter gibt es ja auch gar nichts mehr zu tun und damit auch keinen Platz mehr!

Die Theologie des Alten Testaments ist *nicht* vom Himmel gefallen. Sie entwickelt sich, gerade auch durch die Geschichte, in der sich Gott immer wieder offenbart, in der er deutlich macht, dass er „da" ist, wirkt und hilft. Und somit ist das AT nicht nur, aber auch eine „Bekenntnisliteratur", mit Reflexion der Vergangenheit, dem Lobpreis der Gottheit und der Erwartung göttlicher Zuwendung auch – oder wieder neu – in der Zukunft.

Eine ganz eigene Art von Literatur liegt mit der sogenannten *Weisheit* vor. Diese ist auch aus Ägypten bekannt und tritt dort schon etliche Jahrhunderte vor den vergleichbaren Texten des Alten Testaments auf. Gott spielt in solchen Texten mitunter kaum oder gar keine Rolle, denn typisch für die Weisheit ist, dass man aus scheinbar zeitlosen und immer gültigen Erfahrungen lernt. Ein solches Denken geht davon aus, dass sich die Zeiten nicht ändern und dass die Alten wissen, was zu tun und zu lassen ist. So mancher weisheitliche Spruch hat seinen Weg bis in unsere Welt und Zeit gefunden, obgleich sich heute die Zeiten manchmal so schnell ändern, dass man mit dem Erlernen des Neuen nicht mehr nachkommt. Wer ein neues Smartphone erwirbt, wird heute vermutlich eher seine Kinder als seine Eltern fragen, wie das Ding funktioniert. Deshalb werden die Ansichten der „Alten" heute vielfach auch nicht mehr als hilfreich angesehen.

Welche Bücher konkret zur Weisheitsliteratur gehören, hängt merkwürdigerweise ebenfalls von der Konfession ab. Die Katholische Bibel ist, wie gesagt, umfangreicher als die der Kirchen der Reformation, umfangreicher auch als das hebräische AT, denn in der Katholischen Bibel finden sich auch Bücher, die, wie oben erwähnt, ausschließlich in Griechisch, nicht aber in Hebräisch überliefert wurden. Diese Bücher sind z.T. relativ „jung", d.h. nachexilisch, vielleicht aus dem 3. oder 2. Jh. vor Christus.

Als Weisheitsbücher des katholischen Kanons gelten das Buch der Sprüche/Sprichwörter, Kohelet, das Buch der Weisheit und Jesus Sirach. Auch Ijob und das Hohelied werden zu dieser Literatur gezählt.

Da finden sich dann Worte wie:

> *Sir 1,14 Anfang der Weisheit ist die Gottesfurcht, den Glaubenden ist sie angeboren. 15 Bei den Frommen hat sie einen dauernden Wohnsitz, und bei ihren Nachkommen wird sie bleiben. 16 Fülle der Weisheit ist die Gottesfurcht, sie labt die Menschen mit ihren Früchten. 17 Ihr ganzes Haus füllt sie mit Schätzen an, die Speicher mit ihren Gütern. 18 Krone der Weisheit ist die Gottesfurcht, sie läßt Heil und Gesundheit sprossen. 19 Verständnis und weise Einsicht gießt sie aus, sie erhöht den Ruhm aller, die an ihr festhalten. 20 Wurzel der Weisheit ist die Gottesfurcht, ihre Zweige sind langes Leben. (EÜ)*

> *Sir 26,1 Eine gute Frau – wohl ihrem Mann! Die Zahl seiner Jahre verdoppelt sich. 2 Eine tüchtige Frau pflegt ihren Mann; so vollendet er seine Jahre in Frieden. 3 Eine gute Frau ist ein guter Besitz; er wird dem zuteil, der Gott fürchtet; 4 ob reich, ob arm, sein Herz ist guter Dinge, sein Gesicht jederzeit heiter. (EÜ)*

> *Spr 14,28 In der Menge des Volkes besteht die Herrlichkeit eines Königs, aber durch Mangel an Leuten kommt der Untergang eines Fürsten.*

> *Spr 26:27 Wer eine Grube gräbt, fällt selbst hinein; und wer einen Stein wälzt, auf den rollt er zurück.*

In unseren Breiten sind insbesondere die Aussagen über die „tüchtige Frau" nicht mehr unbedingt von Relevanz, doch kann man sich gut vorstellen, dass dergleichen in bestimmten Kulturräumen durchaus noch aktuell ist. Es sei vermerkt, dass sich Spuren weisheitlichen Denkens auch im NT finden, in dem Aussagen über die Weisheit selbst getroffen werden:

> *Mt 12,42 Eine Königin des Südens wird auftreten im Gericht mit diesem Geschlecht und wird es verdammen, denn sie kam von den Enden der Erde, um die Weisheit Salomos zu hören; und siehe, mehr als Salomo ist hier.*

Nicht vergessen werden sollen die *Propheten* und die *Psalmen*: Erstere treten weniger als Wahrsager und Zukunftsdeuter auf. Sie sind vielmehr Mahner, die den Gotteswillen als Korrektiv in die konkrete Gegenwart hinein verkünden – und sie sind z.T. äußerst aktuell:

> *Am 8,4 Hört dies, die ihr den Armen tretet und darauf aus seid, die Elenden im*
> *Land zu vernichten, 5 und sagt: Wann ist der Neumond vorüber, daß wir Getreide*
> *verkaufen, und der Sabbat, daß wir Korn anbieten; um das Efa zu verkleinern und*
> *den Schekel zu vergrößern und die Waage zum Betrug zu fälschen, 6 um die Ge-*
> *ringen für Geld und den Armen für ein Paar Schuhe zu kaufen, und damit wir*
> *den Abfall des Korns verkaufen?*

Bei den Psalmen handelt es sich um Gebete und Lieder zu den unterschiedlichsten Anlässen: Preis-Psalmen, Wallfahrtslieder, Gebete in Zeiten der Gottesferne und somit Hilferufe, Dankpsalmen in Folge der Errettung aus Not u.v.m.:

> *Ps 122,1 Ein Wallfahrtslied. Von David. Ich freute mich, als sie zu mir sagten: «Wir*
> *gehen zum Haus des HERRN!» 2 Unsere Füße standen dann in deinen Toren,*
> *Jerusalem. 3 Jerusalem, die du aufgebaut bist als eine fest in sich geschlossene Stadt,*
> *4 wohin die Stämme hinaufziehen, die Stämme Jahs, ein Mahnzeichen für Israel,*
> *um den Namen des HERRN zu preisen. 5 Denn dort stehen Throne zum Gericht,*
> *die Throne des Hauses David.*

> *Ps 106,1 Halleluja! Preist den HERRN, denn er ist gut! Denn seine Gnade währt*
> *ewig. 2 Wer wird alle die Machttaten des HERRN erzählen, hören lassen all seinen*
> *Ruhm? 3 Glücklich, die das Recht bewahren, die Gerechtigkeit üben zu aller Zeit!*
> *4 Gedenke meiner, HERR, in der Zuneigung zu deinem Volk. Suche mich heim*
> *mit deiner Hilfe, 5 daß ich anschaue das Glück deiner Auserwählten, mich freue*
> *an der Freude deiner Nation, mich rühme mit deinem Erbteil.*

Bisweilen werden ganz bewusst besondere Strukturen erstellt, wie in Ps 136, der jeweils mit dem Spruch endet: Denn seine Gnade währt ewig.

> *Ps 136,1 Preist den HERRN, denn er ist gut. Denn seine Gnade währt ewig!*
> *2 Preist den Gott der Götter, denn seine Gnade währt ewig!*
> *3 Preist den Herrn der Herren! Denn seine Gnade währt ewig!*
> *4 Den, der große Wunder tut, er allein. Denn seine Gnade währt ewig!*
> *5 Den, der die Himmel gemacht hat mit Einsicht. Denn seine Gnade währt ewig!*

Andere Figuren können nur am Originaltext beobachtet werden, wie z.B. bei einem „alphabetischen" Psalm. Jeder Vers (oder auch jede Zeile) beginnt mit dem jeweils nächsten Buchstaben des Alphabets. Man nennt dies auch eine Alphabetische Sortierung. Dazu gehören z.B. die Psalmen 9; 10; 25; 34; 37; 111; 112 u.a.

### Zusammenfassung

Der Text des AT ist nicht als chronologischer Bericht über mehr oder weniger längst vergangene Zeiten zu verstehen, auch wenn in den erzählenden Büchern Geschichtliches rekapituliert wird. Vielmehr sind die vergangenen Ereignisse eingebettet in theologische Aussagen, in Texte, die davon erzählen, wie in den Wirren der Geschichte der Gott des Volkes erfahrbar wird, wie er hilft, weiterführt, ggf. aber auch straft. Deshalb spricht man von „Heilsgeschichte".

Im Laufe der Zeit kommen andere Texte dazu, wie etwa Prophetentexte, die aber kaum weniger an den Zuständen zum Zeitpunkt ihrer Entstehung interessiert sind. Es kommen Gebete hinzu, wie etwa die Psalmen, die Freude und Leid, Erfahrungen des Einzelnen wie auch von Gruppen, Gebete zu Tempel und Königtum beinhalten. Schließlich werden v.a. in der nachexilischen Zeit (nach 538 v. Chr.) auch sogenannte Weisheitstexte angeschlossen. Dabei handelt es sich um Bücher, die das korrekte und meist effiziente Verhalten eines Menschen in seiner konkreten Welt zum Inhalt haben. In diesen Texten kommt Gott eher weniger vor, aber sich weise zu verhalten zeugt nicht nur von Klugheit eines Menschen, sondern auch von Gottesfurcht und von der Kenntnis der Ordnung der Welt, die zumeist als gottgegeben dargestellt wird.

### Was lernen wir daraus?

Die hl. Schriften sind zwar im Kontext konkreter geschichtlicher Gegebenheiten entstanden, es ist aber keineswegs die Absicht der Erzähler und Verfasser, die Geschichte als Summe von Ereignissen weiter zu geben. Vielmehr wollen die Texte bei ihren Adressaten etwas bewirken, z.B. Trost, Hoffnung, Verhaltensänderungen, Lob Gottes etc. Niemand möchte in dieser Zeit einen Bestseller verfassen. Wer etwas schreibt, hat seine guten Gründe dafür.

Zum Zweiten erkennt man, dass es nicht jede Art von Literatur – und es gibt sehr viele verschiedene Arten – zu jeder Zeit gab. Die prophetischen Schriften stammen zumindest zum Teil aus einer Zeit, die dem jeweiligen Propheten, dem sie zugeschrieben werden, sehr nahe kommen dürfte. Weisheitliche Schriften dagegen sind zumeist recht jung; vielleicht hängt ihre Entstehung, v.a. in der nachexilischen Zeit (nach 538 v. Chr.) damit zusammen, dass man in der Geschichte wieder Halt suchte, dass man eine Ordnung haben wollte, nach der man leben konnte.

## Der Text als Geschriebener: Schriftträger und Schrift

Die Frage nach der „Art" von Texten kann sich auch darauf beziehen, auf welchem Material oder Schriftträger die Texte überliefert sind, in welcher Sprache und welcher Schrift.

In Ägypten entwickeln sich die Hieroglyphen, die „heiligen Einritzungen", im Zweistromland die Keilschrift und in Israel verwendet man die aus Phönizien stammende „Schreibschrift".

Diese Schriften unterscheiden sich grundlegend voneinander. Dazu ein kleiner Blick in die Entstehung von Schrift: Die einfachste Form, jemandem eine Mitteilung zukommen zu lassen, ist es, ein Bild oder Bilder zu malen, so ähnlich wie die heute verwendeten Piktogramme auf Bahnhöfen und Flughäfen. Ein Mann zeigt das Herren WC an, eine Frau das Damen WC, ein Baum meint einen Baum oder einen Park, ein Auto ein Auto und ein Zug einen Zug. Dann braucht man nur noch einen Pfeil für die Richtung und jedermann weiß, wo er was findet – international. Großartige Texte kann man damit jedoch nicht abfassen, es sei denn, es stehen eine große Menge an Zeichen zur Verfügung, die nicht alles, aber doch das Wichtigste an Kommunikationsbedürfnissen abdecken. Diese Art von Schrift, in der ein Gegenstand sein eigenes Zeichen besitzt, finden wir noch in Japan und in China, allerdings in stark abstrahierter Form.

**Abb. 1a:** Piktogramm „Damen" und „Herren"

Demgegenüber stellt es einen deutlichen Fortschritt in der Abstraktion dar, ein Zeichen für eine bestimmte Silbe zu verwenden. Dieses Zeichen kann dann unabhängig von dem gemeinten Wort immer eingesetzt werden, wenn die Silbe dem Laut nach vorkommt – auch in einem anderen Wort. So verwendet das Ägyptische zwar auch Zeichen, die nur für einen Buchstaben/Konsonanten stehen, aber durchaus auch solche, die zwei oder sogar drei Konsonanten, also eine ganze Silbe bedeuten, wie z.B. das Zeichen für nfr, ein Herz mit Luft- oder Speiseröhre das, gewöhnlich mit e vokalisiert, (nefer), schön, bedeutet.

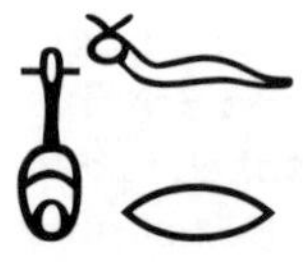

Im zweiten Piktogramm sind die Konsonanten für f (die Schlange) und r (der Mund) noch einmal eigens zusätzlich geschrieben, obwohl das erste Zeichen alleine ausreichen würde. Aber diese „Buchstaben" hinzuzufügen oder wegzulassen war Sache des Schreibers. (vgl.: http://www.selket.de/hieroglyphen/hieroglyphen-lesen/ 27.6.2016

Die Silbe nfr ist auch im Namen der Ehefrau des Echnaton, Nofretete, enthalten (die Schöne ist gekommen).

Den höchsten Grad von Abstraktion stellt die reine Buchstabenschrift dar. Sie findet sich bei den Phöniziern, deren Schrift die Ausgangsbasis für viele andere Schriften in unterschiedlichen Sprachen ist, so auch für das Griechische und Hebräische. Ein Zeichen steht für einen Buchstaben, sodass nunmehr nur eine sehr begrenzte Anzahl von Zeichen (Phönizisch wie auch Hebräisch sind es 22) erforderlich ist, um ein Wort seinem sprachlichen Klang nach regelrecht „abzubilden". Vor allem lassen sich mit dieser Schrift nicht nur vorhandene „Gegenstände" in Schriftform festhalten, sondern genauso gut Abstrakta: Geist, Wind, Liebe, Gefühle werden auf diese Weise schriftlich vermittelbar. Bei etlichen Buchstaben wird gleichwohl noch erkennbar, dass ursprünglich auch hier der betreffende Gegenstand als Bild gemalt wurde. Das erste Zeichen des Alphabets, das Zeichen Aleph א 𐤀, erinnert noch deutlich daran, dass „Aleph" ursprünglich „Rind" bedeutet, und es ist nicht sehr viel Phantasie erforderlich, um in diesem Zeichen den Kopf eines Rindes oder Stieres zu erkennen. Solche Herleitungen sind auch bei einer Reihe weiterer Zeichen möglich wie z.B. beim Buchstaben bet = Haus, bei Ajin = Auge, bei gimmel/gammal = Kamel. Am Anfang stand auch hier die Zeichnung des Gemeinten.

Welche Schrift sich regional entwickelt und durchgesetzt hat, ist nur teilweise eine Frage des Zufalls oder der Kontakte der verschiedenen Völker zu- und miteinander. Man kann sich vielmehr vorstellen, dass dabei auch der in ausreichender Menge

| | | | | | |
|---|---|---|---|---|---|
| 𐤀 | alef | ⊃ | 𐤋 | lamed | *l* |
| 𐤁 | bet | *b* | 𐤌 | mem | *m* |
| 𐤂 | gimel | *g* | 𐤍 | nun | *n* |
| 𐤃 | dalet | *d* | 𐤎 | samech | *s* |
| 𐤄 | he | *h* | 𐤏 | ajin | ⊂ |
| 𐤅 | waw | *w* | 𐤐 | pe | *p* |
| 𐤆 | sajin | *z* | 𐤑 | sade | *s* |
| 𐤇 | chet | *ch* | 𐤒 | kof | *q* |
| 𐤈 | tet | *t.* | 𐤓 | resch | *r* |
| 𐤉 | jod | *j* | 𐤔 | schin | *sch* |
| 𐤊 | kaf | *k* | 𐤕 | taw | *t* |

**Abb. 2:** Phönizisches Alphabet, eigene Darstellung

**Abb. 3:** Keilschrift in hurritischer Sprache, Louvre

vorhandene Schriftträger und das Schreibmaterial eine wichtige Rolle gespielt haben. Im wasserreichen Zweistromland war es kein Problem, sich von den Flüssen feuchten Lehm oder Ton zu besorgen. Man formte daraus eine Art Tafel und in diese wurde mit einem speziell zugeschnittenen Stäbchen abstrakte Zeichen hineingedrückt: die Keilschrift, die ursprünglich auch eine Wortschrift gewesen sein dürfte. Der getrocknete Lehm oder Ton garantierte eine gewisse Haltbarkeit von Schrift und Schriftträger, nach einem Brand konnten derartige Tafeln sogar Jahrtausende überdauern. Allerdings gibt es durchaus auch Tafeln oder Stelen aus Stein, in welche die Keilschrift eingeschlagen worden ist, vermutlich weil sie als Schrift zu dieser Zeit schon allgemein gebräuchlich war.

Was die Materialien angeht, hätte die Keilschrift-Methode auch im Niltal Ägyptens Fuß fassen können. Vielleicht stand dem aber die Kompliziertheit der ägyptischen Zeichen, die ja nach wie vor Bilder waren, im Weg oder der zunehmend primäre Verwendungszweck der Schrift im Kontext des Jenseitsglaubens, der eine dauerhaftere Schrift verlangte. Die Keilschrift war in Ägypten allerdings durchaus bekannt: Insbesondere aus der sogenannten Amarna-Zeit, d.i. die Zeit von Echnaton und Nofretete (um 1350 v. Chr.), finden sich Keilschriftarchive, z.B. Briefe an die von Ägypten abhängigen Städte in Palästina, (Friedens-)Verträge u.a. Ansonsten ritzte man stattdessen Bilder schon sehr früh in Wände, malte diese auf – oder meißelte sie, trotz der schwierigen Formen, in Stein.

Für Israel wie auch für andere Gebiete rings um das Mittelmeer, die sich der phönizischen Schrift bedienten, lag es nahe, diese Schrift zu verwenden. Es ist ein weitgehend trockenes Gebiet, Lehm und Ton waren nicht so ohne Weiteres greifbar und so schrieb man Zeichen mit Tinte oder Farben auf möglichst feste und flache Schriftträger. Infrage kamen hierfür Steinplatten, Wände, Tonscherben und ggf. auch Holzbretter. Angesichts der Holzarmut, die sich heute freilich noch viel gravierender darstellt als damals, geschah dies allerdings recht selten. Zumindest gibt es keine nennenswerten Funde.

Deshalb machte ein weiterer Schriftträger Karriere, der in Ägypten hergestellt wurde. Er fand in der damaligen Welt reißenden Absatz: der Papyrus. Die Ägypter

**Abb. 4**: Papyruspflanzen in einem künstlich angelegten Moor

produzierten aus den Stängeln der Papyruspflanze so etwas wie Papier – die Namensähnlichkeit von Papier zum griechischen Wort Papyros (lateinisch Papyrus) ist kein Zufall – das sie selbst verwendeten aber auch exportierten. Dazu muss das Mark aus den Stängeln der hochgewachsenen Papyruspflanze herausgelöst und sowohl in vertikaler (Rückseite) wie auch in horizontaler Richtung (Vorderseite) dicht aneinandergelegt werden. Bearbeitet man die beiden Lagen mit einem Hammer aus Holz oder Stein bzw. presst diese, tritt der Saft heraus und verklebt die verschiedenen Lagen miteinander. Wird dieses Blatt nach dem Trocknen glattgeschliffen, entsteht ein richtiges Schreibblatt, auf das mit Farbe oder Tinte, mit Feder oder Pinselchen geschrieben werden kann. Das Material hat freilich auch Nachteile: Es ist sehr spröde, reißt deshalb im trockenen Zustand leicht aus und ist empfindlich gegen Wasser: Durchgeweicht wird nicht nur die Schrift unleserlich, sondern das Material kann auch faulen. Auch Schädlinge wie Käfer, Mäuse oder Ratten können sich über das organische Material hermachen.

Beschreibbar ist das Material von beiden Seiten, doch häufig wird nur jene Seite verwendet, in der die Papyrusstreifen horizontal angeordnet sind.

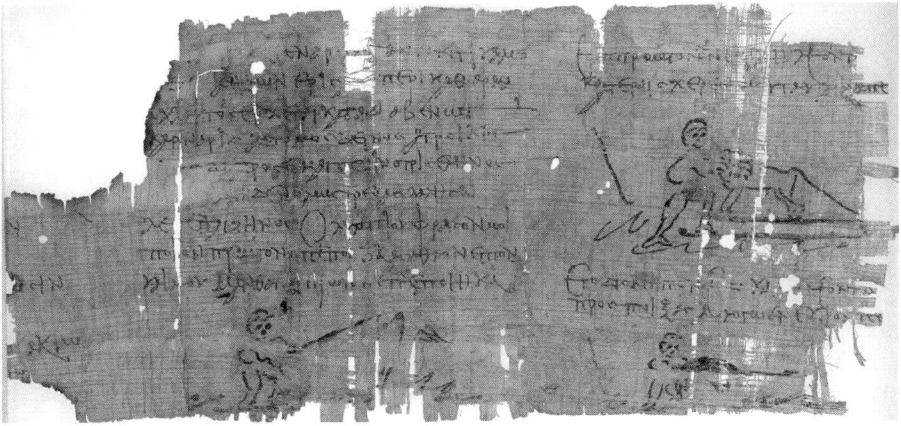

**Abb. 5:** Herakles Papyrus, 3. Jahrhundert

## Wo befindet sich der Ur-Text und wie lautete er?

Nehmen wir einmal an, Sie unternehmen eine Reise in den vorderen Orient, beispielsweise nach Ägypten. Sie haben einen Tag Zeit und fahren hinaus in die Wüste in die Nähe eines koptischen, d.h. christlichen Klosters. Sie streifen durch einen ausgetrockneten Flusslauf und finden darin in den Felsen, durch die sich der Fluss zwängen muss, eine Höhle. Neugierig, wie der Mensch an sich nun mal ist, klettern Sie in die Höhle hinein und finden da ein Päckchen, eingeschlagen in die Blätter eines Baumes und mit Palmschnüren umwickelt. Es sieht ziemlich alt aus. Sie nehmen es mit auf Ihr Hotelzimmer (das sollten Sie in Wirklichkeit natürlich nicht tun, sondern stattdessen sofort einen Archäologen anrufen!) und öffnen es ganz vorsichtig. Im Päckchen befindet sich ein Stapel beschriebener Papyri, also Blätter aus Papyrus. Dass es sich um Papyrus handelt, wissen Sie, denn an jeder Pyramide und an jedem Tempel und sogar in den Museen werden Ihnen mehr oder weniger grell bemalte und beschriftete Papyri als Souvenir angeboten. Jetzt endlich entschließen Sie sich, ihren Fund in berufene Hände zu geben, denn die Schrift können Sie nicht lesen. Ihr Fund entpuppt sich als Sensation, denn es handelt sich dabei um Papyri aus dem ersten Jahrhundert n. Chr. und darauf geschrieben steht das Markusevangelium.

Was wäre damit gewonnen? Sie und ihr Fund würden auf jeder Titelseite sämtlicher Zeitschriften und Zeitungen der westlichen Welt erscheinen. Zugegebenermaßen würde es sich dabei wahrscheinlich um die älteste komplette Mk-Handschrift handeln, die je gefunden wurde. Ob aber wirklich „Markus“ der Schreiber war, wird sich nie feststellen lassen, denn wir haben nun mal keine Schriftprobe von ihm. Vermutlich wird es Forscher geben, die Ihnen sagen: Der „Mk“ hat niemals in Ägypten geschrieben; dazu passt vieles in diesem Evangelium nicht.

Andere werden sagen: Doch, das kann sehr gut die Erstschrift des Evangeliums sein, denn wie soll das Mk-Evangelium so früh aus einer anderen Stadt des Römischen Reiches nach Ägypten gelangt sein und die ägyptische Tradition behauptet ja bis zum heutigen Tag, Mk sei ursprünglich in Alexandria begraben gewesen, ehe ihn venezianische Kaufleute 828 nach Venedig verschleppt haben. Und somit wird trotz Ihres Fundes alles beim Alten bleiben. *Der* Original-Markus ist nicht zu identifizieren.

Dies gilt in gleicher Weise für alle anderen Schriften des NT wie auch des AT: Auf welchen Materialien die ersten Niederschriften erfolgten, wissen wir nicht – es sei denn, man hält die zwei Steintafeln mit den Zehn Geboten, die Mose vom Sinai herunterbrachte, für historisch. Dem steht freilich entgegen, dass auf den Tafeln angeblich auch Gebote standen, die in der Wüste völlig überflüssig waren und erst später im Kulturland Bedeutung hatten. Aber gesetzt den Fall, man hielte daran fest, das Ganze habe sich genauso abgespielt, wie es erzählt wird, so stellt sich immer noch die Frage, wo und wie denn die vielen anderen Gebote des AT niedergeschrieben worden sind, denn auf den beiden Tafeln war sicher für all diese Texte kein Platz. Und so muss man sich überlegen, ob die eigentliche Bedeutung der beiden Steintafeln nicht vielmehr eine übertragene ist: Die Gebote sind „in Stein gemeißelt“, d.h. unverrückbar, nicht veränderlich, ein für alle Mal gegeben.

Als Schriftträger für die atl. Überlieferungen kommt natürlich Papyrus in Betracht, aber auch Leder – so wie dies heute noch der Fall ist. Der Text wurde immer wieder kopiert. Dass sich dabei jedes Mal Fehler einschleichen konnten, ist eine Binsenweisheit. Bei den Fehlern handelt es sich natürlich um Abschreibfehler, Hörfehler beim Diktat, aber vermutlich gab es auch bewusste Veränderungen, die ein Schreiber aus theologischen Gründen eingetragen haben kann. Zudem sind viele Texte ja nicht in einem Zug entstanden und keineswegs nach ihrer Niederschrift ein für alle Mal „fertig“. Die Teiltexte wurden vielmehr mit anderen verbunden, redigiert, aktualisiert, fortgesetzt, sodass immer wieder neue Texte und Ausgaben entstanden. *Der* Urtext ist somit nicht mehr rekonstruierbar – bzw. man müsste fragen, auf welcher Traditionsebene, also in welcher Zeit der Überlieferung des Textes, überhaupt von einem „Urtext“ gesprochen werden kann. Es kommt hinzu, dass ein Teil der Schriften sicherlich mehr als einmal in kriegerischen Wirren vernichtet wurde. Wie auch immer: Die ältesten, größeren Abschnitte der Heiligen Schrift sind bislang jene, die man in Qumran gefunden hat, und diese wurden frühestens im 3. oder 2. Jh. v. Chr. niedergeschrieben. Richtig „alt“ sind diese Schriften demnach nicht – die Inhalte der Texte sind zum großen Teil deutlich älter.

Wer eine gedruckte hebräische Ausgabe des sogenannten Alten Testaments besitzt, muss sich darüber im Klaren sein, dass der dort enthaltene Text noch einmal jünger ist. Und dies aus folgenden Gründen:

Nach dem Exil (beendet 538 v. Chr.) setzte sich, von den Persern gefördert, das sogenannte Reichsaramäisch als allgemeine Sprache durch. Aramäisch ist ein semitischer Dialekt, wie Hebräisch auch. Mit der Sprache wandelte sich allmählich auch die Schrift. Man schrieb nicht mehr das Althebräische, das dem Phönizischen so nahe steht, sondern die neue, aramäische „Quadratschrift“, die bis heute in Gebrauch ist.

Mit dem Sprach- und Schriftwechsel drohte auch die Kenntnis der Inhalte verlorenzugehen. Das Althebräische wurde allmählich zu einer Gelehrtenschrift, die nur noch von wenigen Schriftkundigen verwendet wurde. Für das einfache Volk wurden die heiligen Schriften im Gottesdienst ins Aramäische übersetzt. Die Schriftgelehrten gingen daher daran, die alten Schriften in die neue Quadratschrift zu übertragen und den Konsonantentext, nun auch mit Vokalzeichen versehen, festzuschreiben, zu kanonisieren. Als Vokalzeichen benutzte man anfangs Konsonanten, die dadurch eine Doppelbedeutung bekamen. Diese Arbeiten leisteten die sogenannten Sopherim, die Schreiber. Das Ganze fand um die Zeitenwende statt.

Damit waren die hebräischen heiligen Schriften erst einmal gerettet. Im weiteren Verlauf der Geschichte gingen aber dennoch andere Gelehrte daran, Systeme zu entwickeln, mittels derer *alle* Vokalzeichen unverwechselbar in den Text eingetragen werden konnten. Darüber hinaus wurden auch Betonungszeichen für den korrekten Vortrag ergänzt. Fehlerhafte Worte und Begriffe konnten im bereits kanonisierten Text nicht mehr korrigiert werden. Man schrieb sie daher korrekt an den Rand der Seite mit dem Hinweis, dass das betreffende Wort anders zu lesen sei, als es geschrieben steht. Diese Arbeiten wurden von den sogenannten →*Masoreten* (von masora = Überlieferung) vorgenommen. Die ältesten derart behandelten masoretischen Texte (Abk.: MT) stammen aus der Jahrtausendwende christlicher Zählung, sind also lediglich ca. tausend Jahre alt. Zwei dieser masoretischen Texte dienen bis heute als Grundlage für hebräische Bibelausgaben. Der eine Text heißt Leningradensis, weil er in Leningrad aufbewahrt wird. Der zweite, etwas ältere Text, wird als →*Codex* Aleppo bezeichnet. Glücklicherweise befindet er sich heute nicht mehr in dieser syrischen Stadt, sondern wurde von Israel erworben und liegt, besonders gesichert, im Israelmuseum. Leider ist bei diesem sehr wertvollen Text ein nicht unbeträchtlicher Teil schon früher, im 20. Jh., bei einem Feuer zerstört worden.

Die Praxis des Judentums, alte, nicht mehr gebrauchsfähige Schriften aus dem Verkehr zu ziehen und regelrecht zu beerdigen, führt dazu, dass keine größere Anzahl an alten Schriften erhalten geblieben ist.

Trotzdem lassen sich mit den beiden Ausgaben aus Leningrad und Aleppo, zusammen mit den Qumranfunden, Samaritanischen Bibelausgaben und ggf. auch mit dem Rückgriff auf Übersetzungen, „kritische Textausgaben“ herstellen. Als „kritische Textausgabe“ bezeichnet man solche, bei denen die verschiedenen erhaltenen Texte miteinander verglichen werden und durch den Vergleich ein Text erstellt wird, der dem nicht mehr vorhandenen Ursprungstext am ehesten entsprechen könnte. Die Varianten, die vorliegen, werden am Fuß der Seite sowie ggf. in eigenen Begleitbüchern festgehalten. Aufgrund der geringen Anzahl von Texten hält sich diese Arbeit beim AT in Grenzen.

GENESIS בראשית

[ס̄א] 1 [1] בְּרֵאשִׁית בָּרָא אֱלֹהִים אֵת הַשָּׁמַיִם וְאֵת הָאָרֶץ׃ [2] וְהָאָרֶץ
הָיְתָה תֹהוּ וָבֹהוּ וְחֹשֶׁךְ עַל־פְּנֵי תְהוֹם וְרוּחַ אֱלֹהִים מְרַחֶפֶת עַל־פְּנֵי
3 4 הַמָּיִם׃ 3 וַיֹּאמֶר אֱלֹהִים יְהִי אוֹר וַיְהִי־אוֹר׃ 4 וַיַּרְא אֱלֹהִים אֶת־
5 הָאוֹר כִּי־טוֹב וַיַּבְדֵּל אֱלֹהִים בֵּין הָאוֹר וּבֵין הַחֹשֶׁךְ׃ 5 וַיִּקְרָא
אֱלֹהִים ׀ לָאוֹר יוֹם וְלַחֹשֶׁךְ קָרָא לָיְלָה וַיְהִי־עֶרֶב וַיְהִי־בֹקֶר יוֹם
6 אֶחָד׃ פ 6 וַיֹּאמֶר אֱלֹהִים יְהִי רָקִיעַ בְּתוֹךְ הַמָּיִם וִיהִי מַבְדִּיל
7 בֵּין מַיִם לָמָיִם׃ 7 וַיַּעַשׂ אֱלֹהִים אֶת־הָרָקִיעַ וַיַּבְדֵּל בֵּין הַמַּיִם אֲשֶׁר
8 מִתַּחַת לָרָקִיעַ וּבֵין הַמַּיִם אֲשֶׁר מֵעַל לָרָקִיעַ וַיְהִי־כֵן׃ 8 וַיִּקְרָא
אֱלֹהִים לָרָקִיעַ שָׁמָיִם וַיְהִי־עֶרֶב וַיְהִי־בֹקֶר יוֹם שֵׁנִי׃ פ
9 וַיֹּאמֶר אֱלֹהִים יִקָּווּ הַמַּיִם מִתַּחַת הַשָּׁמַיִם אֶל־מָקוֹם אֶחָד וְתֵרָאֶה
10 הַיַּבָּשָׁה וַיְהִי־כֵן׃ 10 וַיִּקְרָא אֱלֹהִים ׀ לַיַּבָּשָׁה אֶרֶץ וּלְמִקְוֵה הַמַּיִם
11 קָרָא יַמִּים וַיַּרְא אֱלֹהִים כִּי־טוֹב׃ 11 וַיֹּאמֶר אֱלֹהִים תַּדְשֵׁא הָאָרֶץ
דֶּשֶׁא עֵשֶׂב מַזְרִיעַ זֶרַע עֵץ פְּרִי עֹשֶׂה פְּרִי לְמִינוֹ אֲשֶׁר זַרְעוֹ־בוֹ
12 עַל־הָאָרֶץ וַיְהִי־כֵן׃ 12 וַתּוֹצֵא הָאָרֶץ דֶּשֶׁא עֵשֶׂב מַזְרִיעַ זֶרַע לְמִינֵהוּ
13 וְעֵץ עֹשֶׂה פְּרִי אֲשֶׁר זַרְעוֹ־בוֹ לְמִינֵהוּ וַיַּרְא אֱלֹהִים כִּי־טוֹב׃ 13 וַיְהִי־
14 עֶרֶב וַיְהִי־בֹקֶר יוֹם שְׁלִישִׁי׃ פ 14 וַיֹּאמֶר אֱלֹהִים יְהִי מְאֹרֹת
בִּרְקִיעַ הַשָּׁמַיִם לְהַבְדִּיל בֵּין הַיּוֹם וּבֵין הַלָּיְלָה וְהָיוּ לְאֹתֹת וּלְמוֹעֲדִים
15 וּלְיָמִים וְשָׁנִים׃ 15 וְהָיוּ לִמְאוֹרֹת בִּרְקִיעַ הַשָּׁמַיִם לְהָאִיר עַל־הָאָרֶץ
16 וַיְהִי־כֵן׃ 16 וַיַּעַשׂ אֱלֹהִים אֶת־שְׁנֵי הַמְּאֹרֹת הַגְּדֹלִים אֶת־הַמָּאוֹר

Cp 1 [1] Mm 1. [2] Mm 2. [3] Mm 3. [4] Mm 3139. [5] Mp sub loco. [6] Mm 4. [7] Jer 4,23, cf Mp sub loco. [8] Hi 38,19. [9] 2 Ch 24,20. [10] Mm 5. [11] Mm 6. [12] Mm 3105. [13] וחד ולחשך Hi 28,3. [14] Mm 200. [15] Mm 7. [16] Mm 1431. [17] Mm 2773. [18] Mm 3700. [19] Mm 736. [20] חד לַיַּבָּשָׁה Ps 66,6. [21] Mm 722. [22] Mm 2645. [23] Qoh 6,3.

**Cp 1,1** Orig *Βρησιθ* vel *Βαρησηθ (-σεθ)*, Samar *bārāšit* || 6 [a] huc tr 7 [a–a] cf 𝔊 et 9.11.15.20.24.30 || 7 [a–a] cf 6 [a]; ins וירא אלהים כי־טוב cf 4.10.12.18.21.31 et 8 (𝔊) || 9 [a] 𝔊 *συναγωγήν* = מִקְוֶה cf 10 מקוה המים || [b] 𝔊 + *καὶ συνήχθη τὸ ὕδωρ τὸ ὑποκάτω τοῦ οὐρανοῦ εἰς τὰς συναγωγὰς αὐτῶν καὶ ὤφθη ἡ ξηρά* = וַיִּקָּווּ הַמַּיִם מִתַּחַת הַשָּׁמַיִם אֶל־מִקְוֵיהֶם וַתֵּרָא הַיַּבָּשָׁה || **11** [a–a] 𝔊𝔙 cj דשא c עשב || [b] l c pc Mss 𝔐𝔊𝔖𝔗ᴶ𝔙 וְעֵץ cf 12 || [c] prb dl cf 12.

**Abb. 6:** *Am Fuß des Hebräischen Textes und am Seitenrand befindet sich der „Apparat", d.h. Varianten aus anderen Texten und besondere (Lese-)Anmerkungen zum Text. Im Text ist der Verweis auf eine Anmerkung am Rande durch einen kleinen Kreis (°) markiert.*

Im Bereich des Neuen Testaments, in dem diese Arbeiten der Textrekonstruktion ebenfalls erforderlich sind (*der* Mk, Mt, Pls etc. liegt heute auch nicht mehr vor), ist die Ausgangslage um ein vielfaches komplizierter. Es existieren eine Unmenge an Texten unterschiedlichster Art bezüglich Alter, Schriftträger, oder auch Verwendungszweck. Hier stammen die ältesten Texte aus dem beginnenden 2. Jh. n. Chr.

Die ältesten →*Textzeugen*, wie man dieses Schriftenmaterial nennt, stellen Papyri dar, die zumeist aber nur fragmentarisch, manchmal nur in der Größe einer Münze, erhalten sind. Es gibt nun Methoden, das Alter dieser Fragmente zu bestimmen. Die einfachste, die keine Materialproben erfordert, geschieht durch Schriftvergleich. Trotz aller individuellen Besonderheiten der verschiedenen Schreiber lässt sich im Laufe der Zeit ein Wandel der Schrift feststellen.

Eine kompliziertere Methode, die die Zerstörung eines kleinen Teils des Materials erforderlich macht, ist die $^{14}C$ oder auch Radio-Karbon-Methode: Jedes „Lebewesen", und dazu gehören auch die Pflanzen – nimmt im Laufe seines Lebens eine gewisse Menge an radioaktivem Kohlenstoff $^{14}C$ auf. Mit dem Tod endet die Aufnahme. Nun kennt man von diesem Stoff die Zerfallszeit, d.h., die Radioaktivität, die im Laufe eines bestimmten Zeitraumes zerfällt und damit abnimmt. Stellt man nun fest, wieviel an radioaktivem Kohlenstoff zerfallen bzw. noch vorhanden ist, kann auf das Alter des Materials geschlossen werden. Einschränkend muss jedoch gesagt werden, dass die Aufnahme von $^{14}C$ im Laufe der Geschichte schwankt. Von daher ergeben sich auch bei dieser Methode Unsicherheiten.

Für Gegenstände aus Holz kommt die Dendrochronologie zum Einsatz, die die Dicke der Jahresringe eines Fundstückes mit Jahresringen eines bereits datierten Holzes vergleicht und daraus – recht genau – das Alter bestimmt. Die Dichte der Jahresringe ändert sich durch die Dauer der Wachstumsperioden. So wird ein Jahresring nach einem kalten Winter mit einem spät einsetzenden Wachstumszyklus oder nach einem trockenen Sommer dünner ausfallen, als in einem Jahr ohne derartige Einschränkungen. Als Vergleichsmaterial kommt natürlich nur Holz infrage, das unter ähnlichen Bedingungen gewachsen ist, d.h. mehr oder weniger aus demselben Großraum stammt. Auch die Art der Hölzer (Laubbaum, Nadelbaum) muss dabei berücksichtigt werden.

Für Metall lassen sich insbesondere die Schürforte rekonstruieren, denn ein Metall hat in der Regel Beimischungen anderer Stoffe, die für bestimmte Abbauregionen oder sogar bestimmte Minen typisch sind. Kupfer besitzt z.B. je nach Herkunft mineralische und metallische Beimischungen von Malachit, Cuprit, Calcit, Silber und Gold. Je nach enthaltener Beimischung lässt sich belegen, aus welcher Region das Metall stammt. Somit lassen sich natürlich auch die Vertriebswege rekonstruieren und der Umfang des Warenaustausches zwischen verschiedenen Völkern und Kulturen.

Im Hinblick auf die neutestamentlichen Textzeugen werden die Schriftfunde auf Papyri einfach mit P bezeichnet und durchnummeriert ($P^x$). Wird ein neues Fragment entdeckt, bekommt es die nächsthöhere Zahl. Die Zahlen sagen daher nichts über das Alter aus, sondern über den Zeitpunkt des Fundes.

**Abb. 7:** Griechische →*Majuskel* in einer Inschrift für Ptolomeus VI. von Ägypten. Ägyptischer Kalkstein, 2. Jhd. v. Chr, Louvre

Papyrus wurde in großen Massen hergestellt und war damit vergleichsweise billig. Im Zuge der Konstantinischen Wende mit der Zulassung des Christentums als Religion in der Mailänder Vereinbarung 313 und der Erhebung des Christentums zur Staatsreligion i.J. 380 flossen dem Christentum vermehrt auch finanzielle Mittel zu, die es ermöglichten, die heiligen Schriften auf haltbarerem Leder bzw. Pergament zu schreiben. Auch die Möglichkeiten, mehr oder weniger professionelle Schreiber zu beschäftigen und zu bezahlen, hinterließen ihre Spuren hinsichtlich der Anzahl neuer Abschriften. Damit einher geht freilich auch ein schon früher, durch Kaiser und Kirche standardisierter „Einheitstext“. Die Kopien der davon abweichenden Texte, die durchaus älter und von besserer Qualität sein konnten, gingen dadurch zurück. Und schließlich kam es auch nicht mehr zur Vernichtung der heiligen Bücher, wie zuvor in den Christenverfolgungen, sodass seit dem 4. Jahrhundert die Anzahl der Schriften deutlich zunahm und solche heute noch erhalten sind, vorzugsweise in der Gestalt von Codices. Wahrscheinlich hat das Christentum von Anfang an seine Schriften als Codices verfasst und nicht mehr als Rollen, wie dies im Judentum bis heute für bestimmte Bücher üblich ist. Ein Codex ist letztlich nichts anderes als ein Buch. Man beschreibt größere Blätter bzw. Bogen, die aufeinandergelegt und dann in der Mitte als Buch

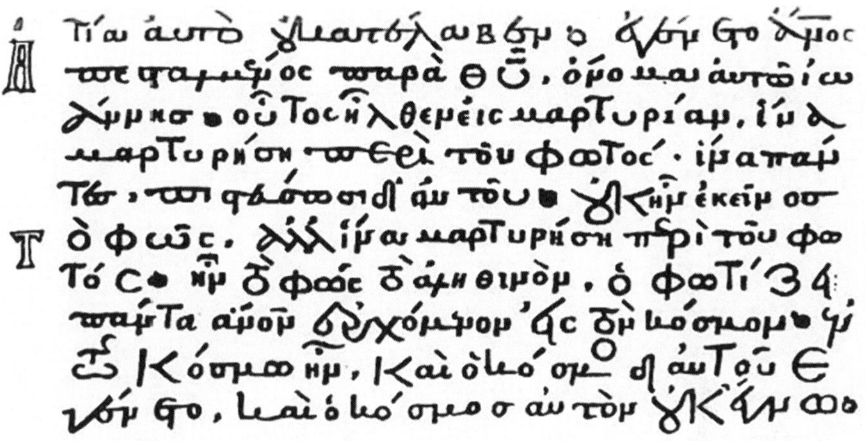

**Abb. 8:** Eine Passage aus dem Evangelium des Johannes geschrieben in Griechischer →*Minuskel*

zusammengeklappt werden. Aus dem 4. Jh. existiert zum Beispiel der als Textzeuge wertvolle Codex Sinaiticus mit dem Siglum א (aleph, der erste Buchstabe des hebräischen Alphabets), der von dem deutschen Forscher Konstantin von Tischendorf im Katharinenkloster auf dem Sinai entdeckt wurde. Die meisten Codices wie der Alexandrinus (A), Vaticanus (B; 4. Jh.?) und andere kommen aus dem 5. Jh. oder aus späterer Zeit.

Zu den Papyri und den Codices – wobei natürlich auch ein Codex auf Papyrus geschrieben sein kann – kommen im Laufe der Zeit auch gottesdienstlich verwendete →*Lektionare,* Prachtbibeln u.a. Ausgaben. Im Laufe der Zeit ändert sich auch die Schrift: Schrieb man ursprünglich in griechischen Großbuchstaben, als fortlaufenden Text, ohne Interpunktion und auch ohne Akzente (Majuskel), verwendete man ab dem 9. Jh. zunehmend die Minuskelschreibschrift, die aus kleinen, kursiv geschriebenen griechischen Buchstaben besteht. Diese Schreibschrift gab es schon früh, sie fand in Mitteleuropa in lateinischer Version vor allem als „karolingische Minuskel“ ab dem 8. Jh. weitere Verbreitung. Mit der Minuskel kommt es auch zur Trennung zwischen den einzelnen Wörtern.

Wie schon erwähnt, liegt das NT in einer weitaus größeren Zahl an Textzeugen vor als das AT. Dieser Vorteil der guten Bezeugung stellt natürlich auch einen Nachteil im Versuch der Rekonstruktion des Urtextes dar: Weitaus mehr Schriften müssen gesichtet, ausgewählt, unter einander abgewogen werden, um dem Urtext auf die Spur zu kommen. Gleichwohl ist eine absolut gesicherte Rekonstruktion jenes Urtextes auch im Bereich des NT nicht zu erreichen. Die Möglichkeit, irgendwo weitere alte Textzeugen zu finden, besteht natürlich jeder Zeit.

Bis also eine Übersetzung des griechischen NT in die deutsche Sprache erfolgen kann, hat sie schon viel Gelehrtenschweiß gekostet.

531 ΠΡΟΣ ΘΕΣΣΑΛΟΝΙΚΕΙΣ Α′ 4,17–1,6

δικείας ἵνα καὶ ὑμεῖς ἀναγνῶτε. **17** καὶ εἴπατε Ἀρχίππῳ· Phm 2
βλέπε τὴν διακονίαν ἣν παρέλαβες ἐν κυρίῳ, ἵνα αὐτὴν
πληροῖς.
**18** Ὁ ἀσπασμὸς τῇ ἐμῇ χειρὶ Παύλου. μνημονεύετέ 1K 16,21!
μου τῶν δεσμῶν. ἡ χάρις μεθ' ὑμῶν. ⸆ Ph 1,7! · 1T 6,21 2T 4,22

## ΠΡΟΣ ΘΕΣΣΑΛΟΝΙΚΕΙΣ Α′

Act 17,1.11.13; 20,4; 27,2 Ph 4,16 2T 4,10

**1** Παῦλος καὶ Σιλουανὸς καὶ Τιμόθεος τῇ ἐκκλησίᾳ Act 15,27!; · 16,1!
Θεσσαλονικέων ἐν θεῷ πατρὶ ⸆ καὶ κυρίῳ Ἰησοῦ
Χριστῷ, χάρις ὑμῖν καὶ εἰρήνη ⸆. R 1,7!
**2** Εὐχαριστοῦμεν τῷ θεῷ πάντοτε περὶ πάντων υμων 1K 1,4!
μνείαν ⸆ ποιούμενοι ἐπὶ τῶν προσευχῶν ἡμῶν, ἀδιαλεί- 2,13 R 1,9
πτως **3** μνημονεύοντες ὑμῶν τοῦ ἔργου τῆς πίστεως καὶ 2Th 1,11 · Ap 2,2 · 1K 13,13! ·
τοῦ κόπου τῆς ἀγάπης καὶ τῆς ὑπομονῆς τῆς ἐλπίδος 4Mcc 17,4
τοῦ κυρίου ἡμῶν Ἰησοῦ Χριστοῦ ἔμπροσθεν τοῦ θεοῦ
καὶ πατρὸς ἡμῶν, **4** εἰδότες, ἀδελφοὶ ἠγαπημένοι ὑπὸ 2Th 2,13
°[τοῦ] θεοῦ, τὴν ἐκλογὴν ὑμῶν, **5** ὅτι τὸ εὐαγγέλιον ⸀ἡ- 9
μῶν οὐκ ἐγενήθη ⸀εἰς ὑμᾶς ἐν λόγῳ μόνον ἀλλὰ καὶ ἐν 1K 2,4!s
δυνάμει καὶ ἐν πνεύματι ἁγίῳ καὶ °[ἐν] πληροφορίᾳ R 15,19 Act 1,8
πολλῇ, καθὼς οἴδατε οἷοι ἐγενήθημεν °¹[ἐν] ὑμῖν δι' ὑ-
μᾶς. **6** Καὶ ὑμεῖς μιμηταὶ ἡμῶν ἐγενήθητε καὶ τοῦ 1K 11,1!
κυρίου, δεξάμενοι τὸν λόγον ἐν θλίψει πολλῇ μετὰ χαρᾶς Act 8,14!; · 13,52

**18** ⸆αμην ℵ² D Ψ 075. 0278. 1739ᶜ 𝔐 lat sy boᵖᵗ ¦ *txt* ℵ* A B C F G 048. 6. 33. 81. 1739*. 1881 *pc* vgᵐˢˢ sa boᵖᵗ; Ambst

*Subscriptio:* Προς Κολ(ο)σσαεις ℵ B* C (D, F G) Ψ 048. 33 *pc* ¦ πρ. Κ. εγραφη (– A) απο Ρωμης A B¹ P *pc* ¦ πρ. Κ. εγ. απο Ρ. δια Τυχικου και Ονησιμου 075. 1739. 1881 𝔐 ¦ Παυλου αποστολου επιστολη πρ. Κ. εγραφη απο Ρ. δια Τυχικου 0278 ¦ – 𝔓⁴⁶ 323. 365. 629. 630. 1505. 2464 *pc*

¶ **1,1** ⸆ημων A 81. (629) *pc* a r vgˢ saᵐˢˢ | ⸆ (2Th 1,2) απο θεου πατρος ημων και κυριου Ιησου Χριστου ℵ A (D) I 33 𝔐 (m) vgᵐˢˢ syʰ** bo ¦ *txt* B F G Ψ 0278. 629. 1739. 1881 *pc* lat syᵖ sa • **2** ⸆υμων ℵ² C D F G Ψ 𝔐 it vgᶜˡ·ʷʷ sy; Ambst ¦ *txt* ℵ* A B I 0278. 6. 33. 81. 323. 630. 1739. 1881 *pc* m vgˢᵗ • **4** ° B D F G 33 𝔐 ¦ *txt* ℵ A C K P Ψ 0278. 81. 104. 945. 1175. 1505. 1739. 1881 *al* • **5** ⸀του θεου C ¦ του θεου ημων ℵ* | ⸀ προς A C² D F G 0278 *pc* ¦ εν (υμιν) P ¦ *txt* ℵ B C*ᵛⁱᵈ Ψ 33. 1739. 1881 𝔐 | °† ℵ B 33 r vgᵐˢˢ ¦ *txt* A C D F G Ψ 0278. 1739. 1881 𝔐 lat | °¹ ℵ A C P 048. 33. 81. 104. 326*. 945. 1739. 1881 *pc* vgˢᵗ ¦ *txt* B D F G Ψ 0278 𝔐 it vgᶜˡ·ʷʷ sy⁽ᵖ⁾

**Abb. 9:** Eine Textseite des Griechischen Neuen Testaments ist folgendermaßen aufgebaut: Oben steht der griechische Text in der Form, der nach der Auswertung vieler Textzeugen rekonstruiert worden ist. Am jeweiligen Außenrand, rechts oder links, finden sich Parallelstellen oder vergleichbare Texte aus dem Alten und Neuen Testament. Unter dem Text in der Fußnote sind die wichtigsten Textzeugen abgedruckt, sowohl jene, die für die Rekonstruktion herangezogen wurden, wie auch die wichtigsten Abweichungen.

In den Fußnoten wird lediglich durch Kürzel festgehalten, welche Textzeugen den oben abgedruckten Wortlaut des Haupttextes enthalten und welche Varianten sich in anderen Texten finden. Das können Auslassungen, Zufügungen, Schreibfehler, bewusste Veränderungen etc. sein, die von unterschiedlich hoher Relevanz sind.

Im Johannesevangelium findet sich im Kap. 7,53-8,11 die bekannte Geschichte von Jesus und der ertappten Ehebrecherin. Die Bewohner des Ortes haben die Frau aus der Ortschaft hinausgeführt und wollen an ihr die Todesstrafe, die auf diese Sünde steht, vollstrecken: die Steinigung (vgl. Dtn 22,24). Jesus spricht daraufhin den bekannten Satz: „Wer ohne Sünde ist, werfe den ersten Stein.“, worauf sich die Menschen zurückziehen, einer nach dem anderen. Diese Erzählung, die von der Vorgehensweise ohne Weiteres Jesus zugeordnet werden kann, wird aber von wichtigen, frühen Textzeugen nicht überliefert. Es ist also möglich, dass diese Geschichte erst relativ spät in das Evangelium eingefügt wurde – oder die wichtigen Zeugen kennen diese Geschichte einfach nicht.

Überliefert wird diese Erzählung in erster Linie von dem Textzeugen Codex D aus dem 5. Jh., der an vielen Stellen im Vergleich zu anderen, häufig älteren Texten eine eigene Textfassung bietet, sowie im sogenannten Mehrheitstext der auch „Byzantinischer Reichstext“ genannt wird. Letzterer stellt einen eigenen, relativ jungen Texttyp dar. Er ist v.a. in den jüngeren Minuskelhandschriften vertreten.

Ausgelassen haben diese Erzählung hingegen die frühen und als Zeugen wichtigen Handschriften, die als Papyri ($P^{66}$ und $P^{75}$) vorliegen, aber auch die älteren Codizes א (Sinaiticus: IV. Jh.), B (Vaticanus: IV. Jh.) und viele andere.

Wegen dieses Sachverhaltes steht die Erzählung daher in vielen Bibeln in Klammern mit Fußnotenverweis auf dieses Problem oder ganz als Fußnote und nicht im Haupttext.

Ein unmittelbar in die heutige Kirche hineinreichende Aussage findet man bei Paulus in 1 Kor:

> *14,33 Denn Gott ist nicht ein Gott der Unordnung, sondern des Friedens. Wie es in allen Gemeinden der Heiligen ist, 34 sollen die Frauen in den Gemeinden schweigen, denn es wird ihnen nicht erlaubt, zu reden, sondern sie sollen sich unterordnen, wie auch das Gesetz sagt. 35 Wenn sie aber etwas lernen wollen, so sollen sie daheim ihre eigenen Männer fragen; denn es ist schändlich für eine Frau, in der Gemeinde zu reden. 36 Oder ist das Wort Gottes von euch ausgegangen? Oder ist es zu euch allein gelangt?*

Die Aussage ist völlig klar: Frauen haben in der Öffentlichkeit, selbst in der Öffentlichkeit innerhalb der Gemeinde – z.B. im Gottesdienst – nichts zu sagen. Sie dürfen nicht öffentlich reden, und damit ist ihnen z.T. bis heute vielfach verboten, zu predigen, wie gut ihre theologische Ausbildung auch sein mag.

Die Anweisung steht nun aber in deutlicher Spannung zu den Anweisungen des Paulus in Kap. 11:

> *3 Ich will aber, daß ihr wißt, daß der Christus das Haupt eines jeden Mannes ist, das Haupt der Frau aber der Mann, des Christus Haupt aber Gott. 4 Jeder Mann, der betet oder weissagt und dabei etwas auf dem Haupt hat, entehrt sein Haupt. 5 Jede Frau aber, die mit unverhülltem Haupt betet oder weissagt, entehrt ihr Haupt; denn sie ist ein und dasselbe wie die Geschorene. 6 Denn wenn eine Frau sich nicht verhüllt, so werde ihr auch das Haar abgeschnitten; wenn es aber für eine Frau schändlich ist, daß ihr das Haar abgeschnitten oder geschoren wird, so soll sie sich verhüllen.*

Nach Kap. 11 redet die Frau demnach sehr wohl in der Öffentlichkeit der Gemeinde, denn es macht keinen Sinn, zu Hause im stillen Kämmerlein zu prophezeien. Einzige Bedingung bei diesem Auftritt in der Öffentlichkeit der Frau ist es, dass sie dabei ihr Haupt verhüllt – aus welchen Gründen auch immer!

Hier liegt der Fall nun so, dass sich aufgrund der Textzeugen nicht sagen lässt, ob eine der beiden Stellen erst sekundär hinzugekommen ist. Beide Texte werden von den wichtigsten Textzeugen überliefert. Um hier eine Entscheidung zu treffen, ob Paulus nun den Frauen das öffentliche Auftreten erlaubt oder nicht, sind andere, inhaltliche Argumente gefordert! Das wohl wichtigste dabei ist ein Analogieschluss: Es ist gerade Paulus, der immer wieder von seinen weiblichen Mitarbeiterinnen spricht, die ihn auch in der Missionsarbeit und somit auch in der Verkündigung tatkräftig unterstützen. Von daher ist nicht anzunehmen, dass Paulus den Frauen nun plötzlich Redeverbot auferlegt. Es kommt hinzu, dass die Verse in 1Kor 14,33-36 sehr unvermittelt einsetzen und keineswegs zum Kontext passen. Daher stammen diese Verse mit hoher Wahrscheinlichkeit aus einer jüngeren Zeit und sind keine Aussage des Paulus. Die Überlegung, dass es in der ersten Textstelle um öffentliches Beten geht, in der zweiten dagegen um Lehrgespräche (E.W. Stegemann, 340f) wird durch die schwache Verankerung von 14,33-36 im Kontext infrage gestellt. Am ehesten kommt für die sekundäre Einfügung dieser Verse die Zeit der sogenannten Pastoralbriefe (1+2 Tim; Tit) in Betracht, in denen die Rechte der Frau bereits wieder deutlich eingeengt sind und die Frau mehr die häuslichen Arbeiten erledigen soll. Auch diese Aussagen der Pastoralbriefe und jüngerer Schreiben haben das Leben unter Christen, im katholischen Bereich bis in die 50er Jahre des letzten Jahrhunderts hinein, maßgeblich beeinflusst. Die Frau arbeitete zumeist nicht in einem Beruf, sondern kümmerte sich um Küche und Kinder. Die berufstätige Frau war, zumindest in den westlichen Bundesländern, die große Ausnahme und keineswegs gern gesehen.

Wenn man nun verschiedene Textzeugen mit unterschiedlichen Lesearten vor sich hat, legt man diese zum Vergleich nebeneinander, um zu dem *einen* vermutlich ursprünglichen Text zu gelangen. Als Kriterien spielen das Alter der verschiedenen Textzeugen eine Rolle, aber auch deren Qualität und Verbreitung. Ferner fließen Überlegungen mit ein, wie eine Variante im Text entstanden sein könnte – als Zufügung oder Auslassung, als absichtliche Korrektur eines Textes oder als Fehler beim Abschreiben bzw. beim Diktat u.a. Um nur zwei wichtige inhaltliche

Kriterien zu nennen: Die kürzere Fassung verdient i.d.R. den Vorrang vor einer längeren, denn die Wahrscheinlichkeit einer sekundären Zufügung (z.B. zur Erläuterung eines Textes) schätzt man höher ein als eine Kürzung. Ein zweites inhaltsbezogenes Kriterium besagt, dass eine (vom Verständnis her) schwierigere Textstelle den Vorrang vor einer leichter verständlichen verdient, denn es ist wahrscheinlicher, dass eine schwierige Stelle sprachlich und inhaltlich geglättet worden ist, um dem Leser die Lektüre zu erleichtern. Die dadurch gewonnene Variante muss jedenfalls so aussehen, dass sich die Abweichungen in den anderen Zeugen daraus erklären lassen.

### Zusammenfassung

Sowohl bei den Texten des Alten wie auch des Neuen Testaments liegen uns die Schriften der ersten Verfasser heute nicht mehr vor. Die Texte, die wir benutzen, sind nach Auswahl der verschiedenen Textüberlieferungen sowie nach wissenschaftlichen Methoden erstellte „synthetische“ Texte. Ein hohes Maß an Übereinstimmungen und Unterschieden zum Urtext ist wahrscheinlich, aber nicht beweisbar.

Wer Exegese betreiben will, betrachtet in einem ersten Schritt den vorliegenden Text und überlegt sich, ob er mit der Auswertung der Wissenschaftler, die diesen Text rekonstruiert haben, einverstanden ist. In den allermeisten Fällen wird dies der Fall sein, ein Fragezeichen bei einer Textrekonstruktion anzubringen ist eher die seltene Ausnahme. Für jene, die ohnedies mit Übersetzungen arbeiten, entfällt dieser Schritt. Ich habe ihn hier vorgestellt, um die Problematik der Textrekonstruktion als solche zu beschreiben und darauf hinzuweisen, dass der Urtext nicht mehr existiert.

### Was lernen wir daraus?

Ein gesicherter Text ist zwar notwendig, um sich mit ihm ernsthaft auseinanderzusetzen, aber es sollte auch klar sein, dass ein gesicherter Text noch lange nicht *der* Urtext ist.

## Wie sieht eine gute Übersetzung aus?

Die Frage muss präzisiert werden: Was meint hier eigentlich „gut“? „Gut“ für wen und wofür?

Die Übersetzung der „Guten Nachricht“ ist sicher eine „gute“ Übersetzung. Sie achtet in der Wortwahl auf Verständlichkeit für den heutigen Leser, erklärt schon in der Übersetzung Verständnisfragen und ist deshalb gut und flüssig zu lesen. Wer aber danach fragt, wie und ob der Urtext sprachlich korrekt wiedergegeben ist, ob die Satzstruktur der Hebräischen oder Griechischen Sprache nachzuvollziehen ist, wird diese Übersetzung zur Seite legen. Sie ist diesbezüglich unbrauchbar.

Im Folgenden soll als Beispiel jeweils der Text aus Lk 15,1-6 vorgestellt werden:

> *1 Eines Tages waren wieder einmal alle Zolleinnehmer* und all die anderen, die einen ebenso schlechten Ruf hatten, bei Jesus versammelt und wollten ihn hören. 2Die Pharisäer* und die Gesetzeslehrer* murrten und sagten: »Er lässt das Gesindel zu sich! Er isst sogar mit ihnen!« 3 Da erzählte ihnen Jesus folgendes Gleichnis*:4 »Stellt euch vor, einer von euch hat hundert Schafe und eines davon verläuft sich. Lässt er dann nicht die neunundneunzig allein in der Steppe weitergrasen und sucht das verlorene so lange, bis er es findet? 5 Und wenn er es gefunden hat, dann freut er sich, nimmt es auf die Schultern 6 und trägt es nach Hause. Dort ruft er seine Freunde und Nachbarn zusammen und sagt zu ihnen: ‚Freut euch mit mir, ich habe mein verlorenes Schaf wiedergefunden!' (Gute Nachricht)*

Gleiches gilt etwa für die sogenannte „Volxbibel" oder auch für die „Bibel in gerechter Sprache", die sich beide sehr an heutiger Verständlichkeit orientieren und u.a. dem Gedanken der Gleichstellung von Mann und Frau verpflichtet sind (geschlechtergerechte Sprache/gendergerechte Sprache). Diese Thematik ist den aus einer patriarchalischen Gesellschaft stammenden biblischen Texten zumeist völlig fremd. Hier machen nur die frühchristlichen Schreiben des Paulus eine Ausnahme.

> *15,1 Oft kamen irgendwelche Geldeintreiber und andere Leute, die überall total unbeliebt waren, zu Jesus, um ihm zuzuhören. 2 Die religiösen Streber und die Theologen fanden es nicht so toll, dass er sich mit solchen Ätztypen überhaupt abgab. 3 Deshalb brachte Jesus mal wieder einen Vergleich: 4 Stell dir vor, du bist mit einer Gruppe von 100 Kindern unterwegs und in der Innenstadt verlierst du plötzlich eins davon, mitten am Hauptbahnhof. Du würdest doch den Rest der Truppe schnell an jemand anderen übergeben und das eine verschwundene Kind sofort suchen gehen, oder? 5 Wenn du es dann nach Stunden heulend an einem Kiosk gefunden hast, wirst du dich erst mal voll freuen, es auf den Arm nehmen und nach Hause bringen.6 Dann am Feierabend, wenn du wieder zu Hause bist, würdest du bestimmt sofort deine Freunde anrufen und ihnen davon erzählen: ‚Hey, mir ist was total Schönes passiert! Ich hatte heute bei der Arbeit mitten in der Innenstadt ein Kind verloren, aber dann hab ich es zum Glück wiedergefunden! Cool, oder? Freust du dich mit mir? (Volxbibel)*
>
> *15,1 Es kamen immer wieder alle, die beim Zoll beschäftigt waren und zu den Sündern gezählt wurden, zu Jesus um ihn zu hören. 2 Die Angehörigen der pharisäischen Glaubensrichtung und die Schriftgelehrten murrten und sagten: „Der akzeptiert ja sündige Leute und isst mit ihnen!" 3 Jesus aber erzählte ihnen folgendes Gleichnis: 4 „Gibt es jemanden unter euch, der 100 Schafe hat, und wenn er eines von ihnen verliert, nicht die 99 in der Wildnis zurücklässt, um dem Verlorenen nachzugehen, bis er es findet? 5 Und wenn er es gefunden hat, so setzt er es*

> *voll Freude auf seine Schultern. 6 Zu Hause ruft er seine Freunde und die Nachbarschaft zusammen und sagt ihnen: ‚Freut euch mit mir: Ich habe mein Schaf gefunden, das verloren war'..." (Bibel in gerechter Sprache)*

Hier soll z.B. mit der Wendung „alle, die beim Zoll beschäftigt waren" der Begriff „Zöllner" vermieden werden. Das ist sicher geschlechtergerecht, verändert aber auch den Text, denn weibliche Zöllner gab es mit an Sicherheit grenzender Wahrscheinlichkeit eben nicht!

Auch die Einheitsübersetzung ist eine gute Übersetzung, auch sie weitgehend verständlich, mit kommentierenden Fußnoten versehen. Aber auch sie ist eine Kompromissübersetzung, denn sie soll einerseits dem hebräischen oder griechischen Text nahekommen, andererseits aber auch gut lesbar sein, zum Vortrag im Gottesdienst geeignet und schließlich auch noch gut singbar, denn in der Katholischen Kirche wird das Evangelium an hohen Festtagen auch gesungen. Das kann sich auch gut anhören, sofern dem Priester Gesangstalent gegeben ist. Leider verteilt Gott die Talente nicht unbedingt gleichmäßig unter den Menschen.

> *Lk 15,1 Alle Zöllner und Sünder kamen zu ihm, um ihn zu hören. 2 Die Pharisäer und die Schriftgelehrten empörten sich darüber und sagten: Er gibt sich mit Sündern ab und ißt sogar mit ihnen. 3 Da erzählte er ihnen ein Gleichnis und sagte: 4 Wenn einer von euch hundert Schafe hat und eins davon verliert, läßt er dann nicht die neunundneunzig in der Steppe zurück und geht dem verlorenen nach, bis er es findet? 5 Und wenn er es gefunden hat, nimmt er es voll Freude auf die Schultern, 6 und wenn er nach Hause kommt, ruft er seine Freunde und Nachbarn zusammen und sagt zu ihnen: Freut euch mit mir; ich habe mein Schaf wiedergefunden, das verloren war. (Einheitsübersetzung)*

Derart viele verschiedene Anforderungen an eine Übersetzung sind nur schwer zu erfüllen. Es ist klar, dass dabei in jeder Hinsicht Kompromisse gemacht werden müssen, und diese gehen auch auf Kosten der Wörtlichkeit.

Eine für das *wissenschaftliche Arbeiten* brauchbare Übersetzung ist die sogenannte →*Elberfelder* Übersetzung, die so nahe wie möglich am Ausgangstext bleibt und nach Möglichkeit auf interpretatorische Ausdrücke verzichtet. Zwangsläufig ist die Sprache ungewohnt und hart und die Texte sind schwer zu lesen. Ebenfalls wortgetreu sind für das NT die Übersetzung von Fridolin Stier und das Münchener NT.

> *Lk 15,1 Es nahten sich aber zu ihm alle Zöllner und Sünder, ihn zu hören; 2 und die Pharisäer und die Schriftgelehrten murrten und sprachen: Dieser nimmt Sünder auf und ißt mit ihnen. 3 Er sprach aber zu ihnen dieses Gleichnis und sagte: 4 Welcher Mensch unter euch, der hundert Schafe hat und eins von ihnen verloren hat, läßt nicht die neunundneunzig in der Wüste und geht dem verlorenen nach, bis er es findet? 5 Und wenn er es gefunden hat, so legt er es mit Freuden auf seine Schultern; 6 und wenn er nach Hause kommt, ruft er die Freunde und die Nachbarn zusammen und spricht zu ihnen: Freut euch mit mir! Denn ich habe mein Schaf gefunden, das verloren war. (Elberfelder Übersetzung)*

*Lk 15,1 Es nahten sich ihm aber all die Zöllner und die Sünder, um ihn zu hören. 2 Und es nörgelten die Pharisäer und die Schriftgelehrten und sagten: Der da – er nimmt die Sünder an und speist mit ihnen.*

*3 Er aber sprach zu ihnen dieses Gleichnis, sagte: 4 Welcher Mensch unter euch, der hundert Schafe hat und dem eins davon verlorengeht, läßt nicht die neunundneunzig in der Ödnis zurück und geht dem verlorenen nach, bis er es findet. 5 Und: Wenn er es gefunden, legt er es voll Freude über die Schulter. 6 Und: Wenn er nach Hause kommt, ruft er die Freunde und Nachbarn zusammen und sagt zu ihnen: Freut euch mit mir, denn gefunden habe ich mein Schaf – das verlorene. (Fridolin Stier)*

*1 Es waren aber ihm sich nähernd alle Zöllner und Sünder, ihn zu hören. 2 Und es murrten sowohl die Pharisaier und die Schriftkundigen, sagend: Dieser nimmt Sünder an und ißt mit ihnen. 3 Er sprach aber zu ihnen dieses Gleichnis, sagend: 4 Welcher Mensch von euch, habend hundert Schafe und verlierend von ihnen eines, läßt nicht zurück die neunundneunzig in der Öde, und geht zu dem verlorenen, bis er es findet? 5 Und wenn er es gefunden hat, auflegt er es auf seine Schultern, sich freuend, 6 und wenn er gekommen ist ins Haus, zusammenruft er die Freunde und die Nachbarn, sagend ihnen: Freut euch mit mir, weil ich fand mein Schaf, das verlorene. (Münchener Neues Testament)*

Die Frage nach einer für einen bestimmten Zweck passenden Übersetzung ist demnach nicht einfach zu beantworten, auch und gerade wenn man kein Hebräisch oder Griechisch beherrscht.

Eine ganz eigene Übertragung der alttestamentlichen Texte ins Deutsche stellt die Ausgabe von Martin Buber dar. Er versucht, dem Verständnis der Ausgangssprache möglichst nahezukommen und bildet auch die Text- und Satzstruktur des Hebräischen nach.

*Im Anfang schuf Gott den Himmel und die Erde.*

*Die Erde aber war Irrsal und Wirrsal.*
*Finsternis über Urwirbels Antlitz.*
*Braus Gottes schwingend über dem Antlitz der Wasser.*
*Gott sprach: Licht werde! Licht ward. Gott sah das Licht: daß es gut ist.*
*Gott schied zwischen dem Licht und der Finsternis.*
*Gott rief dem Licht: Tag! und der Finsternis rief er: Nacht!*
*Abend ward und Morgen ward: Ein Tag.*

*Gott sprach:*
*Gewölb werde inmitten der Wasser*
*und sei Scheide von Wasser und Wasser!*
*Gott machte das Gewölb*
*und schied zwischen dem Wasser,*
*das unterhalb des Gewölbs war*

*und dem Wasser, das oberhalb des Gewölbs war.*
*Es ward so.*
*Dem Gewölb rief Gott: Himmel!*
*Abend ward und Morgen ward: zweiter Tag.*

*Gott sprach:*
*Das Wasser unterm Himmel staue sich an einem Ort,*
*und das Trockne lasse sich sehn!*
*Es ward so.*
*Dem Trocknen rief Gott: Erde!*
*und der Stauung der Wasser rief er: Meere!*
*Gott sah, daß es gut ist...*

*Zit. aus http://buber.de/de/bibel#Schoepfung, 27.6.2016*

Im Folgenden sei ein Text geboten, der in den Übersetzungen fast immer geschönt und „zivilisiert“ wird:

Kön 16,11 וַיְהִי בְמָלְכוֹ כְּשִׁבְתּוֹ עַל־כִּסְאוֹ הִכָּה אֶת־כָּל־בֵּית בַּעְשָׁא לֹא־הִשְׁאִיר לוֹ מַשְׁתִּין בְּקִיר וְגֹאֲלָיו וְרֵעֵהוּ׃

Wajehi b$^{e}$malko k$^{e}$šibto ʿal-kisʾo hikah ʾæt-k$^{a}$l-bet ba ʿšaʾ lo-hiš̆ʾir lo maštin b$^{e}$qir w$^{e}$goʾ$^{a}$law w$^{e}$re ʿehu

Übersetzt wird dies z.B. in der Elberfelder Übersetzung mit:

*1Kön 16,11 Und es geschah, als er König war, sobald er auf seinem Thron saß, erschlug er das ganze Haus Baschas; er ließ nichts von ihm übrig, was männlich war, weder seine Blutsverwandten noch seine Freunde.*

Wörtlich übersetzt und auch in der Wortstellung dem Original nahekommend sieht der Vers allerdings folgendermaßen aus:

*Und es geschah, als er König war [und] als er auf seinem Thron saß, erschlug er das ganze Haus Baschas; nicht ließ er übrig von ihm [irgendeinen] pissend an eine Wand, und [weder] seine Verwandten und [noch] seine Freunde.*

Die Übersetzung der „Elberfelder Bibel“ kommt also dem Urtext recht nahe. Das AT schreibt oft sehr schnörkellos, hier sogar ordinär. Auf der anderen Seite finden sich auch sehr blumige Umschreibungen wie etwa hier:

Jes 1,53 יְשֻׂשׂוּם מִדְבָּר וְצִיָּה וְתָגֵל עֲרָבָה וְתִפְרַח כַּחֲבַצָּלֶת׃

J$^{e}$susum midbar w$^{e}$tzijah w$^{e}$tagel $^{ʿa}$rabah w$^{e}$tifraḥ kaḥ$^{a}$batzalæt

*Jes 35,1 Freuen werden sich die Wüste und das dürre Land, frohlocken wird die Steppe und aufblühen wie eine Narzisse. (ELB)*

Eigene Übersetzung:

> *Freuen werden/sollen sich die Wüste und das wasserlose Land; und [es] jauchzt Steppe und blüht auf wie Herbstzeitlose/Krokus.*

Besonders „blumig“ fällt natürlich das Hohe Lied aus, in dem die Schönheit der Frau umschrieben und gepriesen wird:

כְּשׁוֹשַׁנָּה֙ בֵּ֣ין הַחוֹחִ֔ים כֵּ֥ן רַעְיָתִ֖י בֵּ֥ין הַבָּנֽוֹת׃ Hld 2,2

> K$^{e}$šošanah ben haḥoḥim ken raʿjati ben habanot
>
> *Hld 2,2 Wie eine Lilie unter Dornen so ist meine Freundin unter den Töchtern. (ELB)*

Die „Experten“ und alle, die hebräisch und/oder griechisch beherrschen, fertigen in der Regel ihre eigene Übersetzung an und ziehen dabei Wörterbücher und Grammatiken mit heran um ggf. die Mehrdeutigkeit eines Ausdrucks in der Ausgangssprache (Hebräisch, Griechisch, manchmal auch Latein) möglichst adäquat in der Zielsprache (Deutsch) wiederzugeben – oder vielleicht auch einmal einen völlig neuen Sinn zu entdecken!

Ist man dieser Sprachen nicht mächtig, besteht jedoch kein Grund, die Flinte sofort ins Korn zu werfen. Vielmehr empfiehlt es sich für eine Auseinandersetzung mit dem Text, mehrere Übersetzungen (online einsehbar: https://bibel.github.io) miteinander zu vergleichen: Unterschiede in der Wortwahl weisen auf Stellen hin, an denen der Ausgangstext unterschiedliche (Be-)Deutungen enthält oder nahelegt.

Für solche Fällen gibt es zwei wichtige Hilfsmittel: Zum einen gute Wörterbücher, welche die Weite eines Begriffs und auch seine Wortfamilie erklären. Zum anderen gibt es in jüngerer Zeit Interlinearübersetzungen, sowohl des AT wie auch des NT, die sprachlich freilich an den Jedi-Meister Yoda aus Star Wars erinnern vgl. Lk 1,29a: *Sie aber über das Wort erschrak.*

Interlinearübersetzung bedeutet folgendes: In der ersten Zeile steht der hebräische bzw. griechische Text. Darunter findet man den Text in der Lautschrift (nur bei Hebräisch) und in der dritten Zeile dann die Bedeutung jedes einzelnen Wortes in deutscher Sprache. Ein fließend lesbarer Text ist das natürlich nicht, aber diese Übersetzung kommt nicht nur dem Ausgangstext außerordentlich nahe, sondern bildet darüber hinaus die Wortstellung und somit auch das Satzgefüge ab. Man lese – natürlich auch in der Übersetzung – von rechts nach links:

| הָאָֽרֶץ׃ | וְאֵ֥ת | הַשָּׁמַ֖יִם | אֵ֥ת | אֱלֹהִ֑ים | בָּרָ֣א | בְּרֵאשִׁ֖ית |
|---|---|---|---|---|---|---|
| haʾarætz | w$^{e}$ʾet | haschamajim | ʾet | ʾ$^{æ}$lohim | baraʾ | b$^{e}$reʾschit |
| *die Erde* | *und* | *die Himmel* | *[Akkusativ-Zeichen]* | *Gott* | *er erschuf* | *Im Anfang* |

Mittels der verschiedenen Übersetzungen und ggf. unter Rückgriff auf die Hilfsmittel lässt sich ein Text erstellen, der dem Ausgangstext sehr nahekommt.

Dazu ein weiteres Beispiel aus dem NT:

| Elberfelder | Münchener | Interlinearübersetzung |
|---|---|---|
| Lk 1,26 Im sechsten Monat aber wurde der Engel Gabriel von Gott in eine Stadt von Galiläa, mit Namen Nazareth, gesandt, | 26 Und im sechsten Monat wurde der Engel Gabriel von Gott gesandt in eine Stadt in Galiläa, die heißt Nazareth, | 26 Aber in dem Monat sechsten wurde gesandt der Engel Gabriel von Gott in eine Stadt Galiläas der Name Nazareth |
| 27 zu einer Jungfrau, die einem Mann namens Josef, aus dem Haus Davids, verlobt war, und der Name der Jungfrau war Maria. | 27 zu einer Jungfrau, die vertraut war einem Mann mit Namen Josef vom Hause David; und die Jungfrau hieß Maria. | 27 zu einer Jungfrau. Verlobt einem Mann, dem Name Josef aus Haus Davids und der Name der Jungfrau Maria |
| 28 Und er kam zu ihr hinein und sprach: Sei gegrüßt, Begnadete! Der Herr ist mit dir. | 28 Und der Engel kam zu ihr hinein und sprach: Sei gegrüßt, du Begnadete! Der Herr ist mit dir! | 28 Und hineingegangen zu ihr, sprach er: Sei gegrüßt, Begnadete, der Herr mit dir. |
| 29 Sie aber wurde bestürzt über das Wort und überlegte, was für ein Gruß dies sei. | 29 Sie aber erschrak über die Rede und dachte: Welch ein Gruß ist das? | 29 Sie aber über das Wort erschrak und überlegte sich, welcher Art sei dieser Gruß |
| 30 Und der Engel sprach zu ihr: Fürchte dich nicht, Maria! Denn du hast Gnade bei Gott gefunden. | 30 Und der Engel sprach zu ihr: Fürchte dich nicht, Maria, du hast Gnade bei Gott gefunden. | 30 Und sagte der Engel zu ihr: Nicht fürchte dich Maria! Denn du hast gefunden Gnade bei Gott; |
| 31 Und siehe, du wirst schwanger werden und einen Sohn gebären, und du sollst seinen Namen Jesus nennen. | 31 Siehe, du wirst schwanger werden und einen Sohn gebären, und du sollst ihm den Namen Jesus geben. | 31 und siehe, du wirst empfangen im Mutterleib und wirst gebären einen Sohn und sollst nennen seinen Namen Jesus. |
| 32 Dieser wird groß sein und Sohn des Höchsten genannt werden; und der Herr, Gott, wird ihm den Thron seines Vaters David geben; | 32 Der wird groß sein und Sohn des Höchsten genannt werden; und Gott der Herr wird ihm den Thron seines Vaters David geben, | 32 Dieser wird sein groß, und Sohn (des) Höchsten wird er genannt werden und geben wird ihm Herr, Gott, den Thron Davids, seines Vaters, |

| Elberfelder | Münchener | Interlinearübersetzung |
|---|---|---|
| 33 und er wird über das Haus Jakobs herrschen in Ewigkeit, und seines Königtums wird kein Ende sein. | 33 und er wird König sein über das Haus Jakob in Ewigkeit, und sein Reich wird kein Ende haben. | 33 und er wird König sein über das Haus Jakob in die Ewigkeit, und seines Königtums nicht wird sein ein Ende. |
| 34 Maria aber sprach zu dem Engel: Wie wird dies zugehen, da ich von keinem Mann weiß? | 34 Da sprach Maria zu dem Engel: Wie soll das zugehen, da ich doch von keinem Mann weiß? | 34 Sagte aber Maria zu dem Engel: Wie wird sein dies, da einen Mann nicht ich kenne? |
| 35 Und der Engel antwortete und sprach zu ihr: Der Heilige Geist wird über dich kommen, und Kraft des Höchsten wird dich überschatten; darum wird auch das Heilige, das geboren werden wird, Sohn Gottes genannt werden. | 35 Der Engel antwortete und sprach zu ihr: Der Heilige Geist wird über dich kommen, und die Kraft des Höchsten wird dich überschatten; darum wird auch das Heilige, das geboren wird, Gottes Sohn genannt werden. | 35 und antwortend, der Engel sagte zu ihr: Heilige Geist wird kommen auf dich, und Kraft (des) Höchsten wird überschatten dich; deswegen auch das geboren Werdende heilig wird genannt werden, Sohn Gottes. |
| 36 Und siehe, Elisabeth, deine Verwandte, auch sie erwartet einen Sohn in ihrem Alter, und dies ist der sechste Monat bei ihr, die unfruchtbar genannt war. | 36 Und siehe, Elisabeth, deine Verwandte, ist auch schwanger mit einem Sohn, in ihrem Alter, und ist jetzt im sechsten Monat, von der man sagt, dass sie unfruchtbar sei. | 36 Und siehe, Elisabet, deine Verwandte, auch sie hat empfangen einen Sohn in ihrem Alter, und dies sechste Monat ist für sie, die genannt werdende unfruchtbar; |
| 37 Denn kein Wort, das von Gott kommt, wird kraftlos sein. | 37 Denn bei Gott ist kein Ding unmöglich. | 37 denn nicht unmöglich wird sein von Gott jedes Ding. |
| 38 Maria aber sprach: Siehe, ich bin die Magd des Herrn; es geschehe mir nach deinem Wort! Und der Engel schied von ihr. | 38 Maria aber sprach: Siehe, ich bin des Herrn Magd; mir geschehe, wie du gesagt hast. Und der Engel schied von ihr. | 38 Sagte aber Maria: Siehe die Magd (des) Herrn; es geschehe mir nach deinem Wort! Und weg ging von ihr der Engel. |

### Zusammenfassung

Für exegetisches Arbeiten bedarf es einer Übersetzung, die dem griechischen bzw. hebräischen Ausgangstext möglichst nahekommt. Sinnvoll ist deshalb der Vergleich mehrerer wortgetreuer Übersetzungen sowie ggf. das Studium eines Wörterbuches. Natürlich ist der Aufwand hoch, aber es lohnt sich: Der Leser kommt weg von den eingefahrenen Wegen bekannter Übersetzungen und findet u.U. Aspekte und Deutungsmöglichkeiten, die ihm bisher verschlossen waren.

### Was lernen wir daraus?

Eigentlich müsste man mit dem Text in seiner ursprünglichen Sprache arbeiten.

Wenn dies nicht möglich ist, sollte der verwendete Text nicht jener sein, der am besten zu lesen ist, sondern derjenige, der in Wortlaut und Satzbau dem fremdsprachigen Text möglichst nahekommt. Welche Übersetzungen dafür infrage kommen: s.o.

# 4. Frage: Was kann man mit einer wortgetreuen Übersetzung anfangen?

An dem so „rekonstruierten" Text kann deutlich gemacht werden, ob es sich z.B. um reine Erzählung handelt, oder ob ein Gespräch vorliegt, das in Erzählung eingebettet ist. Es wird ferner deutlich, ob ein echter Dialog wiedergegeben wird oder nur eine fiktive Unterhaltung, ob einer der Gesprächsteilnehmer das Gespräch lenkt, größere Anteile beiträgt und sich somit in einer dominierenden Stellung befindet oder ob das Gespräch zwischen Gleichberechtigten auf Augenhöhe verläuft, ob einer der beiden Zustimmung oder Ablehnung erfährt, ob das Gespräch friedlich verläuft oder kontrovers, ob es formgerecht beendet oder ohne Ergebnis abgebrochen wird.

Dazu fragt man nach, wo sich Haupt-, wo Nebensätze finden, wo Sätze mit Partizipien von jenen mit finiten, d.h. konjugierten Verben abgesetzt sind. Im vorliegenden Text begegnen dem Leser sogar Nominalsätze, d.h. Aussagen, die ohne Verb konstruiert sind. Im Deutschen muss bei solchen Aussagen ein Hilfszeitwort, zumeist eine konjugierte Form von „sein" verwendet werden, das im Griechischen und Hebräischen nicht erforderlich ist und fehlt (oder erst gar nicht existiert).

Haupt- und Nebensätze

| | |
|---|---|
| *26 Und im sechsten Monat wurde der Engel Gabriel von Gott gesandt in eine Stadt in Galiläa,* | *finiter Aussagesatz mit Verb im Indikativ* |
| <u>mit Namen Nazareth,</u> | <u>Nominalsatz</u> |
| *27 zu einer Jungfrau,* | *gehört als Objekt zum Hauptsatz* |
| verlobt einem Mann mit Namen Josef vom Hause David; | Relativsatz mit Partizip |
| <u>und die Jungfrau hieß Maria.</u> | <u>Nominalsatz</u> |
| 28 Und hineingegangen zu ihr der Engel | Partizipialsatz |
| *sprach: Sei gegrüßt, du Begnadete! Der Herr ist mit dir! 29* | *finiter Satz im Imperativ* |
| *Sie aber erschrak über die Rede und dachte:* | *finiter Aussagesatz im Indikativ* |

| *Welch ein Gruß ist das?* | *finiter Fragesatz* |
|---|---|
| *30 Und der Engel sprach zu ihr: Fürchte dich*<br>*nicht, Maria, du hast Gnade bei Gott gefun-*<br>*den. 31 Siehe, du wirst schwanger werden und*<br>*einen Sohn gebären, und du sollst ihm den*<br>*Namen Jesus geben. 32 Der wird groß sein und*<br>*Sohn des Höchsten genannt werden; und Gott*<br>*der Herr wird ihm den Thron seines Vaters David*<br>*geben, 33 und er wird König sein über das Haus*<br>*Jakob in Ewigkeit, und sein Reich wird kein Ende*<br>*haben.* | *finite Aussagesätze mit Verben im Indikativ (Futur)* |
| *34 Da sprach Maria zu dem Engel: Wie soll das zugehen,* | *finiter Aussagesatz mit Verb im Indikativ* |
| **da ich doch von keinem Mann weiß?** | **Kausaler Nebensatz** |
| *35 Der Engel antwortete und sprach zu ihr:*<br>*Der Heilige Geist wird über dich kommen, und die Kraft des Höchsten wird dich überschatten;* | *finiter Aussagesatz mit Verb im Indikativ* |
| **darum wird auch das Heilige, das geboren wird, Gottes Sohn genannt werden.** | **Kausaler Nebensatz** |
| *36 Und siehe, Elisabeth, deine Verwandte, ist auch schwanger mit einem Sohn, in ihrem Alter, und ist jetzt im sechsten Monat,* | *finiter Aussagesatz* |
| der unfruchtbar genannten. | Partizipialer Relativsatz |
| 37 **Denn bei Gott ist kein Ding unmöglich.** | **Kausalsatz mit Verb im Indikativ** |
| *38 Maria aber sprach:*<br>Siehe des Herrn Magd; | *finiter Aussagesatz*<br>Nominalsatz |
| *mir geschehe, wie du gesagt hast.* | *finiter Aussagesatz* |
| *Und der Engel schied von ihr.* | *finiter Aussagesatz* |

Die Nominalsätze unterbrechen i.d.R. den Gang der Erzählung und tragen ergänzende Informationen bei, wie z.B. den Namen des Ortes, den Namen Maria.

Ohne die Nominal- und sowie die diversen Nebensätze verbleibt folgender Text, der die Erzählstruktur trägt:

> *26 Und im sechsten Monat wurde der Engel Gabriel von Gott gesandt in eine Stadt in Galiläa, 27 zu einer Jungfrau, 28 sprach: Sei gegrüßt, du Begnadete! Der Herr ist mit dir! 29 Sie aber erschrak über die Rede und dachte: Welch ein Gruß ist das?*
>
> *30 Und der Engel sprach zu ihr: Fürchte dich nicht, Maria, du hast Gnade bei Gott gefunden. 31 Siehe, du wirst schwanger werden und einen Sohn gebären, und du sollst ihm den Namen Jesus geben. 32 Der wird groß sein und Sohn des Höchsten genannt werden; und Gott der Herr wird ihm den Thron seines Vaters David geben, 33 und er wird König sein über das Haus Jakob in Ewigkeit, und sein Reich wird kein Ende haben.*
>
> *34 Da sprach Maria zu dem Engel: Wie soll das zugehen?*
>
> *35 Der Engel antwortete und sprach zu ihr: Der Heilige Geist wird über dich kommen, und die Kraft des Höchsten wird dich überschatten;*
>
> *36 Und siehe, Elisabeth, deine Verwandte, ist auch schwanger mit einem Sohn, in ihrem Alter, und ist jetzt im sechsten Monat,*
>
> *38 Maria aber sprach: mir geschehe, wie du gesagt hast.*
>
> *Und der Engel schied von ihr.*

Der Abschnitt enthält also ein Gespräch mit Rede und Gegenrede, wobei der Engel eindeutig der Wortführer ist: Der Dialog ereignet sich also nicht zwischen zwei gleichberechtigten Partnern, sondern der Engel eröffnet den Dialog, lenkt das Gespräch, steuert größere Anteile bei und setzt letztlich seine Aussageabsicht durch: Maria „unterwirft" sich, stimmt zu. Der Hauptgegenstand des Gesprächs ist im Übrigen nicht Maria und ihre Befindlichkeit [und schon gar nicht das Thema Jungfräulichkeit], sondern das Kind! Die Engelsrede über das Kind nimmt den größten Block im Zentrum der Erzählung ein. Maria ist nicht gerade Mittel zum Zweck, aber es ist ihr Dienst, der die Erfüllung der Absichten Gottes ermöglicht. Sie ist es, die vom Geist Gottes überschattet ist und daher gebären wird. Das Kind aber ist Sohn Gottes, weil das Geschehen von Gott kommt. Darin liegt der Schwerpunkt der Aussage des Engels.

Die übrigen Aussagen tragen relativ sekundäre Details ein, die für den Ablauf des Gesprächs und auch den Inhalt des Abschnitts nicht unbedingt erforderlich sind:

- den Namen des Ortes und der Frau
- das Verlöbnis mit Josef aus dem Hause Davids; die davidische Herkunft spielt weder hier wie auch sonst im Evangelium des Lukas keine Rolle mehr
- der Einwand der Maria und dessen Entkräftung durch den Engel

### Zusammenfassung

Die Satzstruktur eines Textes gibt bereits entscheidende Hinweise auf den Aussageschwerpunkt. Dabei sind v.a. die finiten Aussagesätze von Bedeutung. Nominalsätze dagegen tragen untergeordnete Zusatzinformationen bei, ebenso die Partizipialsätze und hier auch die Kausalsätze.

### Was lernen wir daraus?

Der Satzbau trägt wesentlich dazu bei, den „roten Faden" einer Erzählung zu erkennen und diesen von evtl. „Zusatzinformationen" abzugrenzen.

## 5. Frage: Was lernt man aus der Beobachtung, dass und wie die verschiedenen Personen in Erzählungen miteinander umgehen oder einander zugeordnet werden? (Zum folgenden vgl. Egger, Methoden 1987, 119-133)

In den *Erzählungen* der Bibel geht es in der Regel um Menschen, die in irgendeiner Weise miteinander in Beziehung stehen. Kain steht in Beziehung zu Abel, Josef in Beziehung zu zehn seiner Brüder, dann in Beziehung zu seinem Herrn, zu seinen Mitgefangenen, zum Pharao, Mose zum Pharao oder auch zu seinem Bruder Aaron oder seiner Schwester Mirjam. Manchmal steht auch Gott einem Menschen gegenüber, wie z.B. zu Abraham oder zu Mose.

Im NT finden wir derartige Konstellationen zumeist in den Gleichnissen. Dem Verwundeten stehen Priester, Levit und der Samariter gegenüber, dem barmherzigen Vater seine beiden Söhne, dem ungerechten Richter die penetrante Witwe usw.

Es ist nun häufig so, dass diese Beziehungen auch in den Geschichten, in denen mehrere Personen (oder auch Personengruppen) eine Rolle spielen, immer nur auf je zwei Gestalten reduziert werden.

Betrachtet man z.B. einmal die Josefsgeschichte, so erfahren wir, dass Josef, Sohn von Jakobs Lieblingsfrau Rachel, auch der besondere Liebling seines Vaters Jakob ist. Jakob steht in Beziehung zu Josef, der seinem Sohn ein besonderes Gewand machen lässt, das seine Vorzugsstellung betont. Jakob schickt Josef aus, seine Brüder zu besuchen. Er macht sich auf den Weg und trifft seine Brüder, die ihn zuerst in eine Grube werfen, dann an eine Karawane verkaufen. Josef kommt nach Ägypten und wird an einen Herrn verkauft. Die Frau seines Herrn ist hinter Josef her, doch er entflieht ihr. Daraufhin schwärzt die Frau den Josef bei ihrem Mann an. Es sind also de facto immer nur zwei Personen (oder Personengruppen), die miteinander im Gespräch sind, miteinander verhandeln oder allgemein gesagt: miteinander agieren. Es geht entweder um eine dritte Person oder auch um eine Sache, doch über diese wird stets nur verhandelt. Sie ist nicht dabei und kann sich daher auch nicht äußern.

Als Jakob seinem Liebling Josef ein besonderes Kleidungsstück machen lässt, hören wir im Hintergrund das neidvolle Gemurmel der Brüder, doch sie sprechen sich weder mit dem Vater Jakob noch mit dem Bruder Josef aus. Die Frau des Potifar, des Besitzers von Josef, beschwert sich bei ihrem Mann über Josef. Er ist Gegenstand des Gesprächs, aber er ist nicht selbst dabei.

Ganz ähnlich verhält es sich z.B. im Gleichnis vom barmherzigen Vater: Er agiert mit seinem jüngeren Sohn, zahlt ihn aus und dieser macht sich davon. Vom

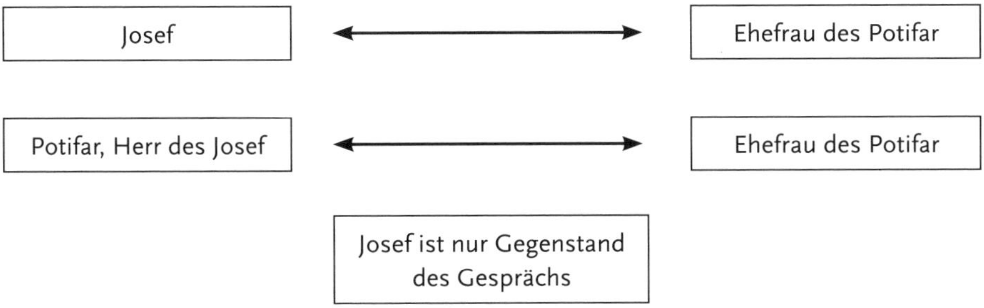


**Abb. 10:** Figurenkonstellation in der Josefsgeschichte

Vater hören wir zunächst nichts mehr. Der Sohn agiert mit seinen falschen Freunden, bis das Vermögen verjubelt ist. Er agiert mit dem Bürger des Landes, der ihn als Schweinehirten einstellt, und er kehrt zu seinem Vater zurück, der ihn wieder aufnimmt. Daraufhin kommt es zur Begegnung von Vater und älterem Sohn – vom Jüngeren hören wir nichts mehr. Dabei wird ersichtlich, wer der eigentliche Hauptakteur der Geschichte ist.

In der Josefsgeschichte käme man nicht auf die Idee, die Hauptrolle jemand anderem als Josef zuzuweisen. Bei der Geschichte vom barmherzigen Vater, die auch die Geschichte vom verlorenen Sohn genannt wird, ist die Sache etwas schwieriger. Dennoch wird der entscheidende Teil des Gleichnisses nicht von den Söhnen bestimmt, sondern der Vater hält die Fäden in der Hand; er setzt sich mit *beiden* Söhnen auseinander. Von daher ist es auch zutreffender, die Geschichte als Erzählung vom Vater und den beiden Söhnen zu bezeichnen und nicht als die vom verlorenen Sohn. Natürlich könnte man hier auch vom barmherzigen Vater sprechen, aber es geht in der Geschichte mit dem älteren Sohn nicht um Barmherzigkeit. Vielmehr möchte der Vater den Älteren davon überzeugen, sich über das „Wiederfinden" des Jüngeren zu freuen. Der Vater wirbt beim Älteren um die Zustimmung zu seinem Verhalten, um die Zustimmung zu seiner Vaterliebe zu dessen Bruder. Aber auch beim jüngeren Sohn ist die Beziehung zum Vater nicht von Barmherzigkeit und schon gar nicht von Umkehr getragen. Barmherzig wäre der Vater dann, wenn er den „verlorenen" Sohn einfach wieder aufnehmen und als Knecht anstellen würde, aber das Verhalten des Vaters geht weit darüber hinaus. Vielmehr mutet der Vater dem älteren Bruder und auch uns als Lesern eine Vaterliebe zu, die das Gerechtigkeitsempfinden an eine Schmerzgrenze bringt oder diese sogar noch übersteigt – ähnlich wie im Gleichnis von den Arbeitern im Weinberg.

Mit der Analyse, wer denn da eigentlich mit wem in Aktion tritt und wie dies geschieht, können demnach neue Perspektiven zu einer vielleicht allzu bekannten Geschichte bzw. die eigentlich tragende Aussage einer Erzählung gefunden werden.

Ähnlich wird dies dem Zuhörer oder Leser bewusst, wenn danach gefragt wird, ob die Geschichte denn unbedingt *so* verlaufen musste, wie sie hier erzählt wird. Was wäre, wenn die Ereignisse einen ganz anderen Verlauf genommen hätten?

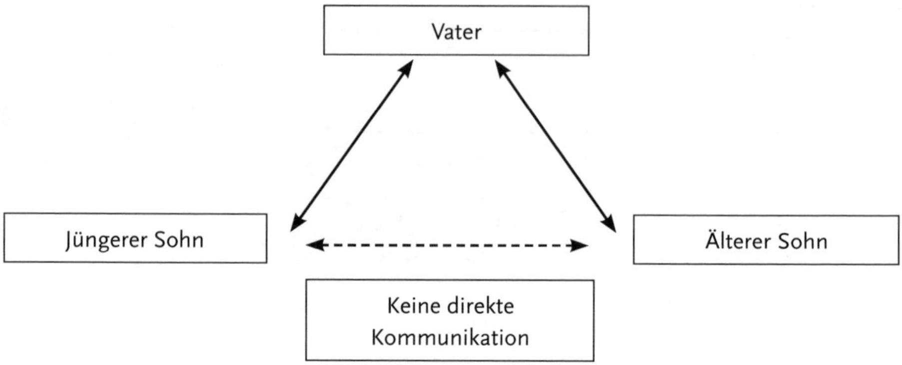


**Abb. 11:** Figurenkonstellation in der Geschichte vom barmherzigen Vater

Es ist keineswegs zwangsläufig, dass

- der jüngere Sohn sich sein Erbe vorab auszahlen lässt
- er aus seinem Erbe nichts macht, sondern es durchbringt
- er in bitterste Not gerät
- er beim Schweinhüten landet
- er die einzige Überlebenschance in der Rückkehr zu seinem Vater sieht
- der Vater ihn wieder aufnimmt, ja sogar in die alten Rechte einsetzt
- der ältere Sohn das Verhalten des Vaters nicht gutheißt

All das hätte auch ganz anders laufen können, wobei das Verhalten des älteren Sohnes noch am ehesten als mehr oder weniger „notwendig" oder „wahrscheinlich" gelten dürfte.

Um nur einige der Alternativen anzusprechen, sei die Möglichkeit erwogen, der jüngere habe seinen Erbanteil im Kauf eines neuen Gutes angelegt und sei wirtschaftlich erfolgreich geworden. Nach einigen Jahren lädt er Vater und Bruder ein, ihn zu besuchen. Der Vater freut sich über den Erfolg des Jüngeren, der Bruder ist verstimmt, weil der Jüngere es weiter gebracht hat als er. Er geht deswegen seinen Vater an, doch der muss ihm mitteilen, dass er genauso hätte handeln können wie sein jüngerer Bruder, d.h. auch investieren und sein Gut ebenfalls weiter ausbauen um damit eine eigene Karriere zu starten. Der Jüngere möchte sich nicht mit seinem Bruder überwerfen und schenkt ihm daraufhin einen Teil seines Besitzes, sodass sie jetzt beide gleich vermögend sind.

Oder die keineswegs unmögliche Lösung: Der Jüngere erkennt, dass seine einzige Überlebenschance in der Rückkehr zu seinem Vater besteht. Der Vater sieht ihn von Weitem und erwartet ihn. Der Sohn gibt sein Geständnis zum Besten, das er sich – durchaus wirklich reumütig –, ausgedacht hat: Vater ich habe gesündigt vor dem Himmel und vor dir. Ich bin nicht mehr wert, dein Sohn zu heißen. Der Vater antwortet: Du hast recht geredet. Ich habe keinen Sohn mehr. Sie du zu!

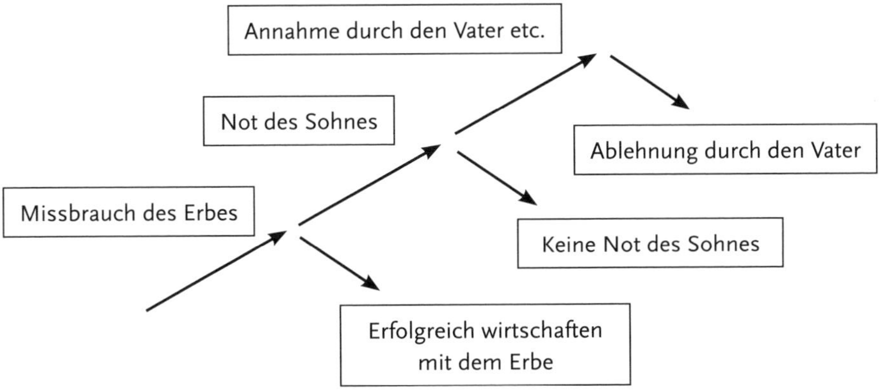


**Abb. 12:** Handlungsalternativen

Wie würde die Geschichte dann verlaufen? Gelingt es dem Jungen doch noch irgendwie das Ruder herumzureißen und durch schwere, harte Arbeit zum Erfolg zu kommen?

Dann könnte die Geschichte folgendermaßen weitergehen: Eines Tages kommt es zu einer schweren Hungersnot. Alles Vieh geht zugrunde und der Vater besinnt sich darauf, dass er ja noch einen jüngeren Sohn hat. Vielleicht könnte er für eine Zeitlang bei dem Jüngeren überleben. Er geht zu ihm und sagt: Erkennst Du mich nicht? Ich bin dein Vater. Und nun gibt es wieder zwei Möglichkeiten: Der Jüngere, nunmehr erfolgreiche Sohn, nimmt den Vater an und söhnt sich mit ihm aus, oder er sagt: „Vater? Ich habe keinen Vater mehr."

Die Alternativen scheinen uns absurd und völlig lieblos, und das sind sie letztlich zum großen Teil auch. Umso mehr aber wiegt dann die Geschichte, so wie sie uns Jesus erzählt hat, umso offensichtlicher wird die von ihm vermittelte Botschaft.

Eine dritte Beobachtung lässt sich an dem Umgang von Personen miteinander machen, und vielleicht ist dies eine Überraschung: Die gesamte Schrift, AT wie NT, ist ständig von Konflikten durchzogen, zwischen einzelnen Menschen, zwischen Mensch und Gott, Mensch und Natur, Volk gegen Volk, Gruppe gegen Gruppe. Wenn man nach dem großen Frieden sucht, so sucht man (nahezu) vergeblich.

Nur auf einige Beispiele sei hingewiesen:

- Adam und Eva stehen gegen Gott und die Schlange.
- Gott akzeptiert nur Abel, nicht aber Kain.
- Kain erhebt sich gegen Abel.
- Gott wehrt sich gegen die Hybris der Menschen beim Turmbau zu Babel.
- Esau und Jakob stehen gegeneinander: Zunächst ergattert Jakob von Esau das Erstgeburtsrecht und betrügt ihn dann auch noch um den Erstgeburtssegen.
- Jakob wird von seinem Schwiegervater um seine geliebte Rahel betrogen.

- Jakob betrügt seinen Schwiegervater durch die Manipulation beim Nachwuchs der Herden.
- Rahel stiehlt ihrem Vater die Hausgötter.
- Josef steht gegen seine Brüder.
- Josef steht gegen die Frau seines Herrn und gegen seinen Herrn selbst.
- Mose und der Pharao stehen sich gegenüber.
- Mose befindet sich in Opposition zu seinem Bruder Aaron, der das Stierbild herstellt
- und zu seiner Schwester Mirjam – sie wird deswegen mit Aussatz geschlagen.
- Das Volk Israel wendet sich nahezu ständig gegen Mose und gegen Gott.
- Blutig geht es dann bei Josua zu: Die fremden Städte und Völker werden unterworfen und dezimiert.
- In der Richterzeit versündigt sich das Volk ständig gegen Gott; Gott gibt das Volk in die Gewalt von fremden Herrschern.
- Die Richter stehen gegen das Volk und gegen die Fremdherrscher und müssen das Volk jedes Mal erst wieder „auf Linie“ bringen.
- David steht in Opposition zu Saul und zu den Nachbarvölkern Israels.
- Gegen David erhebt sich sein Sohn Absalom.
- David begeht Ehebruch mit der Batseba, der Ehefrau des Urija.
- Salomo steht in Opposition zu seinem älteren Bruder Adonija und zu den alten Weggefährten seines Vaters.
- Das Südreich stellt sich gegen das Nordreich.
- In der Königszeit wenden sich Volk und Könige von Gott ab und brechen den Bund,
- weshalb Gott sein Volk bestraft – zunächst durch den Untergang des Nordreiches durch die Assyrer und dann durch das Exil für das Südreich durch die Babylonier.
- Die nachexilischen Geschichten, vorzugsweise die Bücher der Makkabäer, sind durchdrungen von Kriegen, Aufständen und Schlachten.

Wer nun glaubt, im NT ginge es friedlicher zu, irrt sich: Ist es nicht das beständige Bestreben der Schriftgelehrten, Pharisäer, der Hohepriester und der Ältesten, Jesus habhaft zu werden, um ihn zu beseitigen, und dies von Anfang an? So erzählen es zumindest die synoptischen Evangelien. Zudem findet sich Streitgespräch auf Streitgespräch, die ohnmächtige Wut der Gegner Jesu, die seiner Beliebtheit im Volk und seiner Macht der Wunder nichts entgegenzusetzen haben, ehe sie ihn dann doch ans Kreuz liefern. Paulus streitet vehement und mit allen Mitteln um „sein“ Evangelium von der Gesetzesfreiheit: Für Heidenchristen gibt es keine Beschneidung und keine Erfüllung von Ritualgeboten. Die späteren Pastoralbriefe grenzen sich, z.T. mit Schmähworten, von Abweichlern ab und die Offenbarung des Johannes ist sowieso eine Kampfschrift gegen alle Christenverfolger, und das sind vor allem der Satan und Rom.

Frieden also gibt es nicht, höchstens ein bisschen, z.B. in den frühen Jahren des Christentums nach Ostern, wo man in einer Gemeinschaft lebt und alles miteinander teilt – so sagt es zumindest Lk.

Was ist daraus zu lernen: Zunächst gibt es gute und schlechte Opposition – gute, wenn sie sich gegen Menschen richtet, die auch in Opposition zu Gott stehen, schlechte, wenn sie sich gegen Gott und seine Parteigänger richtet. Entsprechend fallen dann auch Lohn und Strafe aus, und natürlich kann kein Übeltäter der Strafe Gottes entrinnen, es sei denn, und dies kommt durchaus vor, er bekennt und bereut seine Untat und Gott lässt sich davon erweichen. Bei besonderen Lieblingen Gottes, wie etwa bei David, ist das durchaus hin und wieder der Fall.

Viel wichtiger ist jedoch die Erkenntnis, dass auch der Schrift nichts Menschliches fremd ist. Die Protagonisten sind keine Heiligen und keine Wunderknaben, sondern was passieren kann, passiert auch, wie bei ganz „normalen" Menschen. Man sollte auch nicht versucht sein zu glauben, dass sich das Verhalten der Menschen in irgendeiner Weise gebessert hätte. Man hätte doch eigentlich aus der Geschichte lernen können, ja müssen. Sicher wiederholen sich bestimmte Verfehlungen nicht: Außer David wird keinem anderen König, weder des Süd- noch des Nordreiches, ein Ehebruch vorgeworfen, aber das sind „nur" qualitative Änderungen. In der Quantität gibt es kaum irgendwelche Einschränkungen. Es ist offensichtlich, und das ist durchaus beruhigend, dass Gott nicht mit Superhelden verkehrt und wir auch keine sein müssen.

### Zusammenfassung

Beobachtungen zu den Hauptakteuren in einer Erzählung – und dazu gehören auch die Gleichnisse – lassen erkennen, worum es in einer Geschichte wirklich geht: Wer sind die Hauptpersonen, wer agiert mit wem und in welcher Sache. Insbesondere in Erzählungen, die schon oft gehört wurden, können diese Beobachtungen ggf. einen völlig neuen, bisher nicht beachteten Schwerpunkt hervortreten lassen.

Zum zweiten ist festzustellen, dass die Schriften des AT und des NT weit davon entfernt sind, Geschichte als Ort einer friedlichen Koexistenz von Menschen darzustellen. Genau das Gegenteil ist der Fall: Der Konflikt ist das „Normale", der Friede das Außergewöhnliche. Umso mehr ist zu beachten, unter welchen Bedingungen es zum Frieden kommt, wie er aussieht und inwieweit er auf das Wirken von Menschen zurückgeht. Eines wird auf jeden Fall deutlich: Die Menschen, von denen in der Schrift die Rede ist, sind von wenigen Ausnahmen abgesehen „ganz normale Menschen", die sich mit ihrer Umwelt, aber auch mit der eigenen Unzulänglichkeit auseinandersetzen müssen.

Lohn und Strafe wird zwar – dem menschlichen Verständnis von „Gerechtigkeit" entsprechend – von Gott geregelt, aber bisweilen versagt dieser „Automatismus" bzw. der erforderliche Ausgleich wird auf unbestimmte Zeit vertagt und in die Zukunft verlagert.

### Was lernen wir daraus?

Die Schrift bildet weder eine Idealgesellschaft noch -zeit ab. Das Warten darauf, dass alles einmal besser wird, um erst dann zu handeln, ist also sinnlos. Die Begegnung Gottes mit dem Menschen ereignet sich, wie auch das Handeln der Menschen untereinander, immer im „Jetzt“ und dies gilt auch für die Antwort des Menschen.

# 6. Frage: Alles klar? – Ist der Text verständlich?

Meines Erachtens ist dies bei obigem Text, der Geburtsankündigung Jesu an Maria, bei Weitem nicht der Fall! Man/Frau traut sich vielleicht nur nicht zu fragen – oder man kennt den Text schon so gut, dass man Dinge überliest, die eigentlich unbekannt sind. Deshalb hier ein paar Stichpunkte, die es wert wären, hinterfragt zu werden.

### Der sechste Monat

In Lk 1,24 heißt es: Nach diesen Tagen aber wurde Elisabeth, seine Frau, schwanger und zog sich fünf Monate zurück... Die Frage, warum sie fünf Monate in Abgeschiedenheit lebte, soll unbeantwortet bleiben. Durch Lk 1,24 weiß man aber immerhin, wieso hier, in Lk 1,26, der sechste Monat genannt wird. Der tiefere sachliche Grund ist damit allerdings noch nicht bekannt und wird erst im Blick auf den gesamten Text bzw. auf 1,36 verständlich: Die Schwangerschaft der Elisabeth soll Maria als bestätigendes Zeichen dienen, dass der Engel die Wahrheit gesprochen hat. Ein Bestätigungszeichen macht aber nur dann Sinn, wenn es auch als solches wahrgenommen werden kann, und dies dürfte hier der Fall sein: Spätestens im sechsten Monat ist eine Schwangerschaft bei einer Frau offensichtlich und für Jedermann erkennbar. Deshalb *muss* hier sogar vom sechsten Monat die Rede sein, da Maria ansonsten die Schwangerschaft ihrer Verwandten nicht hätte sehen können; die Schwangerschaft wäre damit als Zeichen ungeeignet.

### Der Bote – warum gerade Gabriel?

Die Heilige Schrift des AT und NT spricht im Vergleich zu den außerkanonischen Schriften, wie z.B. zum äthiopischen Henochbuch, nur selten von Engeln. Bei Mt und Lk, bei denen Engel häufiger genannt werden, ist ihr Auftreten nahezu ausschließlich auf Geburts- und Auferstehungserzählungen beschränkt. Sie kommen überhaupt vermehrt erst in der nachexilischen Zeit vor. Dies hängt eng mit der zunehmenden Vorstellung von der Transzendenz Gottes zusammen. Je weniger der Mensch Gott unmittelbar erfährt – durch eine weiter entwickelte Theologie z.B. oder durch eine größere Bedeutung von Tempel und Priestertum –, desto mehr besteht die Notwenigkeit, die Botschaft Gottes durch Boten zu vermitteln. Da diese notgedrungen den Raum zwischen Himmel und Erde überbrücken müssen, werden sie mit Flügeln versehen. Ganz nebenbei gibt es geflügelte Wesen auch bei den Nachbarvölkern Israels, wie etwa Darstellungen im Zweistromland sowie in Persien belegen. Noch seltener als ihr Auftreten werden ihre Namen erwähnt. Erzengel Michael (Wer ist wie El/Gott) begegnet uns in den Chronikbüchern und bei Daniel, im NT im Judasbrief und in der Offenbarung des Johannes; Gabriel (Held/Starker Els/Gottes) findet sich nur in der Kindheitsgeschichte des Lk und im AT im Propheten Daniel, Rafael (El/Gott ist Arzt/heilt) ausschließlich im deuterokanonischen Buch Tobit und Uriel (Gott/El ist Licht), tritt im Kanon der Schrift überhaupt nicht auf. Somit sind die Engel in der Schrift nur dünn gesät. Die Wichtigkeit der Botschaft an Zacharias und Maria erfordert einen Top-Engel (Lk 1,19), der, so ist aus V 19 zu schließen, seine Informationen und seinen Auftrag aus erster Hand entgegengenommen hat. V 1,19 begründet also, warum der Botenengel Gabriel ist. Freilich erfährt dies hier, bei der Ankündigung an Maria, nur der Leser, für den diese Nachricht ja bestimmt ist, und nicht Maria selbst. Ihr genügt es offensichtlich, dass es sich überhaupt um einen Engel handelt, der ihr die Botschaft bringt.

### Nazareth in Galiläa

Hätte es zurzeit Jesu schon Landkarten gegeben, so wäre Nazareth vermutlich dort nicht zu finden gewesen. Entgegen der Aussage des Lk scheint es alles andere als eine „Stadt“ gewesen zu sein, denn bei den zeitgenössischen jüdischen Autoren wird es nicht genannt. Existiert haben dürfte die Ortschaft allerdings, wie archäologische Zeugnisse aus Nazareth belegen, aber es war eben nur ein Dorf, ein Flecken im Bergland von Galiläa, westlich des Sees Genezareth und wenige Kilometer von der reichen Stadt Sephoris entfernt.

In dieser Weise all das abzufragen, was im Grunde unbekannt oder klärungsbedürftig ist, nimmt einen großen Raum einer exegetischen Untersuchung ein. Im Folgenden wäre beispielsweise weiter zu fragen (und zu beantworten):

- Wie sieht der Status einer verlobten Frau in dieser Zeit aus? Durfte sie z.B. (männlichen) Besuch empfangen?
- Was ist unter der Bezeichnung Mariens als „Begnadete“ zu verstehen. Welche Informationen impliziert diese Aussage? Beinhaltet das Auserwähltsein so etwas wie Vorherbestimmung/Prädestination?
- Mit welchem Verständnis ist der Begriff „Gottes Sohn“ in dieser Zeit besetzt? Dabei wird man ein unterschiedliches Verständnis im griechisch-römischen Raum im Vergleich zum Judentum feststellen. Im Judentum ist der Sohn zunächst der König (vgl. 2Sam 7), dann aber ist auch das Volk als Ganzes „Sohn Gottes“. Gottessohnschaft kommt hier auch nicht durch den sexuellen Verkehr zwischen Gott und einer Menschenfrau zustande, wie dies bei griechischen Göttern üblich ist. Im Hellenismus sind die Götter selbst z.T. aus einem Gott hervorgegangen: Athene kann erst „geboren“ werden, nachdem man dem Göttervater Zeus den Schädel spaltet. Athene wird aus dem Kopf von Zeus geboren.

**Abb. 13:** Portalfiguren der Marienkapelle in Würzburg

Wesentlich beliebter scheint – für Zeus – jedoch der Verkehr mit einer Göttin (Zeus und Dione Aphrodite) oder mit einer Menschenfrau zu sein (Europa, Leda u.a.). Als Nachkommenschaft gehen Halbgötter (z.B. Herakles) aus diesem Verkehr hervor.

- Rätselhaft dürfte sein, inwiefern Gott dem Kind Mariens den Thron seines Vaters David geben kann. Die Davididen sind seit dem Babylonischen Exil nicht mehr an der Macht, der Thron besteht nicht mehr – wohl aber findet sich beim Propheten Amos die Aussicht auf Restitution, Wiederaufrichtung der „zerfallenen Hütte Davids". Es gibt also die Hoffnung, dass irgendwann wieder ein Gesalbter (= Messias) aus dem Haus Davids auftreten werde. Je länger sich die Zeit dahinzog, umso mehr rechnete man mit dessen Kommen erst am Ende der Zeit. Dies bewahrte bestimmte Gruppen des Judentums aber nicht davor, immer wieder einmal einen Aufrührer oder selbsternannten Anführer als Messias anzuerkennen. Der hier angekündigte Messias in Gestalt des Kindes soll laut Vorhersage des Engels der endzeitliche und für immer herrschende Messias sein.
- Was bedeutet das „Haus Jakob"? Jakob ist der Stammvater der zwölf Stämme Israels. Offensichtlich wird also hier ein Herrscher erwartet, der wieder ganz Israel regieren soll, sodass es zu einer Wiedervereinigung der beiden Teilreiche, des Nordreiches Israel und des Südreiches Juda, kommen müsste. Auch diese Wiedervereinigung Israels mit der Rückkehr der in alle Welt zerstreuten Israeliten wird für die Endzeit erwartet.
- Heiliger Geist – was ist das, und was meint die „Kraft des Höchsten"? Wie schon gesagt kommt das Kind von Gott, aber die Zeugung des Kindes findet eben nicht als Vereinigung von (himmlischer) Gottheit und Menschenfrau statt, sondern durch den Geist Gottes, der vom Vater ausgeht. Wie man sich das in der Zeit der Gotik vorstellte, zeigt eine Darstellung im Tympanon der Marienkapelle in Würzburg: Das Wort ist Fleisch geworden, also spricht Gott in eine Art Hörrohr, das am Ohr Mariens ankommt. Auf ihm oder durch dieses finden der Geist wie auch das Kind den Weg zu Maria.
- Welche Bedeutung kommt in der damaligen Welt der Unfruchtbarkeit einer Frau zu? Viele biblische Stellen machen deutlich, dass eine Frau, die (viele) Kinder hat, unter dem Segen Gottes steht. Unfruchtbare Frauen gelten als von Gott vernachlässigt, ja bestraft. Dies bedeutet eine gesellschaftliche Ausgren-

zung, denn Gott hatte ja verheißen, dass es im Lande keine unfruchtbaren Frauen mehr geben wird (Ex 23,26). Es ist dabei zu bedenken, dass Unfruchtbarkeit dazu führt, dass der Name nicht weitergetragen wird und kein Erbe da ist. Es gibt auch niemanden, der für die Eltern im Alter sorgt. Nach längerer Unfruchtbarkeit im mehr oder weniger gesegneten, vielleicht sogar gebärunfähigen Alter noch schwanger zu werden, bedeutet daher höchstes Glück, Erhörung der Gebete, Zuwendung Gottes und Rehabilitierung der Mutter.

- „Bei Gott ist kein Ding unmöglich" betont die Allmacht Gottes, d.h. auch das Unmögliche kann Wirklichkeit werden.
- Die Zustimmung des Menschen, der von Gott berufen ist, wird (fast) stets vorausgesetzt. Gott erlegt zwar keinem Menschen gewaltsam seinen Willen auf, aber es scheint so, dass Gott durchaus Druck auf die Berufenen ausübt: Nach fünfmaliger Weigerung, dem Auftrag Gottes nachzukommen, kann sich Mose keine weitere Widerrede mehr leisten bzw. Gott räumt alle Hindernisse, die Mose aufführt, aus. Der Prophet Jona kann sich seines Auftrages nicht entziehen. Gleichgültig wohin er flieht – Gott stöbert ihn auf und hält an seinem Auftrag fest. Zacharias wird bestraft, weil er ein Zeichen verlangt. Dabei ist die Forderung eines Zeichens eigentlich völlig legitim und wird in vielen anderen Fällen von Gott akzeptiert, ja sogar ausdrücklich gewünscht.
- Merkwürdig ist schließlich auch die Gegenfrage Mariens, die da lautet: ich weiß von keinem Mann. Dazu unten mehr.

Für das AT soll nur an einem Beispiel die vergleichbare Problematik aufgezeigt werden.

> *Gen 3,1 Und die Schlange war listiger [klüger] als alle Tiere des Feldes, die Gott J", gemacht hatte; und sie sprach zu der Frau: Hat Gott wirklich gesagt: Von allen Bäumen des Gartens dürft ihr nicht essen?*
> *2 Da sagte die Frau zur Schlange: Von den Früchten der Bäume des Gartens essen wir; 3 aber von den Früchten des Baumes, der in der Mitte des Gartens steht, hat Gott gesagt: Ihr sollt nicht davon essen und sollt sie nicht berühren, damit ihr nicht sterbt!*
> *4 Da sagte die Schlange zur Frau: Keineswegs werdet ihr sterben! 5 Sondern Gott weiß, daß an dem Tag, da ihr davon eßt, eure Augen aufgetan werden und ihr sein werdet wie Gott, erkennend Gutes und Böses.*
> *6 Und die Frau sah, daß der Baum gut zur Speise und daß er eine Lust für die Augen und daß der Baum begehrenswert war, Einsicht zu geben; und sie nahm von seiner Frucht und aß, und sie gab auch ihrem Mann bei ihr, und er aß. 7 Da wurden ihrer beider Augen aufgetan, und sie erkannten, daß sie nackt waren; und sie hefteten Feigenblätter zusammen und machten sich Schurze. 8 Und sie hörten die Stimme Gottes, J"s, der im Garten wandelte bei der Kühle des Tages. Da versteckten sich der Mensch und seine Frau vor dem Angesicht Gottes J"s, mitten zwischen den Bäumen des Gartens.*
> *9 Und Gott J" rief den Menschen und sprach zu ihm: Wo bist du? 10 Da sagte er: Ich hörte deine Stimme im Garten, und ich fürchtete mich, weil ich nackt bin, und*

*ich versteckte mich. 11 Und er sprach: Wer hat dir erzählt, daß du nackt bist? Hast du etwa von dem Baum gegessen, von dem ich dir geboten habe, du solltest nicht davon essen? 12 Da sagte der Mensch: Die Frau, die du mir zur Seite gegeben hast, sie gab mir von dem Baum, und ich aß. 13 Und Gott J" sprach zur Frau: Was hast du da getan! Und die Frau sagte: Die Schlange hat mich getäuscht, da aß ich. 14 Und Gott J" sprach zur Schlange: Weil du das getan hast, sollst du verflucht sein unter allem Vieh und unter allen Tieren des Feldes! Auf deinem Bauch sollst du kriechen, und Staub sollst du fressen alle Tage deines Lebens! 15 Und ich werde Feindschaft setzen zwischen dir und der Frau, zwischen deinem Samen und ihrem Samen; er wird dir den Kopf zermalmen, und du, du wirst ihm die Ferse zermalmen. 16 Zu der Frau sprach er: Ich werde sehr vermehren die Mühsal deiner Schwangerschaft, mit Schmerzen sollst du Kinder gebären! Nach deinem Mann wird dein Verlangen sein, er aber wird über dich herrschen!*

*17 Und zu Adam sprach er: Weil du auf die Stimme deiner Frau gehört und gegessen hast von dem Baum, von dem ich dir geboten habe: Du sollst davon nicht essen! – so sei der Erdboden verflucht um deinetwillen: Mit Mühsal sollst du davon essen alle Tage deines Lebens; 18 und Dornen und Disteln wird er dir sprossen lassen, und du wirst das Kraut des Feldes essen! 19 Im Schweiße deines Angesichts wirst du dein Brot essen, bis du zurückkehrst zum Erdboden, denn von ihm bist du genommen. Denn Staub bist du, und zum Staub wirst du zurückkehren!*

*20 Und der Mensch gab seiner Frau den Namen Eva, denn sie wurde die Mutter aller Lebenden. 21 Und Gott J" machte Adam und seiner Frau Leibröcke aus Fell und bekleidete sie. 22 Und Gott J" sprach: Siehe, der Mensch ist geworden wie einer von uns, zu erkennen Gutes und Böses. Und nun, daß er nicht etwa seine Hand ausstrecke und auch noch von dem Baum des Lebens nehme und esse und ewig lebe! 23 Und Gott J", schickte ihn aus dem Garten Eden hinaus, den Erdboden zu bebauen, von dem er genommen war. 24 Und er trieb den Menschen aus und ließ östlich vom Garten Eden die Cherubim sich lagern und die Flamme des zuckenden Schwertes, den Weg zum Baum des Lebens zu bewachen.*

- Woher weiß der Autor eigentlich die ganze Geschichte? War er dabei? Hatte er eine Offenbarung, oder ist es einfach eine (Lehr-)Erzählung?
  - Wenn ein Tier spricht, liegt normalerweise eine Fabel vor, und eine Fabel ist eine Erzählung mit lehrhaftem Charakter, also kein historisches Geschehen!
- Warum wird behauptet, die Schlange sei listiger [klüger: hier wie auch im NT Mt 10,16 gelten Schlangen als klug! „Listiger" stellt bereits eine negative Wertung dar!] als alle Tiere des Feldes. Welche Bedeutung hat die Schlange sonst noch im AT, welche im Umfeld Israels?
  - Auf der Krone des Pharao befindet sich eine Schlange, und zwar eine hochgiftige: die Uräusschlange, auch ägyptische Kobra genannt, die auf jeden gerichtet ist, der vor dem Pharao steht. Sie dient damit seinem Schutz.
  - Offensichtlich gab es Schlangenkulte im Umfeld Israels. Darauf deutet auch die ominöse „eherne Schlange" hin, die Mose angeblich anfertigen lässt und

**Abb. 14:** Totenmaske des Tutanchamun

deren Anblick nach einem Schlangenbiss den Menschen vor dem Tod bewahrt – ein merkwürdig magisches Denken. (Num 21,6-9). Wenn diese Schlange ein Heilsinstrument war, das auf Mose zurückging, wieso wird sie dann nach 2Kön 18,4 zerstört? Stammte die Schlange gar nicht von Mose? War sie Israel als Götterbild von Assyrern oder Babyloniern aufgezwungen worden und wurde nun im Kontext einer „Tempelreinigung" vernichtet? Es sei darauf hingewiesen, dass man in Israel im südlichen Negev bei Timna (nahe Eilat) eine kupferne Schlange mit vergoldetem Kopf in einem Heiligtum(?) gefunden hat, die höchst wahrscheinlich im Kult eine Rolle spielte oder vielleicht sogar das Kultbild war. Das Heiligtum wird den Midianitern, einem Wüstenvolk zugeschrieben, zu dem Israel Kontakt hatte: Moses Frau Zippora war die Tochter des Priesters von Midian (Jitro/Reguel), sagt die Schrift (Ex 2; 4; 18). Damit ist freilich noch nicht gesagt, dass die Schlange des Mose geradewegs von den Midianitern stammt.

- Die Frau behauptet, Gott habe gesagt, dass die Früchte des einen Baumes nicht einmal berührt werden dürften – hat Gott das wirklich gesagt?
  - Er hat es nicht! Vergleichen Sie mit dem vorausgehenden Kontext!
- Lügt die Schlange eigentlich mit ihrer Auskunft?
  - Nein, die Schlange sagt genau das, was dann auch geschieht. Sie ist demnach nicht der Urvater aller Lüge, wie manchmal behauptet wird.
- Warum lässt sich die Frau zum Essen der Frucht verführen (von einem Apfel ist übrigens nirgends die Rede! – Warum wird immer ein Apfel gezeigt?).
  - Das gibt der Text nicht unbedingt her. Vielleicht wird hier auf die angebliche Neugier von Frauen abgehoben. Auf Grund dieses Textes wird die Frau jedenfalls dem Mann auch geistig untergeordnet: Sie sei willensschwach, verführbar u.a.
  - Zum Apfel ist zu sagen: Hier hat man ganz einfach den lateinischen Text falsch übersetzt. Statt vom Bösen zu reden (malum), sprach man vom Apfel (malus).
- Ist der Mensch in seinem Zustand überhaupt schon in der Lage irgendeine Entscheidung zu treffen?
  - Der Text sagt darüber nichts aus. Und die Wirkung der Frucht führt auch nicht zu einer größeren Entscheidungsfreiheit, sondern nur dazu, eine Tat zu be-

werten und zu erkennen, was gut und böse ist – dies allerdings vermutlich schon vorab. So gesehen haben die Menschen zwar das Gebot Gottes übertreten, man kann aber nicht behaupten, sie hätten sich für das Böse entschieden, denn das zu beurteilen ist erst nach dem Genuss der Frucht möglich.

- Warum erkennen die beiden, dass sie nackt sind? – Angeblich verschafft die Frucht doch die Erkenntnis von Gut und Böse. – Ist nackt sein böse?
  - Das nicht, auch wenn das manche Menschen zu glauben scheinen. Der Mensch ist vielmehr aus der Geborgenheit Gottes und des Paradieses herausgefallen und steht daher in mehrfachem Sinn „nackt" vor ihm. Man kann das Geschehen „modern" damit erklären, dass der Mensch ein Bewusstsein erlangt hat, denn dieses befähigt ihn erst zur Differenzierung.
- Der Text bietet ein merkwürdiges, sehr menschliches Gottesbild: Gott geht in seinem Garten spazieren, hat den Verdacht, dass der Mensch sein Gebot übertreten hat, muss ihn aber erst noch fragen [und nagelt hinter Noach die Arche zu]!
  - Diese „menschlichen" Aspekte Gottes verschwinden im Laufe der Zeit und machen einer zunehmend transzendenten Vorstellung Platz: Die Gottheit „entfernt" sich zunehmend vom Menschen bis hin zu der Vorstellung, dass jeder stirbt, der Gott anschaut. Die zunehmende Transzendenz (die Wahrnehmung der Sinne übersteigend) wird auch dadurch erfahren, dass Gott nicht mehr zu den Menschen spricht. Es bedarf daher der Mittlerwesen: Es kommen die Engel ins Spiel.
- Stellt Gott hier eigentlich ironische Fragen? Er sollte als Gott doch wissen, was der Mensch und seine Frau getan haben?
  - Es ist eher eine Frage, die der Mensch bewusst beantworten soll; er soll zu seiner Übertretung stehen!
- Hatten Schlangen eigentlich früher Beine und weiß das der Autor? „...auf dem Bauch sollst du kriechen und Staub fressen..."
  - Bei manchen Schlangen finden sich in der Tat im Skelett noch Ansätze für Füße. Das konnte der Autor aber vermutlich nicht wissen. Vielmehr ist er der Ansicht, dass die Schlange deshalb keine Füße hat, weil Gott sie damit bestraft, dass sie auf dem Bauch kriechen muss – also eine Ätiologie, eine Ursprungserzählung.
- Als Strafe werden die beiden Menschen merkwürdigerweise nicht getötet, obwohl Gott doch angesagt hatte, dass die Menschen bei Übertretung des Gebotes sterben müssten. Zudem steht im Garten ja auch noch der Baum des Lebens, von dem sie noch nicht gegessen haben (der ihnen ursprünglich auch nicht verboten war!).
  - Die Sterblichkeit des Menschen ist offensichtlich nicht die unmittelbare Folge der „Ursünde". Nach dem Genuss der Frucht und der Erkenntnis von Gut und Böse werden sie allerdings aus dem Garten vertrieben, damit sie eben nicht auch noch vom Baum des Lebens essen und unsterblich werden und damit ein weiteres Privileg Gottes für sich in Anspruch nehmen können. Durch das Bewusstsein weiß der Mensch jedoch nun um seine Sterblichkeit,

und dieses Wissen begleitet ihn das ganze Leben lang und beeinträchtigt dieses.
- Den Menschen wird als Strafe eine ganze Reihe von Unannehmlichkeiten angekündigt. Woher weiß dies der Autor?
  – Es handelt sich auch hier um Ursprungserzählungen. Die Erzählungen nennen die Ursachen für die Not der Menschen, für die verbreitete Angst vor Schlangen, benennen den Urgrund dafür, und dieser wird in einer Erzählung dargeboten, die am Anfang der Zeit des Menschen, also in der Urgeschichte, stattfindet. Derartige Erzählungen, die einen solchen Urgrund nennen, bezeichnet man als →*Ätiologien* (vom griech. Aitios, der Grund).
- Hier, wie auch in der Geschichte vom Turmbau zu Babel, entsteht ein Bild von einem Gott, der seine Privilegien sehr egoistisch und eigennützig verteidigt.

Es handelt sich hier demnach um eine Erzählung mit ätiologischen Implikationen, die den vorfindlichen Ist-Stand des Menschen, der vom Verfasser sorgfältig reflektiert worden war, erklären möchte. Woher kommt die bisweilen quälende Notwendigkeit, sich zu entscheiden und warum entscheidet sich der Mensch oft auch für das Böse – das er durchaus als solches erkennen kann? Warum ist der Mann der Frau körperlich überlegen? Warum bringt die Erde Dornen und Disteln hervor, die die Arbeit des Menschen erschweren? Warum muss die Frau unter Schmerzen gebären etc.?

Die Kain- und Abelgeschichte gehört mit zu den bekanntesten Erzählungen des AT. Gerade deshalb dürfte es sehr reizvoll sein, wenn Sie einmal selbst probieren, ob Sie den Text klar und verständlich finden oder welche Fragen er offen lässt (die schwierigen Verse 6 und 7 werden hier übergangen):

> *Gen 4,1 Und der Mensch erkannte seine Frau Eva, und sie wurde schwanger und gebar Kain; und sie sagte: Ich habe einen Mann hervorgebracht mit dem HERRN. 2 Und sie gebar noch einmal, und zwar seinen Bruder, den Abel. Und Abel wurde ein Schafhirt, Kain aber wurde ein Ackerbauer. 3 Und es geschah nach einiger Zeit, da brachte Kain von den Früchten des Ackerbodens dem HERRN eine Opfergabe. 4 Und Abel, auch er brachte von den Erstlingen seiner Herde und von ihrem Fett. Und der HERR blickte auf Abel und auf seine Opfergabe; 5 aber auf Kain und auf seine Opfergabe blickte er nicht. Da wurde Kain sehr zornig, und sein Gesicht senkte sich… 8 Und Kain sprach zu seinem Bruder Abel. Und es geschah, als sie auf dem Feld waren, da erhob sich Kain gegen seinen Bruder Abel und erschlug ihn. 9 Und der HERR sprach zu Kain: Wo ist dein Bruder Abel? Und er sagte: Ich weiß nicht. Bin ich meines Bruders Hüter? 10 Und er sprach: Was hast du getan! Horch! Das Blut deines Bruders schreit zu mir vom Ackerboden her. 11 Und nun, verflucht seist du von dem Ackerboden hinweg, der seinen Mund aufgerissen hat, das Blut deines Bruders von deiner Hand zu empfangen! 12 Wenn du den Ackerboden bebaust, soll er dir nicht länger seine Kraft geben; unstet und flüchtig sollst du sein auf der Erde! 13 Da sagte Kain zu dem HERRN: Zu groß ist meine Strafe, als daß ich sie tragen könnte. 14 Siehe, du hast mich heute von der Fläche des Ackerbodens vertrieben, und vor deinem Angesicht muß ich mich verbergen*

Bei anderen Namen ist deren Bedeutung hingegen ohne Probleme zu ermitteln und viele Namen im AT haben eine Bedeutung. Es handelt sich vielfach um „gotteshaltige" Namen, zumeist bestehend aus zwei Nomina, die übersetzbar sind.

- Elia ist die Abkürzung von Elijahu und bedeutet: Gott [ist] J". Der Name ist bei diesem Propheten Programm: Er wird im AT als radikaler Verfechter des J"-Gottes ausgewiesen, der buchstäblich über Leichen geht. Die mörderische Dimension von Religion, wie wir sie heute von Seiten bestimmter muslimischer Gruppen erleben und wie sie im Mittelalter und der frühen Neuzeit von Seiten des Christentums praktiziert wurden, sind also keineswegs etwas Neues – und noch längst nicht ausgestorben.
- Natan ist die Abkürzung für den Namen Natan-El, der auch im NT vorkommt, oder auch für Natan-Ja und Netan-Jahu. Natan-El steht für den Nominalsatz „Gott hat gegeben", Netan-Jahu meint das gleiche, nur wird das Wort El (Gott) durch den Gottesnamen J" ersetzt.
- Der Name des Propheten Maleachi bedeutet „mein Bote".
- Bei Namen wie Jona (Taube), Deborra (Biene), Nabal (Dummkopf) fehlt dagegen der Gottesbezug.

Nun ist es wenig wahrscheinlich, dass Jemand sein Kind Nabal, also Dummkopf, nennt. Kindern gibt man *positive* Namen, wie etwa Batscheba, d.i. Tochter der Fülle und im übertragenen Sinn dann etwa Glückskind. Man nennt sie auch nicht Machlon oder Kiljon (Krankheit; Vernichtung), wie die zwei Söhne der Noomi im Buch Rut heißen. Und dem Abel, hebräisch Hæbæl, d.i. Windhauch, ist von vornherein kein langes Leben beschieden. An solchen Stellen wird deutlich, dass die Namen nicht „echt" sind. Es sind Namen, die der Erzählung entsprechen. Machlon und Kiljon sterben früh und kinderlos, Nabal ist ein Mann, der sich David widersetzt und daher nach übermäßigem Alkoholgenuss einen Schlaganfall mit folgendem Herzstillstand erleidet (1Sam 25). Seine Frau hat allerdings etwas nachgeholfen: Sie erzählte ihm eine Geschichte, die ihn offensichtlich so in Rage brachte, dass er deshalb vom Schlag getroffen wurde. Dieser Nabal hat sich gegenüber David angeblich dumm verhalten. Nur ganz nebenbei: Kurz danach heiratet David die mehr oder weniger trauernde Witwe.

Andere Begriffe werden zwar in den deutschen Bibelausgaben durchaus korrekt übersetzt, aber ihre Mehrdeutigkeiten gehen dabei häufig verloren. „Adam erkannte seine Frau Chawa/Eva..." heißt es in Gen 4,1, und natürlich bedeutet dieses „erkennen" auch Sexualverkehr. Aber das Verständnis im Hebräischen geht offensichtlich über die Bedeutung von Sex hinaus: Das Wort „erkennen" bedeutet auch „verstehen", „sich um jemanden bemühen" oder „sorgen", „vertraut werden mit jemandem", auch „in eine personale Beziehung eintreten". Das alles ist mehr als „nur" Sex.

Auch „dabar" ist ein ganz besonderer Begriff. Übersetzt hat er die Bedeutung „Wort" meint aber gleichzeitig auch „Sache", „Ereignis". Diese Mehrfachbedeutung ist aber durchaus naheliegend, denn häufig bringt ein Wort ein Ereignis in

**Abb. 15:** Die Himmel als Feste: Holzstich „Wanderer am Weltenrand“ von 1888

Gang. Die Beziehung zwischen beiden ist also im Hebräischen weitaus enger als im Deutschen und sollte nach Möglichkeit mit zum Ausdruck gebracht werden.

Als Letztes sei schließlich der Begriff „Firmament“ genannt. Firmament ist im Deutschen selbst ein Fremdwort und entstammt der lateinischen Sprache. „Firmare“ bedeutet „fest sein“ oder „fest machen“. Das Firmament ist demnach nicht nur die atmosphärische Hülle um unseren Planeten, sondern nach damaliger Vorstellung eine feste Schale über uns. Diese trennt das Wasser oben – nach unserer Vorstellung die Wolken – von den Wassern am Boden oder unter diesem.

Es ist irgendwie logisch, dass es auch unter dem Erdboden Wasser gibt, denn wenn man einen Brunnen gräbt, stößt man auf Wasser. Am Firmament, das den „Himmel“ von der Erde trennt, sind Sonne, Mond und Gestirne fest angebracht, aber auch wiederum nicht so fest, dass sie nicht beweglich wären. Sie laufen ja auf ihren Bahnen, wie dies jede Nacht am Sternenhimmel zu sehen ist. Die Beweger der Gestirne sind Engel, die dafür abkommandiert wurden. Sie müssen am Ende der Zeit auch Rechenschaft über ihr Tun geben (vgl. äthiopisches Henochbuch, eine nicht kanonische Schrift, 91,15), denn es kommt vor, dass die Gestirne „falsch“ gehen. Faktisch bewegen sich die Sterne natürlich immer richtig, doch gab es immer wieder einmal Leute, die den Kalender z.B. aus kultischen Gründen änderten. Dann stimmte die Stellung der Sterne nicht mehr mit dem Kalender überein.

Für das NT soll die Welt des Satans und der Dämonen einmal in den Blick genommen werden:

Der Satan, der im AT nur dreimal vorkommt (in 1Chr 21,1; im Buche Ijob und beim Propheten Sacharja 3,1-2), ist keineswegs identisch mit unserem „Teufel“ (diabolos) – schon rein sprachlich nicht. „Satan“ stammt vermutlich aus dem Persischen und bezeichnet dort so etwas wie „Generalstaatsanwalt der Regierung“. Er hat die Aufgabe, die Satrapen, also die Provinzverwalter, zu überprüfen und ggf. auch bei Veruntreuung anzuklagen. Diese Funktion des Anklägers kommt ihm ganz offensichtlich noch im Buch Ijob zu. Er erhält von Gott die Erlaubnis, die Glaubens- und Gottestreue des gerechten Ijob zu überprüfen. Dazu schlägt er ihn mit Krankheit, seine Familie kommt um, sein Besitz geht verloren. Doch bei all dem, so der Text, sündigte Ijob nicht, d.h. er hält treu an seinem Gott fest und sagt: Wenn wir das Gute von Gott annehmen, müssen wir auch das Schlechte annehmen (Ijob 2,10). Aus der Prüfung durch den Satan geht Ijob als „Gerechter", als glaubenstreuer Mensch, hervor und wird in der Folgezeit von Gott dafür belohnt.

Eine ganz andere Gestalt ist der Beelzebub oder auch Beelzebul (Herr der Fliegen). Der Name ist abgeleitet vom Gott Baal, der in steter Konkurrenz zu J" stand. Ursprünglich angeblich der Gott von Ekron (2Kön 1) wird er im NT zur Bezeichnung des Chefs der Dämonen und deren Reich, die natürlich auch gegen J" stehen. Sie belästigen die Menschen, bedrohen oder besetzen sie, d.h. nehmen in ihnen Wohnung. Jesus geht es darum, die Menschen von diesen Kräften zu befreien. Dies geschieht durch Exorzismen, in denen Jesus die Dämonen auffordert, aus dem Menschen auszufahren und sich ggf. woanders niederzulassen, z.B. in einer Schweineherde.

Der Diabolos, der Teufel, schließlich wird erst in der Offb mit der Schlange (vgl. auch 2Kor 11,3) und allen widergöttlichen Kräften identifiziert:

> 12,9 *Und es wurde geworfen der große Drache, die alte Schlange, der Teufel und Satan genannt wird, der den ganzen Erdkreis verführt, geworfen wurde er auf die Erde, und seine Engel wurden mit ihm geworfen.*

Hier werden die ursprünglichen Unterschiede und die unterschiedliche Herkunft (→*Etymologie*) der Begriffe völlig eingeebnet und alle diese Kräfte synonym gesetzt. Um die atl. wie auch ntl. Texte zu verstehen, ist es jedoch durchaus angezeigt, sich mit diesen unterschiedlichen Begriffen zu befassen und ihre Ursprungsbedeutung zu erheben.

Natürlich kann hier nicht jedes Wort des AT und NT in seiner Bedeutungsbreite (oder auch seiner gegenüber dem Deutschen einengenden Bedeutung) vorgestellt werden. Es geht vielmehr darum, zu erkennen, wie wichtig diese Breite des Verständnisses für eine korrekte Übersetzung ist. Darüber hinaus wird aber auch deutlich, dass die Bedeutungsbreite oder die konnotierten, d.h. mitschwingenden, Vorstellungen oft genug nicht ausgedrückt werden können. Daher ist es mehr als sinnvoll, im Wörterbuch den Grundwortstamm eines Begriffes, die evtl. vorhandene „Urbedeutung" und ggf. dessen Herkunft nachzuschlagen, um den jeweiligen Text zu verstehen. Dabei genügt es nicht, einfach nur die Vorentscheidung des Herausgebers eines solchen Wörterbuches zu übernehmen, denn dessen Wortauslegung stellt bereits eine Interpretation dar. Lesen Sie vielmehr die gesamte Bedeutungsbreite und forschen Sie ggf. auch nach dem →*etymologischen* Hintergrund, d.h. versuchen Sie zu erheben, aus welcher (ggf. anderen) Sprache ein Wort kommt und was es dort meint.

Nachdem nun eine ganze Reihe von Aspekten zum Text „abgearbeitet" wurden und der Text damit verständlicher geworden sein dürfte, darf die Frage nach der Herkunft und Entstehung des Textes gestellt werden. Es war oben schon davon die Rede, dass einzelne Textabschnitte vermutlich eine mehr oder weniger lange mündliche Tradition haben können. Im Verlauf der Weitergabe der Texte dürfte es zu Erweiterungen, zu Veränderungen, zu Aktualisierungen und Interpretationen gekommen sein, sodass einerseits nach der ältesten Form des Textes gefragt werden kann, wie auch andererseits nach den Veränderungen, die an ihm vorgenommen wurden. Nun liegen aber die verschiedenen Bücher als fortlaufende Texte vor, atl. wie ntl. Den Zwischenüberschriften in neueren Bibelausgaben sollten Sie dabei nicht allzu viel Beachtung schenken, denn auch diese tragen natürlich wiederum eine Interpretation der Herausgeber in den Text ein. Wie findet man aber dann Texteinheiten, die ursprünglich einmal selbständig waren und die man nun zur besseren Untersuchung auch wieder im ursprünglichen Umfang kennen sollte? Es stellt sich also die Frage danach, ob ein Textabschnitt „aus einem Stück“ oder „aus einem Guss“ ist, oder vielleicht aus verschiedenen Teilen zusammengesetzt wurde.

## Zusammenfassung

Die Texte des Alten und Neuen Testaments enthalten häufig Vokabeln, die sich in unserer heutigen Sprache nicht mehr oder mit anderem Sinngehalt finden. Es ist daher nachzuforschen, was ein weniger geläufiges Wort meint, was damit zum Ausdruck gebracht werden soll. Es ist zu bedenken, dass nicht nur – wie in jeder Übersetzung – Begriffe der Ausgangssprache mehrdeutiger sein können, als in der Zielsprache. In einem solchen Fall ist an anderen Stellen, an denen das Wort ebenfalls vorkommt, nachzuprüfen, welche Bedeutung es denn dort hat und ob diese Wortbedeutung auch am vorliegenden Text, der gerade behandelt wird, verwendbar ist. Ggf. müssen Wörterbücher herangezogen werden, die die ganze Bedeutungsbreite ausweisen. Ein weiteres besonders Handicap besteht darin, dass die Ausgangssprache 2.000 bis 3.000 Jahre älter ist als die Zielsprache, das heutige Deutsch. Es können Begriffe und Vorstellungen vorkommen, die überhaupt nicht mehr zu unserer Sprache und Zeit passen. Es hat dann keinen Zweck, ein derart antiquiertes Wort mit aller Gewalt und völlig anachronistisch in unsere Sprache einbauen zu wollen. Man muss einfach feststellen, dass sich das Verständnis von Gott und Welt geändert hat und daher manche Worte heute kein brauchbares Äquivalent mehr haben: Ein in seinem Garten spazierengehender Gott ist heute ebenso unvorstellbar wie ein Mensch, aus dem der weibliche Teil erst herausgeschnitten werden muss. Hier wird zudem klar, dass es bei diesen Vorstellungen nicht um „eigentliche“ Sprache geht, sondern hinter dieser andere Wirklichkeiten stehen: Auch ein Mensch aus der Zeit um 1.000 v. Chr. war sich z.B. darüber im Klaren, dass Schlangen nicht sprechen können.

### Was lernen wir daraus?

Die Bedeutung eines Wortes aus einer anderen Sprache (z.B. aus der hebräischen oder griechischen Sprache) lässt sich häufig in der Zielsprache (z.B. im Deutschen) nicht völlig adäquat wiedergeben. Das ist eine Binsenweisheit. Es ist daher meist erforderlich, das ganze Wortfeld eines Begriffs in der Ausgangssprache zu berücksichtigen: Welche „Übersetzung“ passt am besten in der Zielsprache? Welche passt auch im Kontext? Schwingen etwa noch weitere Bedeutungen mit, die ich auch ausdrücken muss? Wie muss ich z.B. heute angesichts der Regenbogenpresse und der dort vorfindlichen Zurschaustellung „gekrönter Häupter“ mit dem Begriff „Königsherrschaft Gottes“ umgehen? Was meint sie damals, welchen (positiven oder auch negativen) Beiklang hat das Wort heute?

# 8. Frage: Ist der Text aus einem Guss (einheitlich) – oder ist er aus verschiedenen (älteren?) Vorlagen zusammengesetzt?

Einheitlichkeit eines Textes liegt dann vor, wenn die anfänglich dargestellte Situation sich durchgängig durch den ganzen Text zieht, wenn die agierenden Personen eindeutig vorgestellt und benannt sind, wenn Genus und Numerus „stimmen“ und schließlich der Inhalt logisch und konsequent bei der Sache bleibt.

Ist ein Text *nicht* einheitlich, so *kann* dies darauf hindeuten, dass er aus verschiedenen Überlieferungen zusammengesetzt wurde. Möglich ist natürlich auch, dass der Autor oder Redaktor eine besondere Aussage treffen möchte und diese durch eine bewusst in den Text eingetragene Ansicht zum Ausdruck bringt, diese sich aber nicht problemlos in den Text einfügt. Es kann ferner darauf hindeuten, dass ein Text über einen längeren Zeitraum hinweg entstanden ist, wie dies z.B. bei den längeren Briefen des Paulus (Römerbrief, Korintherbriefe) der Fall sein dürfte. Es sieht so aus, als wenn Paulus öfter mal den Erzählfaden verliert, und gleiches passiert möglicherweise auch im Evangelium des Johannes, so in Joh 14:

> *Joh 14,30 Ich werde nicht mehr vieles mit euch reden, denn der Fürst der Welt kommt; und in mir hat er gar nichts; 31 aber damit die Welt erkenne, daß ich den Vater liebe und so tue, wie mir der Vater geboten hat. – Steht auf, laßt uns von hier fortgehen! [es folgt unmittelbar 15,1!] 15,1 Ich bin der wahre Weinstock, und mein Vater ist der Weingärtner...*

Jesus geht hier also gar nicht weg, trotz Selbstaufforderung, sondern fährt im darauf folgenden Kapitel 15 mit seiner Predigt fort.

Und schließlich kann es sein, dass der Autor in seinem Denken sprunghaft ist, Erklärungen in den fortlaufenden Text einschiebt und erst später den ursprünglichen Erzählfaden wieder aufgreift.

Der oben ausgewählte Text aus der lk Kindheitsgeschichte scheint auf den ersten Blick einheitlich zu sein. Es ist ein Dialog zwischen Maria und dem Engel; die Argumentation scheint klar zu sein und auf Fragen folgen die entsprechenden Antworten bzw. Reaktionen. Es ist auch eine angemessene Reaktion von Maria, dass sie über den ungewöhnlichen Gruß erschrickt und der Engel daher sagt: Fürchte dich nicht, Maria. Allerdings sollte man – auch aufgrund entsprechender atl. Beispiele – erwarten, dass Maria nicht oder nicht nur über den Gruß erschrickt, sondern erst einmal über das (plötzliche) Auftreten eines Engels überhaupt. Dies scheint hier aber merkwürdigerweise nicht der Fall zu sein und ist ungewöhnlich.

Eine weitaus befremdlichere Aussage stellt jedoch die Rückfrage Mariens in V. 34 dar:

> *Da sprach Maria zu dem Engel: Wie soll das zugehen, da ich doch von keinem Mann weiß?*

Natürlich kennt Maria einen Mann, denn in V 27 wird doch ausdrücklich erwähnt, dass sie mit Josef verlobt ist, sich also im Vorehestand befindet! Es gibt für sie auch überhaupt keinen Anlass, anzunehmen, dass sich ihre Empfängnis in unmittelbarer Zukunft und außerhalb ihrer Ehe ereignen würde. Maria muss doch erst einmal davon ausgehen, dass sich die Botschaft des Engels auf die Zeit nach ihrer Eheschließung bezieht. Freilich wird das Wort „wissen" in der Bedeutung von „erkennen" schon alttestamentlich für ehelichen Verkehr verwendet. Davon weiß Maria in der Tat noch nichts. Dennoch: Die Zusage, sie werde schwanger werden, konnte Maria durchaus im Rahmen ihrer Ehe verstehen. Das tut sie aber gerade nicht – und dies ohne ersichtlichen Grund. Somit ist der Text an dieser Stelle keineswegs spannungsfrei und es ist zu überlegen, was sich der Verfasser dabei gedacht hat.

*Ein* Grund scheint offensichtlich zu sein: Die erneute Rede des Engels wird erst durch den Einwand Mariens ausgelöst. Nur durch ihre Rückfrage wird überhaupt die Möglichkeit eröffnet, die Herkunft des Kindes von Gott zu verkünden und damit auch die Aussage zu treffen, dass das Kind aufgrund seiner Herkunft „heilig" sein und „Sohn Gottes" genannt werden wird. Somit erfüllt die scheinbar unmotivierte Rückfrage Mariens den Zweck, dem Engel Raum für weitere Aussagen zum Kind zu geben. Es handelt sich bei dieser Unstimmigkeit also offensichtlich um eine *geplante* Finesse im Aufbau und in der Abfolge des Textes. Zu weiteren Gründen werden wir noch kommen.

Insbesondere im AT gibt es größere Textzusammenhänge, die alles andere als einheitlich sind. Betrachten wir beispielsweise einmal die Geschichte von Mose am Sinai. Die Szenerie scheint klar: Mose soll die Gebote erhalten und zu diesem Zweck auf den Berg steigen, um sie sich dort von Gott aushändigen zu lassen:

- In Ex 19,1 steigt Mose auf den Berg hinauf – der Herr ruft Mose vom Berg aus seine (wenigen) Forderungen zu.
- 19,7: Mose geht los, ruft die Ältesten des Volkes zusammen und teilt ihnen die Forderungen des Herrn mit. Nachdem die Ältesten und das Volk am Fuße des Berges lagern, muss Mose notwendigerweise wieder vom Berg herabgestiegen sein. Das Volk erklärt sich mit den Forderungen Gottes einverstanden (19,8).
- Mose überbringt Gott die Zustimmung des Volkes. Dazu muss er wieder auf den Berg (19,8b).
- Gott beauftragt Mose, dem Volk anzuordnen, dass es sich reinigen und heiligen und nicht zu nahe an den Berg herankommen soll. Dies zu verkünden steigt Mose herab (19,14).
- In 19,20 sind der Herr und Mose zusammen auf dem Berg. Gott hatte Mose heraufbeordert.

- Dort gibt aber Gott dem Mose nur den Auftrag, wieder hinunterzusteigen (19.21), das Volk erneut kurz zu belehren,
- um dann mit Aaron wieder hinaufzusteigen (19,24).
- Mose steigt also hinunter (19,25).
- Ab 20,1-17 verkündet Gott die zehn Gebote. Mose scheint unten, beim Volk zu sein, aber dann nähert er sich der dunklen Wolke, in der sich Gott aufhält – diese aber ist auf dem Berg! Es stellt sich also die Frage: Wo ist Mose?
- Dies gilt auch für 20,22-23,33, wo Mose viele weitere Gebote und Vorschriften vom Herrn empfängt.
- In 24,1 soll aber Mose wieder zum Herrn auf den Berg hinauf, d.h. er müsste vorher unten gewesen sein. Merkwürdigerweise heißt es da: „Er sagte zu Mose: Steige zum Herrn hinauf…" Wer spricht da eigentlich zu Mose? Der Herr? Warum sagt er dann nicht: Steige zu mir hinauf?
- 24,3 ist Mose schon wieder unten, um dem Volk alle Weisungen des Herrn zu übermitteln und aufzuschreiben.
- Erst hier, in 24,9 vgl. 19,24 steigt Mose zusammen mit Aaron, Nadab und Abihu und den 70 Ältesten zum Herrn hinauf und sie sehen den Herrn.
- Wenige Verse später, in 24,12, sagt der Herr aber zu Mose: Steige zu mir herauf – dabei ist er doch schon oben! Hier nun soll er ohne die Ältesten hinaufsteigen, um die beiden Steintafeln von Gott zu empfangen. Der Dekalog, die zehn Gebote, die Gott schon in 20,1-17 verkündet hat und die von Mose aufgeschrieben wurden, stehen demnach nicht auf den Steintafeln!
- Mose befolgt den Auftrag des Herrn und steigt hinauf (24,18). Er bleibt dort 40 Tage und Nächte. In dieser Zeit verkündet der Herr dem Mose, wie er das transportable Wüstenheiligtum bauen soll (Ex 25,1-31,17).
- Ex 31,18: Und als er auf dem Berg Sinai mit Mose zu Ende geredet hatte, gab er ihm die zwei Tafeln des Zeugnisses, steinerne Tafeln, beschrieben mit dem Finger Gottes.
- Die große Preisfrage lautet an dieser Stelle: Was steht auf den Tafeln? Die Anweisungen zum Bau des Heiligtums? Wenn dem so wäre, würde verständlich, dass Mose 40 Tage auf dem Berg war, denn Gott hatte da einiges zu schreiben.
- Wir werden es nie erfahren, denn Mose zerschmettert die von Gott beschriebenen Tafeln (32,15f), als er vom Berg herunterkommt (32,19).
- Angesichts des Goldenen Kalbes versucht Mose bei Gott Fürbitte einzulegen, d.h., er kehrt zum Herrn zurück und steigt wieder hinauf (32,30).
- Nach der Aussprache mit dem Herrn schickt ihn dieser wieder hinab (32,34).
- In 34,1-3 bekommt Mose vom Herrn den Auftrag, zwei neue Tafeln zurechtzuschlagen (dieses Mal muss es Mose tun) und zu ihm auf den Berg zu kommen, und zwar allein. Gott verspricht, seine Satzungen noch einmal auf die neuen Tafeln zu schreiben. Aber letzten Endes muss auch dies Mose selber tun (34,28).
- Die Gebote, die Gott dem Mose bei dieser Gelegenheit verkündet und die Mose aufzeichnet (34,12-26), sind nicht der Dekalog. Es sind andere Gebote, die v.a. Weisungen für die verschiedenen Feste beinhalten. Erst in Dtn 10,4 wird gesagt,

die (zweiten) Tafeln seien mit den zehn Worten, dem Dekalog, beschrieben. Mithin stehen auf den Tafeln aus Ex andere Gebote als auf den Tafeln von Dtn.

- Nach 34,29b darf Mose nun endgültig vom Berg heruntersteigen; dieses Mal mit den Tafeln, die später dann in die Lade gelegt werden (Dtn 10,5). Nur in Lev 25,1 (vgl. 27,34) ist er noch einmal am oder auf dem Berg, obwohl er sich doch sonst bereits im Offenbarungszelt mit Gott unterhält.
- Zum Zeitpunkt von Ex 34,29b gibt es bereits ein Offenbarungszelt, das Mose errichtet hatte und in dem er Gott begegnet. Es steht außerhalb des Lagers (33,7f)
- Das prachtvolle Wüstenheiligtum, das Mose nach den Anweisungen Gottes erstellen soll, scheint allerdings ein anderes (Offenbarungs-)Zelt zu sein, denn dieses wird erst im Folgenden in Kap. 35 ff errichtet. Trotzdem wird auch dieses „Offenbarungszelt“ (Ohel Moed = Zelt der Begegnung); genannt.

Wer mag, kann einmal zählen, wie oft Mose denn nun auf den Berg und wieder herabgestiegen ist. In jedem Fall muss man ihm eine phantastische Konstitution und Kondition bescheinigen, denn zu diesem Zeitpunkt hat er die 80 bereits überschritten: Laut Ex 7,7 war Mose bereits 80 Jahre alt, als er mit dem Pharao verhandelte, sein Bruder Aaron sogar 83 Jahre.

Aber Scherz beiseite: Es ist klar, dass die Altersangaben im AT nicht wörtlich zu nehmen sind. Angeblich ist der älteste Mann der Welt, der Sohn des Henoch namens Metuschelach (alias Methusalem), 969 Jahre alt geworden und hat im Greisenalter von 187 Jahren seinen Sohn Lamech gezeugt – auch dies zeugt von guter Kondition. Nun limitiert zwar Gott in Gen 6 das Leben des Menschen auf 120 Jahre, aber viele der Väter und auch Mose übersteigen dieses Limit dennoch. Nur eines wird deutlich: Das Lebensalter des Menschen wird im Laufe der Zeit zusehends kürzer.

Sie können ähnliche irritierende Beobachtungen durchaus auch einmal selber machen. Lesen Sie einmal die zweite Hälfte des Buches Exodus:

In Ex 25,1-31,17 gibt Gott den Auftrag, das transportable Wüstenheiligtum mit der Bundeslade sowie die erforderlichen Gegenstände für den Kult herzustellen. In 35,1-40,38 wird erzählt, wie die Umsetzung erfolgte – Zug um Zug entsprechend den Anweisungen aus Ex 25-31. Man hat den Eindruck, Mose und seine Leute wären etwas schwer von Begriff, dabei geht es dem Autor lediglich darum zu berichten, dass die Anweisungen Gottes minutiös erfüllt werden. Dann aber ist dieser Abschnitt durchaus einheitlich: Was Gott anordnet, führt Mose aus.

Anders sieht es im Buch Deuteronomium (Dtn), dem fünften Buch Mose, aus. Dort tritt Mose auf, um seinem Volk noch einmal die Weisungen Gottes, das Gesetz, vorzutragen. Deuteronomium heißt zu Deutsch: das zweite Gesetz. Schon bald werden Sie feststellen, dass Mose eine Rede nach der anderen vorträgt, aber er kommt und kommt nicht zur Sache. Vielmehr folgt nach jeder Redeeinleitung ein Rückblick auf die Geschichte und eben nicht eine Sammlung von Geboten. Hier muss man im Gegensatz zum eben erwähnten Block aus Ex feststellen, dass verschiedene Erzähl- oder Überlieferungsschichten aufeinandertreffen. Vermut-

Als Gründe für literarische Unstimmigkeiten über die Zusammenstellung verschiedener Vorlagen hinaus wurden bereits genannt: Die Abfassung bzw. häufig auch das Diktat über einen größeren Zeitraum hinweg, Gedankensprünge beim Autor, die zu Exkursen führen u.a.

### Zusammenfassung

Viele Texte aus dem Alten wie dem Neuen Testament sind nicht einheitlich, d.h. der Erzählgedanke wird unterbrochen und/oder setzt sich nicht logisch fort. Derartige Unterbrechungen oder Ungereimtheiten im Text können ein Hinweis darauf sein, dass der Text nicht aus einem Stück ist, sondern dass an ihm gearbeitet wurde, sei es, dass neue/weitere Gedanken zum Thema eingetragen wurden, sei es, dass der Text sich ohnedies aus mehreren älteren Texten zusammensetzt. Hier gilt es daher, darüber nachzudenken, wie es zum vorliegenden Text gekommen sein könnte. Mitunter lassen sich durch Auslassungen von „störenden" Textabschnitten logisch fortlaufende Texte herstellen. Selbstverständlich wird man sich natürlich dann auch die Frage stellen, woher die ausgelassenen Abschnitte kommen. Wurden sie ursprünglich selbständig überliefert? Sind sie denn überhaupt überlieferungsfähig? Wollte vielleicht ein Bearbeiter nur eine neue Tendenz einbringen?

### Was lernen wir daraus?

AT wie NT sind keine fortlaufend geschriebenen Texte, sondern bestehen ursprünglich aus einzelnen Büchern. Selbst in diesen Büchern sind die Texte nicht fortlaufend. Viele unterschiedliche größere und kleinere Überlieferungen sind da miteinander zusammengeschlossen worden.

# 10. Frage: Autoren und Redaktoren – Wie ist zu erfahren, worin ihr Anteil an den Texten besteht?

Zunächst einmal: Autor und Redaktor ist nicht dasselbe, aber die Grenzen zwischen beiden sind bisweilen fließend: Ein Autor ist jemand, der einen Brief oder einen Aufsatz schreibt. Es kann sein, dass er dabei Sprüche, Ideen oder Informationen „im Kopf" hat, die er in sein Schreiben einträgt. Woher er diese „Traditionen" hat, wo er einen Spruch o.Ä. gehört oder gelesen hat, weiß er möglicherweise gar nicht mehr. Wenn er es noch weiß, wird er den Satz wahrscheinlich kenntlich machen, etwa durch die Aussage: „Neulich habe ich in der Zeitung xy gelesen, dass..." oder: „Wie mein Vater zu sagen pflegte..." Ein Redaktor dagegen ist jemand, der Textbausteine – das können einzelne, in sich geschlossene Erzählungen, Lieder, Gebete o.ä. sein –, die er vor sich hat, auswählt und diese (neu) zusammenstellt. Die verbindenden Texte können dabei schon aus der Tradition stammen, wahrscheinlicher jedoch eben vom Redaktor, der die einzelnen Bausteine mehr oder weniger geschickt miteinander verknüpft. Durch diese Arbeit, sowohl durch die von ihm eingetragenen Verbindungen, aber auch schon durch die Auswahl der traditionellen Abschnitte, die er bewusst in eine bestimmte Reihenfolge stellt, erfolgt natürlich eine Deutung der Tradition und es entsteht etwas Neues, mit eigenem Schwerpunkt, eigener Kernaussage. Deshalb ist es sinnvoll, der Arbeit eines Redaktors nachzugehen, um sein Profil herauszuschälen – und die vorredaktionelle Tradition zu entdecken.

Derartige Redaktoren kann man sowohl im AT wie im NT vorfinden. Im Bereich des AT wird ein Redaktor besonders gut in den Königsbüchern erkennbar: Hier werden die Könige des Süd- (SR) und des Nordreiches (NR) so miteinander in Verbindung gebracht, dass eine Chronologie entsteht, in der sie sich gegenseitig stützen.

| SR (Juda) | NR (Israel) |
|---|---|
| | **Jerobeam** |
| 1Kön 15,1 Und **im achtzehnten Jahr des Königs Jerobeam** [NR], des Sohnes Nebats, wurde **Abija** König über Juda. | |
| 1Kön 15,9 **Im zwanzigsten Jahr** Jerobeams, des Königs von Israel, wurde **Asa** König von Juda [SR]. | 1Kön 15,25 **Nadab**, der Sohn Jerobeams, wurde König von Israel **im zweiten Jahr des Königs Asa von Juda.** Er regierte zwei Jahre über Israel. |

| | |
|---|---|
| | 1Kön 15,33 **Im dritten Jahr** des Königs **Asa von Juda** wurde **Bascha**, der Sohn Ahijas, König über ganz Israel. Er regierte in Tirza vierundzwanzig Jahre... |
| | 1Kön 16,8 **Im sechsundzwanzigsten Jahr** des Königs **Asa von Juda** wurde **Ela,** der Sohn Baschas, König von Israel. Er regierte in Tirza zwei Jahre. |
| | 1Kön 16,15 **Im siebenundzwanzigsten Jahr** des Königs **Asa von Juda** war **Simri** sieben Tage König in Tirza... |
| | 1Kön 16 23: **Im einunddreißigsten Jahr** des Königs **Asa von Juda** wurde **Omri** König von Israel... |
| | 1Kön 16,29: **Ahab**, der Sohn Omris wurde König von Israel **im achtunddreißigsten Jahr** des Konigs **Asa von Juda**... |
| 1Kön 22,41: Und **Joschafat**, der Sohn Asas, wurde König über Juda **im vierten Jahr Ahabs,** des Königs **von Israel.** | |
| | 1Kön 22,52 **Ahasja**, der Sohn Ahabs, wurde König über Israel in Samaria, **im 17. Jahr Joschafats**, des Königs **von Juda**; und er regierte zwei Jahre über Israel. |

Es steht außer Zweifel, dass dieses „System" sorgfältig geplant wurde und dazu verwendet wird, eine chronologische Ordnung zu schaffen. Aber auch die einzelnen Könige scheinen eher von einem Redaktor als von einem Autor „beschrieben" und dargestellt worden zu sein. Es gibt ein „Schema F", nach dem die Charakterisierung eines jeden Königs erfolgt. Es wird der Name des Vorgängers/Vaters (im SR auch der Mutter) genannt, der Zeitpunkt, ab dem er den Thron bestieg, eine kurze Notiz über wichtige Ereignisse in seiner Regierungszeit und vor allem eine (theologische) Bewertung desselben, also die Frage, ob er im Sinne Gottes regiert hat oder nicht. Dabei fallen die Könige des NR in der Bewertung allesamt durch, weil sie die Davidsdynastie und den Tempel von Jerusalem als einziges legitimes Heiligtum nicht anerkennen. Schließlich wird von seinem Tod berichtet, ob er friedlich starb oder beseitigt wurde. Bei den Königen des SR fehlt der Hinweis auf Jerusalem und das Heiligtum.

Der Verfasser verweist darüber hinaus auch mehrfach auf seine „Quellen“, aus denen er schöpft. Es scheint sich dabei um eine oder verschiedene Chronik(en) zu handeln:

> *Und die übrige Geschichte des xy und alles, was er getan hat, siehe, das ist geschrieben im Buch der Geschichte der Könige von Israel.*

Als Beispiel sei die recht kurze Geschichte des SR-Königs Asarja aus der Davidsdynastie angeführt:

> *2Kön 15,1 Im 27. Jahr Jerobeams, des Königs von Israel [des NR], wurde Asarja*
> *König, der Sohn Amazjas, des Königs von Juda [dem SR]. 2 Sechzehn Jahre war*
> *er alt, als er König wurde, und er regierte 52 Jahre in Jerusalem; und der Name*
> *seiner Mutter war Jecholja, von Jerusalem. 3 Und er tat, was recht war in den*
> *Augen J“s, nach allem, was sein Vater Amazja getan hatte. 4 Doch die Höhen*
> *[Bergopferstätten] wichen nicht; das Volk brachte noch auf den Höhen Schlachtop-*
> *fer und Rauchopfer dar. 5 Und J“ schlug den König, und er war aussätzig bis zum*
> *Tag seines Todes; und er wohnte in einem abgesonderten Haus. Jotam aber, der*
> *Sohn des Königs, war über das Haus des Königs gesetzt worden und richtete das*
> *Volk des Landes. 6 Und die übrige Geschichte Asarjas und alles, was er getan hat,*
> *ist das nicht geschrieben im Buch der Geschichte der Könige von Juda? 7 Und*
> *Asarja legte sich zu seinen Vätern, und man begrub ihn bei seinen Vätern in der*
> *Stadt Davids. Und sein Sohn Jotam wurde an seiner Stelle König.*

Über Amazja wird demnach erzählt, dass er ein guter König war, allerdings mit einer Einschränkung, die erkennen lässt, wo sich der Redaktor selbst positioniert: Es finden nach wie vor lokale Opfer auf den Bergen statt. Der Redaktor plädiert damit indirekt für die Idealzeit des Königs Josia, der die Kultzentralisation durchsetzte und den Tempel von Jerusalem als einzig gültige Opferstätte übrig lässt.

Die (häretischen) Höhenopfer liefern somit die Begründung für den Aussatz des Königs im Sinne des Tun-Ergehen-Zusammenhangs, d.h. zu Zeiten dieses Königs muss irgendetwas falsch gelaufen sein, sonst wäre er nicht krank geworden.

Diese Begründung steht natürlich auf tönernen Füßen, denn Amazja ist ja nicht der Einzige, unter dem die Höhenheiligtümer weiterhin bedient wurden; dies geschah auch unter Salomo u.a., die keineswegs alle krank wurden oder denen Schlechtes widerfuhr.

Für den Bereich des Neuen Testaments sei auf Markus verwiesen, der einzelne Erzählungen über Jesus durch Bemerkungen wie

> *Mk 2,1 Und nach einigen Tagen ging er wieder nach Kapernaum hinein, und es wurde bekannt, daß er im Hause sei*

oder

> *Mk 5,21 Und als Jesus in dem Boot wieder an das jenseitige Ufer hinübergefahren war, versammelte sich eine große Volksmenge zu ihm; und er war am See*

in eine zeitliche und/oder räumliche Verbindung bringt. Ob sich Jesus nach 5,21 am See befunden hat oder woanders – es folgt die Auferweckung der Tochter des Jairus – ist für die Auferweckungsgeschichte völlig irrelevant. Die einzelnen Erzählungen, die daran anschließen, sind ohne diese Raum-Zeit-Notizen genauso gut „überlieferungsfähig".

Mit dem Verweis auf den Bearbeiter der Königslisten und den Evangelisten Markus wird deutlich, wie ein Redaktor arbeitet. Im Bereich des NT ist dies auch an den beiden dem Mk verwandten Evangelien des Mt und Lk abzulesen. Mt und Lk kennen das Mk-Evangelium und entnehmen daraus einen Großteil für ihre eigene Schrift. Jeder der beiden trägt im Zuge der Redaktion seine eigene Vorstellung von Jesus, seinem Wirken, seinem Todesverständnis ein und ebenso seine Sicht auf das Judentum. Auch die Bedeutung des AT, der römischen Staatsmacht, des Verhaltens der Jünger Jesu, der Gemeinde und vor allem auch seine Zukunftserwartung, die untrennbar mit der Wiederkunft des Auferstandenen verbunden ist, wird sehr gut ablesbar.

Darüber hinaus dürften aber alle drei auch als Autoren tätig gewesen sein. Für Lk beispielsweise lässt sich dies an der durchaus umfangreichen Geschichte über die Emmausjünger zeigen. Diese Ostererzählung geht auf eine kurze Episode zurück, derzufolge die beiden Jünger – einer von ihnen hieß Kleopas – auf dem Weg nach Emmaus eine Ostererfahrung hatten. Ihre Erfahrung wird zu einem anderen Zeitpunkt von Jüngern aus Jerusalem bestätigt. Die ganze Geschichte von der Begegnung auf dem Weg, der Auslegung der Schrift, dem gemeinsamen Mahl und der Erkenntnis des Auferstandenen als Gast ist dagegen derart massiv von lukanischen Vorstellungen (Menschen auf dem Weg vgl. Jesus auf dem Weg von Galiläa nach Jerusalem; Leibhaftigkeit des Auferstandenen; Bedeutung der Schriftauslegung vgl. Apg 8,26-40) und lukanischem Sprachgebrauch geprägt, dass von seiner Autorschaft auszugehen ist. Lk will seiner frühkirchlichen Gemeinde verdeutlichen, dass die Auslegung der Schrift und das gemeinsame Brotbrechen die Gegenwart des Auferstandenen bedeuten. Zu seiner Zeit, in der es mutmaßlich keine Ostererfahrungen mehr gab, genügt, so Lk, Schrift und Eucharistie, um den Christus in der Gemeinde präsent zu machen.

Wenn unterschiedliche Schichten – beispielsweise Tradition und Redaktion – aufeinandertreffen, erkennt man das daran, dass sich im Bereich eines Abschnitts unterschiedliche Vorstellungen finden, von Theologie, Anthropologie, von Geschichte und deren Deutung, von dem Verhältnis Gottes zu seinem Volk, vom Verständnis von Wüste und Exodus u.a. Zudem wird man die Arbeit der Redaktoren auch vorzugsweise dort finden, wo Nahtstellen zwischen verschiedenen Texten sichtbar werden, also wo Orte, Personen oder auch Erzählformen wechseln. Weitere Elemente zur Differenzierung sind zudem Sprache und Umwelt, in der sich der Redaktor heimisch fühlt. Bezüglich der Sprache lässt sich feststellen, dass jeder Mensch einen gewissen bevorzugten Sprachschatz besitzt, der immer wieder durchscheint. Umgekehrt gibt es Worte, Wendungen, Formulierungen, die mancher niemals von sich aus gebrauchen würde – es sei denn, er hat sie vor

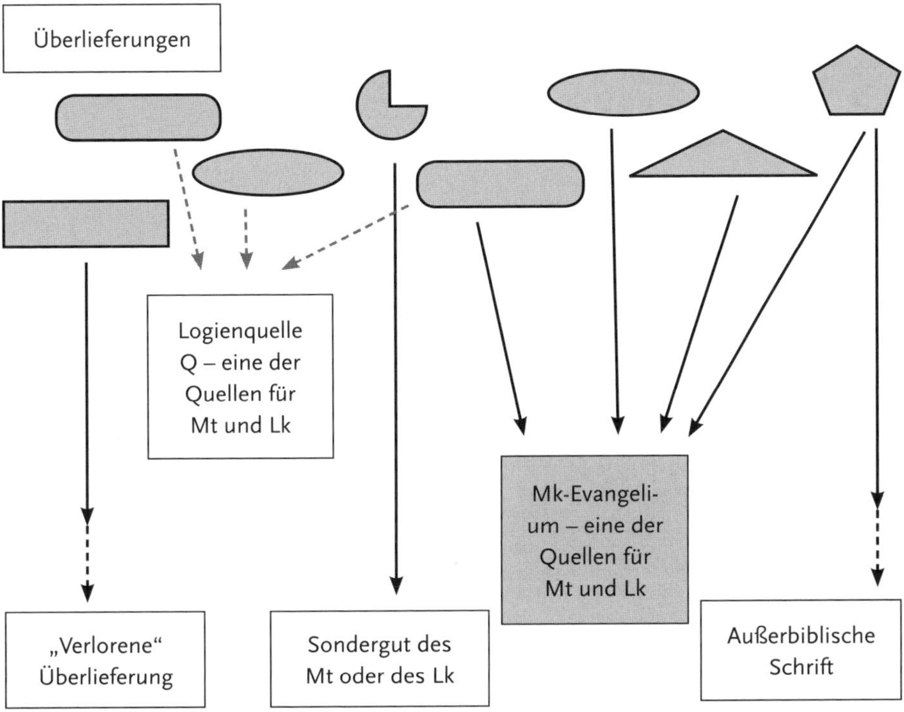


**Abb. 16:** Quellen und Textfassungen

Kurzem gehört oder gelesen. Tauchen also einerseits immer wieder ähnliche Vokabeln oder auch Vorstellungen auf bzw. andererseits im restlichen Werk nie mehr vorkommende Aussagen, so wird man daran einerseits den Redaktor und andererseits die Tradition erkennen. Das gilt natürlich nicht nur für Sprache, sondern auch für die Grammatik.

### Zusammenfassung

Vielfach dürften die Texte aus AT und NT nicht von Autoren verfasst, sondern vielmehr von Redaktoren aus älteren Überlieferungen/Traditionen zusammengestellt worden sein. In der Regel geschieht dies aber nicht im Stile einer einfachen Aneinanderreihung von älteren Stoffen, sondern als *geplante* Redaktionsarbeit: Der Redaktor macht sich Gedanken darüber, welche Texte wie zusammenpassen und wie man zwischen den Einzeltexten eine Verbindung herstellen kann. Ggf. wird er mit dieser Arbeit den Texten auch einen Sinn geben, den er zudem durch entsprechende Bearbeitung des Einzeltextes auch noch einmal verstärkt einbringen kann.

### Was lernen wir daraus?

Ein Text kann auf unterschiedlichen Überlieferungsebenen einen je eigenen Sinngehalt gehabt haben, der im weiteren Verlauf seiner Überlieferung durch leichte Änderungen am Text, vor allem aber durch neue Kontexte verändert wird.

# 11. Frage: Welche Schlüsse kann man daraus ziehen, dass Worte/Geschichten/ Erzählungen in verschiedenen Versionen vorliegen?

In der Regel ging man früher davon aus, dass sogenannte Mehrfachüberlieferungen auf verschiedene bzw. unterschiedliche Quellen/Traditionen als Vorlagen schließen lassen. Das ist natürlich durchaus möglich, manchmal sogar wahrscheinlich.

Im Bereich des NT rechnet man für die Evangelien des Mt und des Lk damit, dass die beiden sich untereinander nicht kannten, aber jeder der beiden zwei Quellen verwendete, die auch der jeweils andere kannte. Eine dieser Quellen ist das Mk-Evangelium. Von ihm haben Mt und Lk abgeschrieben. Dies anzunehmen, gibt es viele Gründe, wie z.B. die Gemeinsamkeiten zwischen Mt und Lk ab dem Punkt, an dem das Mk-Evangelium einsetzt und das Ende der Gemeinsamkeiten mit Mk 16,1-8 erreicht wird, d.h. mit dem Ende des Mk und der Auffindung des leeren Grabes. Mt und Lk folgen sehr häufig der Reihenfolge des Mk, oft beide zusammen, ansonsten aber wenigstens einer von beiden. Gleiches gilt für den Wortlaut einzelner Abschnitte.

Dazu gibt es aber bei Mt und Lk auch Abschnitte, die sich bei Mk nicht finden. Auch hier gibt es Gemeinsamkeiten in der Reihenfolge und im Wortlaut. In der deutschsprachigen ntl. Forschung geht man daher davon aus, dass neben dem Mk-Evangelium auch noch eine zweite, inzwischen verlorengegangene Quelle (Q oder Logienquelle genannt) in das Mt- und Lk-Evangelium aufgenommen wurde. Hier also ist es durchaus vorstellbar, dass unterschiedliche recht umfangreiche (schriftliche) Quellen vorhanden waren und von Mt und Lk verwendet wurden. Gelegentlich kommt es auch vor, dass Mk und Q den gleichen Text unabhängig voneinander überliefert haben. Dann gibt es auch Doppelüberlieferungen bei Mt und/oder Lk.

Die Quellenlage des Joh ist dagegen nicht so einfach zu bestimmen. Deutlich wird aber immerhin, dass wenigstens zwei verschiedene Theologen an der Entstehung des Joh beteiligt waren. Auf welche älteren Texte oder sogar größere Textzusammenhänge sie zurückgreifen konnten, ist jedoch nicht mit letzter Sicherheit zu sagen; vielleicht gab es eine Sammlung von Wundererzählungen – Johannes nennt die Wunder „Zeichen“. Man spricht daher von einer „Zeichenquelle“.

Nicht gerade umfangreiche Quellen aber doch ältere Überlieferungen, die schon relativ fest geprägt sind, lassen sich auch bei Paulus erkennen, so etwa wenn er mehrfach und in leicht variierender Form das Bekenntnis niederschreibt: *Gott/ er hat Jesus von den Toten auferweckt,* oder gar an Stellen, wo er selbst schreibt, dass er ältere Traditionen benutzt, wie etwa in 1 Kor 15,3: *Denn ich habe euch vor allem überliefert, was ich auch empfangen habe:...* Auch die mehrfach im NT vorhandenen Listen von „anständigem“ Verhalten stammen aus der Tradition, und zwar ursprünglich aus der „heidnischen“. In diesen Listen ist vorgegeben, wie sich Männer zu ihren Frauen und umgekehrt verhalten sollen, wie Väter mit ihren Kindern umgehen sollen, wie mit Sklaven und Dienern etc. Natürlich sind diese Auflistungen in christlichen Kreisen mit neuer, eben christlicher Motivation, versehen, die Verhaltensweise an sich aber findet sich auch in der nichtchristlichen Umwelt und ist von dort „importiert“.

Im Bereich des AT gibt es natürlich auch Doppelungen und Mehrfachüberlieferungen. Zu den Bekanntesten gehören zweifelsohne die beiden Schöpfungserzählungen in Gen 1 und Gen 2. Sie sind inhaltlich wie auch vom Aufbau her allerdings gänzlich verschieden, auch wenn das Thema, die Schöpfung, identisch ist. An anderer Stelle (Basiswissen Bibel: Das Alte Testament, s. S. 44-50) wurde schon auf die beiden ineinander gearbeiteten Sintflutgeschichten hingewiesen, die jetzt als eine einzige Erzählung vorliegen. Es finden sich zwei Variationen der Erzählung davon, dass Abraham seine Ehefrau Sara als seine Schwester ausgibt, weil er Angst davor hat, man werde ihn wegen seiner schönen Frau töten. Freilich riskiert er dabei, dass ihm seine Frau/Schwester weggenommen wird und im Harem eines Mächtigen landet. Gott selbst muss eingreifen, damit die Angelegenheit wieder bereinigt wird. Die gleiche Geschichte ereignet sich dann noch einmal bei Isaak und seiner Frau Rebekka. Isaak hat scheinbar nichts aus dem Verhalten seines Vaters gelernt, obwohl es doch bei Abraham zu ausgesprochen schwierigen Situationen kommt. Selbstverständlich kann auch hier mit unterschiedlichen Überlieferungen gerechnet werden. Aber ebenso gut ist es möglich, dass es sich um eine Art Wanderlegende handelt, die mal in dieser, mal in jener Sippe von den Vorfahren erzählt wird.

Eine Doppelung großen Stils stellt das Buch Deuteronomium dar. Wie schon der Name sagt, geht es hier um das „Zweite Gesetz“ oder besser, um die Wiederholung des Gesetzes. Ein guter Teil der Weisungen aus diesem Buch finden sich daher in der Tat schon einmal an anderer Stelle des Pentateuch [der fünf Bücher Mose], allerdings oft nicht in gleichem Wortlaut, sondern in Modifikationen, wie z.B. an den beiden Dekalogen in Ex 20 und Dtn 5 ersichtlich wird. Zwar kommen in Dtn auch „neue“ Gesetze vor, aber vielfach waren die Weisungen aus dem 5. Buch des Pentateuchs eben doch schon weiter vorn bereits einmal zu lesen. Eine weitere Doppelüberlieferung stellen die Chronikbücher v.a. im Vergleich mit den Samuel- und Königsbüchern dar. Auch hier ist davon auszugehen, dass die Chronikbücher als Relecture der älteren Bücher Samuel und Könige zu verstehen und – einfach gesagt – weitgehend abgeschrieben sind.

## Zusammenfassung

Das mehrfache Vorkommen von gleichen oder ähnlichen Überlieferungen im AT und/oder NT deutet darauf hin, dass ältere Texte als Vorlage für jüngere gedient haben, dass also jüngere Texte „literarisch abhängig" sind, vulgo: abgeschrieben wurden. Das kann so sein, muss aber nicht so sein. Es ist immer zu bedenken, dass mit der Verschriftlichung von Überlieferung die mündliche nicht schlagartig abbricht.

## Was lernen wir daraus?

Weder das AT noch das NT wurde von Augenzeugen geschrieben. Die Überlieferungswege sind z.T. sehr komplex und mitunter nicht mehr zu rekonstruieren. Bei etlichen Texten im NT wie auch im AT kann man allerdings feststellen, dass die Verfasser voneinander abgeschrieben haben: Die Bücher der Könige dienten den Autoren der Bücher 1 und 2 Chronik als Vorlage, als Quelle. Das Evangelium des Mk diente Mt und Lk als Quelle. Die drei Johannesbriefe sind nicht völlig unabhängig voneinander entstanden und ebenso gilt dies für die Briefe an die Kolosser und die Epheser u.a.

# 12. Frage: Woher weiß ich, wie ein Text gemeint ist?

Diese Frage hört sich vielleicht merkwürdig an. Wie soll ein Text schon gemeint sein? So wie er dasteht natürlich.

Ganz so einfach ist es aber nicht, denn Texte übermitteln nicht nur das, was geschrieben steht, sondern darüber hinaus auch Informationen über ihre Gültigkeit, über ihren „Wahrheitsgehalt“, über die Gelegenheit und den Zweck, für die sie angefertigt wurden u.a. Dies geschieht durch die Form, in der sie (zumeist schon vor der Verschriftung, also mündlich) verfasst wurden.

Stellen Sie sich einmal vor, sie gehen zu einem Arzt, und der fragt sie nicht etwa wie es ihnen geht, sondern beginnt sein Gespräch mit: „Es war einmal ein Mann/eine Frau, die zu einem Arzt ging...“.

Selbstverständlich können Sie sich als Patient auch in diese Rolle versetzen und erzählen ihrerseits: „... Der Mann erzählte ihm sein Leid und klagte über die Schmerzen, die ihn jede Nacht heimsuchten. So sehr er sich auch drehte und wendete – die Schmerzen wollten kein Ende nehmen. Selbst die stärksten Arzneien konnten ihm keine Linderung verschaffen. Der Arzt aber war sehr klug und empfahl ihm, ein Kräutlein zu suchen und sich dieses unter die Zunge zu legen... und wenn er nicht gestorben ist, dann lebt er heute noch.“ Ich vermute, der Arzt würde Sie einweisen, aber nicht ins Krankenhaus, sondern in die Psychiatrie, so lange Sie nicht gemeingefährlich werden immerhin in die offene Abteilung – und das mit Recht, denn offensichtlich kommen Sie in Ihrem Alltag nicht gut klar und verwechseln die Märchenstunde mit Ihrem Kind/Enkel mit der Sprechstunde des Arztes.

Also: Ein Text kann durchaus anders verstanden werden, als er dasteht. Und das ist nicht nur zufällig jetzt gerade einmal so beim Märchen. Sie werden eine Bewerbung nicht in der Form eines Kochrezeptes abgeben und einen Roman nicht als Dokumentation lesen. Bei einem Roman wissen Sie ganz genau, dass Sie eine zumeist frei „erfundene“ Geschichte vor sich haben. Sollte es anders sein, wird der Autor dies im Vorspann irgendwie vermerkt haben. Zumeist aber heißt es dort sogar eigens: *Übereinstimmungen mit lebenden Personen oder geschichtlichen Ereignissen sind rein zufällig.* Und was Sie schließlich von einer Werbeschrift zu halten haben, wissen Sie selbst. Da sind vor allem jene Informationen interessant, die *nicht* dastehen. Bei Lebensmitteln brauchen Sie gelegentlich eine Liste um zu erfahren, was Sie da in einer Packung nach Hause tragen. Naturidentische Aroma- oder Farbstoffe bedeuten lediglich, dass diese Stoffe in der Natur vorkommen und nichts weiter. Aber das ist ja vielleicht inzwischen auch schon allgemein bekannt: Sägemehl ist auch natürlich und imitiert hervorragend die kleinen Samenkerne in der Erdbeermarmelade.

**Abb. 17:** Das Bild zeigt die Himmelsgöttin Nut, die sich über die Erde wölbt. Der Luftgott Schu stützt sie. Am Boden liegt der Erdgott Geb. Es gibt auch Darstellungen, auf denen der Sonnengott Re in seiner Barke auf dem Leib der Nut über die Erde *fährt*. Er taucht am Morgen auf und geht am Abend „unter". Wieder andere Darstellungen zeigen, dass die Sonne in der Nacht durch den Leib der Nut wandert, um am Morgen wieder neu geboren zu werden.

Besonders schwierig wird die Sache, wenn Sie alte Texte vor sich haben und diese in Erzählformen, die heute gar nicht mehr in Gebrauch sind. Denn Kommunikationsformen, ob mündlich, schriftlich oder bildhaft, sind durchaus auch zeitgebunden – schon alleine durch die Technik, mit der Informationen transportiert werden. Mit der Bibel sind wir alleine auf die Schrift als Kommunikationsmittel angewiesen: Verständnisrückfragen sind nicht mehr möglich, zumal die Autoren zum größten Teil unbekannt sind. Hinzu kommt natürlich auch die Zeit: 2.000 Jahre und mehr sind schon ein ordentlicher Graben, den es zu überbrücken gilt. Damit sind die Verständnishemmnisse aber noch längst nicht umfassend genannt.

Zugegebenermaßen verwenden wir heute ab und zu auch noch Vorstellungen, die längst überholt sind und nicht mehr unserem Welt- und Naturverständnis entsprechen: Am Morgen sagen wir: Die Sonne geht auf, und am Abend geht sie unter. Niemand muss länger über diese Aussage nachdenken, um zu erkennen, dass sie schlichtweg falsch ist. Die Sonne geht nicht auf, sondern die Erde dreht sich weiter. Trotzdem weiß auch jeder, was mit dem Aufgang und dem Untergang der Sonne gemeint ist!

Auch die biblischen Vorstellungen gehen davon aus, dass die Sonne über das Firmament fährt, um jeden Morgen am Horizont wieder „aufzugehen". Und dabei ist diese heute unwissenschaftliche und bildhafte Rede aus der Vergangenheit keineswegs der einzige „Fehler", den wir machen. Wir sprechen auch davon, Gott „wohne" im Himmel. Der Himmel ist in der Antike eindeutig definiert als Raum über dem Firmament. An Letzterem sind Sonne, Mond und Sterne befestigt und aus den „Schleusen" des Himmels regnet es. Einige Etagen höher wohnt dann Gott. Um diese Rede beibehalten zu können, musste das Wort Himmel unterschiedlich definiert werden: Als Raum des Universums und als „geistiger" Himmel, in dem sich Gott „aufhält". Natürlich hält sich Gott nirgends auf und wohnt auch nirgendwo – auch dies sind schon wieder Aussagen nach menschlichen Kategorien.

Wie lese ich angesichts dieser Schwierigkeiten also die Texte, um ihre ursprüngliche Bedeutung zu entschlüsseln? Die Lösung dieses Problems ist nicht ganz so kompliziert, wie sie auf den ersten Blick zu sein scheint. Man geht davon aus, dass es in der damaligen Zeit bestimmte Formen zur Kommunikation gab, wie es auch heute der Fall ist, heute allerdings in weitaus größerer Auswahl. In der Schrift finden sich auch (literarische) Formen, die heute noch in „Gebrauch" sind – aber eben auch solche, die wir schon längst nicht mehr kennen, wie z.B. eine Engelsbotschaft.

Zunächst seien einige Formen vorgestellt, die mehr oder weniger zeitlos zu sein scheinen, wie etwa – gerade im religiösen Bereich – ein Gebet, ein Lobpreis, Hymnus, Gedicht oder Lied. Auch „profane" Formen begegnen uns, wie etwa Novellen, Fabeln, Stammbäume, Erzählungen aller Art, auch Gleichnisse. Die Inhalte dieser Formen sind nicht weniger „wahr" als andere Formen, aber diese Art von Wahrheit hat eben nicht unbedingt mit historischem Geschehen zu tun. Natürlich transportiert ein Roman auch Wahrheiten, auch dann, wenn er frei „erfunden" ist. Wird die Form nicht erkannt – oder akzeptiert – kann es nur zu Fehleinschätzungen kommen.

Eine *Schöpfungserzählung* – ich benutze absichtlich die Bezeichnung „Erzählung" und spreche nicht von Bericht – ist natürlich kein Protokoll der Historie und wollte auch nie historisch verstanden sein! Wenn z.B. in der ersten Erzählung die Rede davon ist, dass Gott die großen Leuchten an den Himmel hängt, so ist dies eine Richtigstellung gegenüber Aussagen in benachbarten Kulturen, in denen die Himmelskörper als Götter angesehen werden. Die Erzählung besagt nicht, dass die Welt in sechs Tagen geschaffen wurde, auch wenn die Abfolge der Schöpfungswerke sogar logisch ist, sondern zielt auf den Sabbat, den siebten Tag als Ruhetag. Mit der Behauptung, alle Lebewesen seien anfangs Vegetarier gewesen und hätten sich von den Früchten der Bäume und des Feldes ernährt, wird keineswegs die Empfehlung gegeben, sich vegan zu ernähren. Es wird damit auch nicht gesagt, dass dies jemals so gewesen wäre. Die Aussage ist vielmehr die Grundlage des uranfänglichen Schöpfungsfriedens, in dem kein Lebewesen gegen das andere gewalttätig wird. Fleischgenuss wird erst nach Ende der Flut erlaubt und dies ist eine Konzession an die inzwischen eingebrochen Gewalt der Lebewesen unter- und gegeneinander. Es werden in dieser Erzählung durchaus Informationen vermittelt, aber keine naturwissenschaftlichen, sondern solche, die etwas über das Verhältnis Gottes zu seiner Schöpfung und zur darin enthaltenen Ethik aussagen.

Wer in der Wüste Juda auf dem Weg von Jerusalem nach Jericho die Herberge sucht, in die der barmherzige Samariter aus dem gleichnamigen Gleichnis den Überfallenen abgeliefert hat, ist auf dem Holzweg, denn die Geschichte ist ein Gleichnis und kein Exkursionsbericht. Natürlich hat man trotzdem in die Wüste an die alte Straße nach Jericho ein Haus gebaut, welches an der Stelle des Gasthaus von damals stehen soll. Wer es fassen kann, der fasse es!

Warum Jesus in *Gleichnissen* geredet hat – und nicht nur er –, wissen wir letztendlich nicht. Seine Zuhörer werden diese aber nur zu gut verstanden haben, sonst hätte er diese Form nicht verwendet. Unter Umständen war diese Form der Rede in der damaligen Zeit besonders „in". Wahrscheinlicher aber ist es, dass Jesus der Auffassung war, seine Botschaft in dieser Form besonders nachdrücklich und verständlich ausdrücken zu können. Für uns heute ist es dagegen gar nicht so einfach, diese Texte zu verstehen, sie zu entschlüsseln, zumal etliche der Texte durchaus inhaltlich anstößig oder zumindest ungewöhnlich sind. Verständlicherweise streitet sich die Forschung um den richtigen Zugang und das Auslegungsprinzip für solche Texte.

In früheren Zeiten verstand man viele Gleichnisse *allegorisch*, d.h. man hat die Personen und/oder die erwähnten Gegenstände im Text derart umgedeutet, dass sie für andere Dinge oder Personen stehen. Den barmherzigen Vater hat man kurzerhand als Synonym für Gott verstanden, die beiden Söhne standen für den Sünder und den Gerechten oder auch für Judentum und Christentum o.ä. Gerne wurde das Gleichnis auch als Aufforderung zur Umkehr verstanden oder auch der jüngere Sohn als Beispiel für einen Menschen, der nur zu seinem Vergnügen lebt und von seinem Vater – ungerechterweise – die Auszahlung des Erbes verlangte. Doch bei genauerem Hinsehen trifft nichts davon zu.

Dem Gleichnis geht es nicht um das Thema „Umkehr", sondern tatsächlich eher um den barmherzigen Vater. Aber diese Charakterisierung ist noch unzureichend. Wäre der Vater tatsächlich barmherzig und dabei auch noch gerecht (in unserem Sinne), hätte er den Jungen bei sich als Knecht arbeiten lassen, denn mehr hätte er nicht verdient. Dagegen hätte sicher auch der Bruder nichts gehabt. Ihn wieder anzunehmen und als Sohn einzusetzen, ist dagegen ein kaum zu überbietendes Maß an Barmherzigkeit – und an Ungerechtigkeit gegen den älteren Bruder. Ob jener sich tatsächlich über die Rückkehr des Jüngeren freuen kann, bleibt offen, und wir ertappen uns in der Rolle des Älteren, der dazu eingeladen wird, dieser Art von Zuwendung des Vaters zum „Sünder" seine Zustimmung zu geben. Wir neigen dazu, diese zu versagen, denn die Lösung des Vaters *ist* ungerecht dem Älteren gegenüber. In Bezug auf das Verhalten des Vaters sagt das Gleichnis freilich durchaus etwas über Gott aus, über seine vorbedingungslose

Hinwendung zum Sünder, seine Liebe zu ihm, die Jesus auch sonst in seinem Verhalten und in seiner Reich-Gottes-Botschaft zum Ausdruck bringt. Gottes Güte übersteigt jegliches Gerechtigkeitsdenken des Menschen.

Ganz ähnlich ist es auch im Gleichnis von den Arbeitern im Weinberg, in dem jeder Arbeiter, unabhängig von der geleisteten Arbeit, den gleichen Lohn empfängt. Auch hier sträubt sich unsere Vorstellung von Gerechtigkeit. Die entscheidende Frage des Weinbergbesitzers könnte man auch an den älteren Sohn stellen: Bist Du sauer, weil ich gütig bin? – oder: Wie kann Güte und Großherzigkeit als Ungerechtigkeit verstanden werden? Sowohl der Vater wie auch der Weinbergbesitzer handeln nach völlig anderen Kategorien. Die rechtliche Ebene wird verlassen: Es geht gar nicht um Gerechtigkeit oder um gerechten Ausgleich, sondern um Güte und Erbarmen. Dies zu akzeptieren, ist alles andere als leicht, denn es klingt wie eine Verhöhnung des „Braven“, des Menschen, der seine Religion normengerecht lebt, wie „man“ eigentlich sein soll etc.

Wie schnell man in die Falle des scheinbar Gerechten tappt, wird immer wieder deutlich, wenn es etwa heißt: Die da sind das ganze Jahr nicht in der Kirche zu sehen und bekommen jetzt auch noch ... einen besseren Platz, ein größeres Geschenk, eine wichtigere Rolle im Krippenspiel etc. Der doch so gerecht scheinende Tun-Ergehen-Zusammenhang wird zerbrochen. Dem Faulen, dem Sünder, dem Ungerechten geht es letztlich besser als dem Fleißigen, Gerechten, Frommen. Das scheint uns unerträglich zu sein.

Zurück zur Ausgangsposition: Eine Allegorisierung wäre zumindest bei diesen beiden Texten völlig verfehlt und würde ihnen die Kraft ihrer Aussage nehmen. Gleichwohl gibt es natürlich auch Texte, die allegorisch gelesen werden können oder sogar müssen, und die ntl. Autoren beginnen bereits mit der Allegorisierung von Texten. Wenn etwa der Herr des Gastmahles seine Soldaten schickt und die Stadt der geladenen, aber nicht erschienenen Gäste, vernichten lässt (Mt 22,7), geht es um die Zerstörung der Stadt Jerusalem durch die Römer im Jahre 70 n. Chr. Diese erfolgt, weil sich Israel, obwohl von Gott geladen, nicht an der „Hochzeitsfeier“ seines Sohnes, (Jesus Christus), beteiligen möchte und die Einladung verschmäht. Hier hat zweifellos bereits Mt allegorisierende Elemente in den Text eingetragen.

Ein sicher ebenfalls anstößiger Text ist das Gleichnis vom ungerechten Verwalter. Auf den Punkt gebracht geht es darum, dass ein Verwalter nicht ordentlich abgerechnet hat und nun seine Entlassung fürchten muss. Er geht daher zu den Schuldnern seines Herrn und veranlasst diese, die Schuldscheine zu Lasten des Herrn zu fälschen. Hundert Bat (ein Hohlmaß) Öl reduziert er zu 50, 100 Kor Weizen werden zu nunmehr nur 80. Sollte sein Herrn ihn denn entlassen, hat er sicher gute Freunde unter den ehemaligen Schuldnern, denen er einen Teil ihrer Schuld gestrichen hat. Völlig daneben scheint deshalb der Kommentar Jesu:

> *Lk 16,8 Und der Herr lobte den ungerechten Verwalter, weil er klug gehandelt hatte; denn die Söhne dieser Welt sind klüger als die Söhne des Lichts gegen*

*ihr eigenes Geschlecht. 9 Und ich sage euch: Macht euch Freunde mit dem ungerechten Mammon, damit, wenn er zu Ende geht, man euch aufnehme in die ewigen Zelte!*

Der doppelte und von der Intention her völlig andere Schluss lässt erkennen, dass man sich offensichtlich schon in der christlichen Gemeinde schwer tat, diesem Gleichnis etwas Positives abzugewinnen und es in unterschiedlicher Weise zu deuten suchte.

Ein weiteres Beispiel, das oben bereits angesprochen wurde, ist die sogenannte *Sündenfallerzählung* mit der sprechenden Schlange und den Ätiologien, welche die Schwere menschlicher Existenz erklären. Selbstverständlich ist auch diese Erzählung kein Stenogramm der Ereignisse, sondern eben eine ätiologische Lehrerzählung.

Überhaupt muss hier festgestellt werden, dass die biblischen Bücher keine Unterhaltungsliteratur sein wollen. Natürlich kann ein Text auch einmal unterhaltsam sein, wie etwa die *Josefsgeschichte*. Dennoch ist Unterhaltung des Lesers nicht die primäre Absicht dieser Erzählung. Hier geht es um mehr: Es geht darum, wie Gott seinen Protagonisten führt und lenkt und ihm alles zum Guten geraten lässt. Es geht ferner darum, dass Josef ein Weiser ist: Er verhält sich so, wie die gesellschaftlichen Normen es von einem jungen Mann verlangen. Auch deshalb hat er überall Glück und ist bei allen beliebt. Selbst die Verleumdung der Frau des Potifar, seines Herrn, führt nicht zu seinem Verderben, denn er hat sich in allem korrekt verhalten. Und weil er weise ist und die Zusammenhänge der Welt versteht, kann er auch Träume korrekt deuten. Inwiefern sich die Josefs-Stämme Ephraim und Manasse hier eine Geschichte schreiben, die ihren Stammvater besonders positiv porträtiert, soll hier nicht weiter verfolgt werden.

Schließlich soll auch eine *Fabel* kurz vorgestellt werden. Sie findet sich im Buch der Richter.

*9,8 Einst gingen die Bäume hin, einen König über sich zu salben. Und sie sagten zum Olivenbaum: Sei König über uns! 9 Da sagte ihnen der Olivenbaum: Sollte ich meine Fettigkeit aufgeben, die Götter und Menschen an mir in Ehren halten, und sollte ich hingehen, um über den Bäumen zu schweben? 10 Und die Bäume sagten zum Feigenbaum: Komm du, sei König über uns! 11 Da sagte ihnen der Feigenbaum: Sollte ich meine Süßigkeit aufgeben und meine gute Frucht, und sollte ich hingehen, um über den Bäumen zu schweben? 12 Und die Bäume sagten zum Weinstock: Komm du, sei König über uns! 13 Da sagte ihnen der Weinstock: Sollte ich meinen Most aufgeben, der Götter und Menschen erfreut, und sollte ich hingehen, um über den Bäumen zu schweben? 14 Und alle Bäume sagten zum Dornstrauch: Komm du, sei König über uns! 15 Da sagte der Dornstrauch zu den Bäumen: Wollt ihr in Wahrheit mich zum König über euch salben, so kommt, sucht Zuflucht in meinem Schatten! Wenn aber nicht, so gehe Feuer aus vom Dornstrauch, das fresse die Zedern des Libanon!*

Das Thema dürfte klar sein. Wie an der Königserhebung Sauls deutlich wird (1Sam 9; 10), ist das Königtum in Israel sehr umstritten. Das J"-Königtum als Grund für diese Vorbehalte (1Sam 8,1-22) dürfte freilich erst aus späterer Zeit stammen. Vielmehr lag es an der Stämmestruktur, dass man sich nicht für eine Zentralregierung erwärmen konnte, denn zweifelsohne mussten die Stämme bzw. die Clanchefs Macht abgeben. Dass es dennoch zum Königtum kam, ist der politischen Situation geschuldet. Die Philister mit ihrer waffentechnischen Überlegenheit (Eisenverarbeitung; Streitwagen?) stellten eine massive Bedrohung für das föderale Israel dar. Nur ein Anführer mit einem mehr oder weniger ständig zur Verfügung stehenden Truppenkontingent konnte der Expansion der Philister ins mittelpalästinische Bergland Einhalt gebieten. So wie später die Großmacht Rom in Zeiten höchster Not eine zeitlich befristete Diktatur erlaubt, ist ein König im bedrohten Israel der einzige Ausweg. Dass sich König Saul dabei auf Wehrfähige aus allen Stämmen Israels stützen konnte, ist kaum wahrscheinlich. David und seine Brüder aus Juda scheinen als Söldner gedient zu haben (1Sam 17,13.54), aber Näheres ist nicht zu erfahren. Schon vor Saul gab es angeblich diverse Versuche, ein Königtum zu errichten, doch diese Bemühungen scheiterten alle und zeigen somit auf, dass diese Regierungsform höchst unbeliebt war – zumindest stellen dies der oder die Autoren der Texte so dar.

Die Fabel gibt eine Art Kommentar zu den Bestrebungen, einen König einzusetzen. Zusammenfassend könnte man sagen: Der König ist nicht dazu da, den Menschen Gutes zu tun. Seine Aufgabe besteht darin Kriege zu führen und damit Schutz zu bieten. Etwas anderes kann oder will er nicht.

Weil also keine Unterhaltungsliteratur vorliegt, ist der Blick auf den Aussagezweck eines Textes umso wichtiger. Was will ein Text dem Leser sagen, wie lenkt der Autor den Leser zu dem Verständnis des Textes, das er vermitteln möchte? Will er den Leser von etwas überzeugen, will er ihm etwas empfehlen oder gar befehlen? Enthält der Text eine Mahnrede, durch die der Leser zu einem bestimmten Verhalten aufgefordert werden soll? Handelt es sich um eine Apologie, eine Verteidigungsrede, um Weisungen und Gebote, um die schon erwähnten Ätiologien, die den Grund für einen Zustand, einen Namen von Ort oder Mensch angeben und dazu eine Geschichte aus einer weit entfernten Vergangenheit erzählen? Legt der Autor Gebete, Preisungen etc. vor?

Als weiteres Beispiel für die Verschiedenheit der Formen sei eine *Prophetie* genannt. Diese besteht in der Regel aus einer Gegenwartsanalyse des Propheten und einem Droh- oder Gerichtswort wegen der unhaltbaren Zustände, die in der Analyse deutlich werden. Während die Analyse die Beobachtungen des Propheten wiedergeben, versteht der Verkünder das Droh- oder Gerichtswort als ein Wort Gottes; es wird auch als solches gekennzeichnet, etwa durch die Wendung: „Spruch des Herrn".

> *Am 4,1 Hört dies Wort, ihr Kühe Baschans* auf dem Berg Samarias, die die Geringen unterdrücken, die Armen schinden, und zu ihren Herren sagen: Bring her,*

*daß wir trinken! 2 Geschworen hat der Herr J", bei seiner Heiligkeit: Ja, siehe, Tage kommen über euch, da schleppt man euch an Haken weg und euren Rest an Fischerangeln. 3 Dann zieht ihr durch die Mauerrisse hinaus, eine jede vor sich hin, und ihr werdet hin zum Berg Hermon geworfen, spricht J".*

* „Kühe Baschans" ist Amos' Bezeichnung für die reichen Frauen der Oberschicht in der Hauptstadt des Nordens, in Samaria. Der Baschan bezeichnet das Jordanische Hochland, das offensichtlich besonders fette Weidegründe bieten konnte.

Gerade in der Prophetie spricht man von einer ganzen Reihe von verschiedenen Redeformen, wie etwa Drohspruch, Gerichtsandrohung, Gerichtswort, Wort-Ereignis-Formel (Das Wort des Herrn erging an...) und vielen anderen.

Eine häufiger verwendete Form ist die *Prophetenberufung*. Sie kommt freilich nicht nur bei Propheten vor, sondern auch im Kontext einiger anderer Berufungsereignisse. Diese Form wird i.d.R. eingeführt durch eine Aktion Gottes: Er beruft jemanden und diese Berufung zielt immer schon auf einen bestimmten Auftrag, den der Berufene erledigen soll. Der Berufene erklärt sich als nicht würdig, nicht brauchbar, meldet also auf jeden Fall Bedenken an. Um diese zu zerstreuen, bietet Gott ein Zeichen an oder verspricht eines. Es dient dazu, dem Berufenen den Beistand Gottes zuzusichern und offensichtlich zu machen. Im Anschluss an die Zeichenzusage, die auch eine Hilfszusage Gottes darstellt, erklärt sich der Berufene in der Regel bereit, den Auftrag Gottes auszuführen.

In Kürze sieht die Struktur einer Berufungsgeschichte folgendermaßen aus:

**Berufungsgeschichte**
- Aufruf Gottes – Berufung des/der Auserwählten
- Bedenken des Berufenen
- Hilfszusage Gottes und Ankündigung oder Versprechen eines Zeichens
- Bereitschaft des Berufenen, den Auftrag Gottes auszuführen

Zu dieser Grundform gibt es eine ganze Reihe von Varianten. Vor allem kann es dazu kommen, dass der Berufene trotz des Zeichens seine Mitarbeit versagt. Es folgt dann gewöhnlich eine erneute Zeichenansage. Bisweilen fordert der Berufene auch mehrere Zeichen hintereinander. Gott ist sehr geduldig und gewährt sie ihm normalerweise auch. Für den fünffachen Einwand des Mose gegen seine Berufung am brennenden Dornbusch hat Gott aber letztlich kein Verständnis mehr und befiehlt dem Mose zuletzt, seinen Auftrag auszuführen

Bei genauerem Hinsehen wird deutlich, dass auch die *Verkündigung des Engels Gabriel an Maria* Züge einer Berufung trägt. Der Engel verkündet Maria Gottes Willen, Maria erhebt eine Gegenrede, diese wird durch die Zeichenzusage des Engels entkräftet und Maria willigt ein, den Auftrag Gottes zu erfüllen. Es ist also keine Frechheit der Maria (wie übrigens auch zuvor nicht bei Zacharias, dem Vater von Johannes), der Aussage des Engels nicht sofort, ohne Wenn und Aber, zuzustimmen. Ein Berufener hat durchaus das Recht, ein Zeichen einzufordern. Dadurch wird nicht nur die Nachricht, sondern auch der Bote legitimiert.

Der Abschnitt der Verkündigung an Maria trägt aber auch noch Züge einer anderen Form und zwar Elemente der Verheißung eines Kindes. Auch diese Form findet sich schon mehrfach im AT. Es handelt sich dabei um Fälle, in denen eine als fromm bezeichnete Frau unfruchtbar ist – oder genauer gesagt: kein Kind geboren hat. Im atl. Kontext wird die Schuld für die Unfruchtbarkeit stets der Frau angelastet; man wusste es eben in dieser Zeit noch nicht besser. Diese Frauen sind i.d.R. bereits in einem Alter, in dem Empfängnis und Geburt eines Kindes nicht mehr möglich erscheinen. Das angekündigte und so geborene Kind – und dies wird bereits bei der Ankündigung der Schwangerschaft angesagt – wird etwas Besonderes sein, wie etwa Simson, ein gottgeweihter →*Naziräer,* der Israel gegen die Philister unterstützen wird. Die Frau selbst und/oder ihr Ehemann müssen die *Geburtsankündigung* zunächst nicht einmal glauben. Sara und Abraham beispielsweise machen sich sogar darüber lustig (Gen 17,17; 18,12). Maria freilich nennt einen anderen Grund, weshalb sie nicht schwanger werden kann: Sie hat noch keinen Mann. Dieses Hindernis wie auch das hohe Alter der Eltern, das einer Empfängnis ggf. im Wege steht, spielt in all diesen Fällen keine Rolle und wird durch Gott außer Kraft gesetzt, sodass es schließlich zu Empfängnis und Geburt kommt.

In der Geburtsankündigung Jesu finden sich somit einerseits Elemente einer Verheißung, in der i.d.R. die außergewöhnlichen Fähigkeiten des Kindes bereits angesagt werden, andererseits aber auch Elemente einer Prophetenberufung, in der der Berufene nicht sofort zusagen muss, sondern ein Zeichen verlangen kann oder von Gott auch ohne Nachfrage zugesagt bekommt. Hier sind also beide Formen miteinander kombiniert und dies führt zu der oben schon erwähnten Unstimmigkeit, dass Maria einen mehr oder weniger begründeten Einwand gegen die Ankündigung der Geburt anmeldet.

Spezielle ntl. Formen sind z.B. die *Streitgespräche* zwischen Jesus, seinen Jüngern und – zumeist – den Gegnern. Besonders prägnant sind auch die diversen Wundererzählungen – obwohl im AT durchaus auch Wunder erzählt werden – wie etwa das Rettungswunder im Zuge des Exodus am Meer (s.u.).

Als Exempel eines *Heilungswunders, auch Therapiewunder genannt,* wird häufig die Heilung der Schwiegermutter des Petrus angegeben, die kaum kürzer erzählt werden kann, als dies hier der Fall ist: Der Wundertäter tritt auf, er sieht oder erfährt von der Krankheit eines Menschen. Durch Wort und/oder Manipulation – z.B. Berührung – wird der/die Kranke geheilt, die Heilung wird festgestellt und die Zuschauer brechen in Erstaunen aus angesichts des anscheinend unglaublichen Geschehens. Betrachtet man eine *Dämonenaustreibung,* so verläuft diese durchaus ähnlich. Der Unterschied besteht darin, dass der Dämon erst noch ein kurzes Streitgespräch mit dem Exorzisten führt und sich häufiger auch gegen die Austreibung aus dem Menschen zur Wehr setzt. Das Ausfahren des Dämons geschieht meist sehr spektakulär: Er schüttelt den Besessenen, fährt aus mit großem Getöse und lässt sich ggf. an anderer Stelle nieder, z.B. in der Schweineherde in Gerasa/Jerash, die sich dann in dem ca. 75 Kilometer Luftlinie entfernten See Gennesaret ertränkt. So manches der rennenden Schweine wird bei dieser Entfernung mit Kreislaufkollaps auf der Strecke geblieben sein. D.h.: welches Gerasa das nun war und ob es ein anderes Gerasa gegeben hat, näher am See, ist letztlich völlig gleichgültig für die Erzählung.

Für ein Therapie-/Heilungswunder ergibt sich folgende Gliederung:

**Heilungswunder/Therapiewunder**
- Auftreten des Wundertäters
- Begegnung mit dem Kranken
- Darstellung der Krankheit und Bitte um Heilung
- Wort und/oder Handlung des Wundertäters
- Bestätigung der Heilung durch den Kranken (geht umher; bedient die Gäste etc.)
- „Chorschluss" des Publikums: Erstaunen, Preisung Gottes oder des Wundertäters

Der Leser oder Hörer derartiger Geschichten konnte damit sofort etwas anfangen, denn er kannte die Form und wusste sogleich, worauf die Begebenheit hinausläuft. Dies weiß man aufgrund von strukturell ähnlichen oder gleichen Erzählungen aus der Umwelt der Bibel, z.B. aufgrund von Votivtafeln im griechisch-hellenistischen Therapie- und Wunderzentrum in Epidauros. Votivtafeln und -gaben findet man auch in christlichen (katholischen) Wallfahrtsorten: Das geheilte Körperteil wird in Wachs, Holz, Silber oder auch Stein nachgebildet und Gott (oder häufig auch Maria) dargebracht. Im AT erzählt die Geschichte von der Bundeslade von Votivgaben welche die Philister anfertigen ließen, um der Plagen in ihrem Land Herr zu werden (1Sam 6,4). Der Schwerpunkt der Erzählung begegnet uns jeweils am Schluss: im Lobpreis Gottes oder des durch ihn wirkenden Wundertäters und im Erstaunen über das Außergewöhnliche. Das Geschehen selbst tritt dagegen zwar zurück, ist aber durchaus auch von Interesse, wenngleich weniger als in heutiger Zeit, in der primär die Frage gestellt wird: Hat das Ganze denn überhaupt so stattgefunden? Aber genau diese Frage lässt sich nicht ausreichend beantworten, weil das Verständnis von Krankheit, die Diagnose, die Möglichkeit Gottes helfend zu wirken, heute anders gesehen wird als zur Zeit der Erzählung. Darüber hinaus werden durch die Erzählung, die in einer festen Form vorliegt, individuelle Züge des Geschehens zurückgenommen, ausgeblendet, zugunsten der mehr oder weniger festen Erzählelemente, die zu einem Wunder gehören.

Ein Wunder heute wird demnach völlig anders verstanden und gedeutet als ein Wunder damals. Heute geht es um die Frage, ob dergleichen überhaupt so geschehen kann und häufig auch mit der ausgesprochenen oder unausgesprochenen Grundaussage, inwieweit hier nicht Naturgesetze verletzt werden. Doch die Menschen damals haben sich über die Naturgesetze keine großen Gedanken gemacht, sofern sie solche überhaupt kannten oder ableiteten. Natürlich floss auch damals schon das Wasser eher den Berg hinunter als hinauf und ein Gegenstand fiel auch damals schon zur Erde, wenn man ihn losließ, aber als Einblicke in die Naturgesetze kann man dergleichen kaum bezeichnen. Auf der anderen Seite muss betont werden, dass unsere sogenannten Natur*gesetze* gar nicht so „gesetzt" sind, wie wir gerne behaupten. Wasser steigt nach oben – in kommunizierenden Röhren – der atomare Zerfall einer Strahlenquelle geschieht absolut zufällig und unberechenbar, die Mathematik funktioniert nur deshalb, weil wir bestimmte Prämissen setzen (Warum macht es keinen Sinn →*durch Null* zu teilen oder warum ist ⅓ als Bruch etwas Anderes als die Dezimalzahl 0,33333?) u.a. All das funktioniert nur, solange wir uns in unserem Raum-Zeit-System befinden und uns den gesetzten Regeln unterwerfen. Verlassen wir dieses, z.B. mit annähernder Lichtgeschwindigkeit, so ändert sich „unsere" Zeit, die mit ihrem Raum, unserer Erde, zusammenhängt und letztlich eine vierte Dimension bildet. Ein Wunder wird demnach nicht dadurch zu einem solchen, weil wir uns das Geschehen nicht erklären können oder es entgegen unserer Beobachtungen verläuft, sondern *weil der Mensch das Wirken Gottes an sich und seiner Welt erfährt*. Das zumindest ist das Verständnis aus damaliger Zeit. Dinge, die wir heute noch nicht erklären können, sind uns morgen vielleicht völlig verständlich. Gott steht nicht in den Nischen von Zeit und Geschichte, die wir heute noch nicht sehen. Wunder waren in der Antike zwar nicht gerade an der Tagesordnung, konnten sich aber jederzeit ereignen, denn Gott war immer allgegenwärtig. Wunder sind auch nichts speziell Christliches, denn es gab durchaus auch andere erfolgreiche Wundertäter. Somit beweisen die Wunder z.B. nicht, dass Jesus der Sohn Gottes war!

Natürlich ist es nicht immer einfach, eine Form zu erkennen oder sie zu klassifizieren, aber mit den Fragen: „Was will denn der Autor wirklich damit sagen?" und „Ist mir eine ähnliche Textstruktur nicht schon einmal irgendwo begegnet?" kommt man schon ein gutes Stück weiter.

Letztlich muss ich natürlich auch die Frage beantworten können: Wozu das Ganze? Wozu mache ich mir Gedanken um die Form und weise dann einen Abschnitt einer solchen zu? Wie schon erwähnt, sagt die Form Wesentliches zum Verständnis eines Textes aus. Und ein Zweites: Bestimmte Formen gehören in einen bestimmten Ereigniszusammenhang. Man erzählt in einer Grabrede nicht unbedingt einen Witz und bei einem Rendezvous wird man mit seiner Angebeteten auch nicht unbedingt das Zahn-Röntgenbild von letzter Woche diskutieren – es sei denn, die Liebste ist die Zahnarzthelferin. Aber selbst in diesem Fall sollten ganz schnell auch noch andere Themen angesprochen werden, sonst entschwindet die Braut. Eine Form braucht also auch einen bestimmten äußeren *Kommunikationsrahmen*. Nur dort wird sie richtig verstanden. Wer diesen Rahmen verlässt und eine Form sachfremd an anderem Ort einsetzt, erntet Unverständnis – oder erhöhte Aufmerksamkeit, eben wegen der Verfremdung. Insofern kann von der Form auch bedingt auf den Kommunikationsrahmen rückgeschlossen werden.

## Zusammenfassung

Das Erkennen einer Form trägt wesentlich zu ihrem Verständnis bei: Jeder Text, der von einem Sender zu einem Empfänger geht, ob mündlich oder schriftlich, hat seine bestimmte Form, die Wesentliches zu seinem Verständnis, auch zu der von ihm transportierten Information beiträgt. Sie zu erkennen ist absolut wesentlich! Darüber hinaus lässt eine (Erzähl)Form auf den Kommunikationskontext schließen, der in der Fachsprache *„Sitz im Leben"* genannt wird.

## Was lernen wir daraus?

Es ist sehr wichtig, einen Text richtig zu klassifizieren. Wir tun das zwar jeden Tag vielfach und völlig „automatisch", bei alten Textarten bzw. Formen, die wir heute so nicht mehr gebrauchen (wie z.B. ein Heilungswunder oder eine Gotteserscheinung) besteht jedoch die Gefahr, die Texte falsch zu verstehen.

# 13. Frage: Ist die Formgeschichte, auch Formkritik genannt, die Lösung aller Fragen?

Nein, das ist sie sicher nicht. Wie (fast) immer hat die Sache einen Haken. Das Problem besteht noch nicht einmal primär darin, dass die verschiedenen Formen, deren wichtigste in Frage 12 vorgestellt werden, als solche erkannt und ihr Lebenskontext, ihr „Sitz im Leben“, bestimmt werden müssen. Das ist einerseits bisweilen nicht so einfach, andererseits besteht die Gefahr, die jeweiligen Formen so kleinteilig zu bestimmen, dass praktisch jeder Text eine eigene Form darstellt. Das aber nützt niemandem, denn es geht ja gerade darum, das Typische und Gemeinsame als Formmerkmal zu erkennen.

Ein weitaus größeres Problem stellt der nunmehr fehlende Kontext der Form dar. Erinnern wir uns: Ein Text wird [literarkritisch] abgegrenzt und als eigenständiger Text bewertet. Von diesem ist die Form zu bestimmen und diese dann zu klassifizieren, um damit den (ggfs. nach Abzug redaktioneller Teile auch vorredaktionellen) Aussagegehalt zu gewinnen. Gerade aber das Beschneiden des Kontextes führt dazu, dass die analysierte Form ihren Bezug verliert. Im folgenden Beispiel kommt es „nur“ zu einer Verstärkung der ursprünglichen Aussage durch das für Mk typische „sandwich-agreement“ (Gnilka, Markus II 122).

> *Mk 11,12 Und als sie am folgenden Tag von Betanien weggegangen waren, hungerte ihn. 13 Und er sah von weitem einen Feigenbaum, der Blätter hatte, und er ging hin, ob er wohl etwas an ihm fände, und als er zu ihm kam, fand er nichts als Blätter, denn es war nicht die Zeit der Feigen. 14 Und er begann und sprach zu ihm: Nie mehr in Ewigkeit soll jemand Frucht von dir essen! ...*
>
> *20 Und als sie frühmorgens vorbeigingen, sahen sie den Feigenbaum verdorrt von den Wurzeln an. 21 Und Petrus erinnerte sich und spricht zu ihm: Rabbi, siehe, der Feigenbaum, den du verflucht hast, ist verdorrt.*

Bei diesem Text aus dem Markusevangelium handelt es sich um eine prophetische Zeichenhandlung Jesu. Damit ist gemeint, dass durch das Zeichen am Feigenbaum das zu erwartende Gericht an Israel zum Ausdruck gebracht wird. Historisierende Fragestellungen wie etwa: „Wieso bricht Jesus nüchtern von Betanien auf, wo er die Nacht verbracht hat?“ sind hier völlig fehl am Platze. Jesus erwartet von seinem Volk „Früchte“, die dieses aber nicht erbringt. Deshalb sagt er ihm das Gericht an. Der relativierende Satz „*denn es war nicht die Zeit der Feigen*“, der den Baum gewissermaßen „entschuldigt“, dürfte ein späterer Nachtrag sein.

Markus fügt nun in diese Zeichenhandlung die sogenannte Tempelreinigung ein:

*Mk 11,12 Und als sie am folgenden Tag von Betanien weggegangen waren, hungerte ihn. 13 Und er sah von weitem einen Feigenbaum, der Blätter hatte, und er ging hin, ob er wohl etwas an ihm fände, und als er zu ihm kam, fand er nichts als Blätter, denn es war nicht die Zeit der Feigen. 14 Und er begann und sprach zu ihm: Nie mehr in Ewigkeit soll jemand Frucht von dir essen! Und seine Jünger hörten es.*

***15 Und sie kommen nach Jerusalem. Und er trat in den Tempel und begann die hinauszutreiben, die im Tempel verkauften und kauften; und die Tische der Wechsler und die Sitze der Taubenverkäufer stieß er um. 16 Und er erlaubte nicht, daß jemand ein Gerät durch den Tempel trug. 17 Und er lehrte und sprach zu ihnen: Steht nicht geschrieben: «Mein Haus wird ein Bethaus genannt werden für alle Nationen?» Ihr aber habt es zu einer «Räuberhöhle» gemacht. 18 Und die Hohenpriester und die Schriftgelehrten hörten es und suchten, wie sie ihn umbringen könnten; sie fürchteten ihn nämlich, denn die ganze Volksmenge geriet außer sich über seine Lehre. 19 Und wenn es Abend wurde, gingen sie zur Stadt hinaus.***

*20 Und als sie frühmorgens vorbeigingen, sahen sie den Feigenbaum verdorrt von den Wurzeln an. 21 Und Petrus erinnerte sich und spricht zu ihm: Rabbi, siehe, der Feigenbaum, den du verflucht hast, ist verdorrt. 22 Und Jesus antwortete und spricht zu ihnen: Habt Glauben an Gott! 23 Wahrlich, ich sage euch: Wer zu diesem Berg sagen wird: Hebe dich empor und wirf dich ins Meer! und nicht zweifeln wird in seinem Herzen, sondern glauben, daß geschieht, was er sagt, dem wird es werden.*

Mit der Rahmung der Tempelreinigung durch die Verfluchung des Feigenbaumes spitzt sich der Gesamttext auf Jerusalem und den Tempel zu. Mit dem Verweis darauf, dass der Tempel ein Bethaus sein werde für alle Völker, signalisiert der Text, dass Israel seine Vorrangstellung verloren hat und die „Nationen" am Heil Gottes Anteil haben. Vielleicht bringt er damit zusätzlich auch noch seine Naherwartung zum Ausdruck, d.h. er betont das baldige Einbrechen des Königreiches Gottes, denn die Völkerwallfahrt zum Zion mit der Verehrung J"s durch alle Völker ist ein Ereignis, das laut Jes 2,2; (vgl. auch 25,6 u.a.) am Ende der Tage stattfindet. Jetzt, in der Endzeit, ist Israel seiner Berufung nicht gerecht geworden. Der Tempel erfüllt seine (Heils-) Funktion nicht mehr, ist die Aussage des Mk. Noch kurz eine Erklärung zu der Szene:

*15 Und er trat in den Tempel und begann die hinauszutreiben, die im Tempel verkauften und kauften; und die Tische der Wechsler und die Sitze der Taubenverkäufer stieß er um. 16 Und er erlaubte nicht, daß jemand ein Gerät durch den Tempel trug.*

Die Geldwechsler sind am Tempel erforderlich, weil sie die diversen Währungen mit den Abbildungen von Porträts der Regenten, die die Menschen im römischen Reich verwendeten, in althebräische Münzen (Schekel) tauschten, die alleine am Tempel als Bezahlung oder Opfer angenommen wurden. Das Verbot, etwas durch den Tempel zu tragen, richtet sich gegen jene, die den Weg vom östlichen Ölberg über das Tempelareal in die westlich davon gelegene Stadt als Abkürzung verwendeten.

Natürlich ist auch noch der weitere Kontext des Mk-Ev beachtenswert. Die Jünger wundern sich über das Absterben des Feigenbaumes und damit letztlich darüber, dass die Prophetie Jesu (so rasch) eingetroffen ist. Dies nutzt Mk dazu, einen Passus über den Glauben einzufügen, der Derartiges und noch Größeres für möglich hält.

### Zusammenfassung

Es ist zwar sinnvoll und notwendig, einen Text aus dem Zusammenhang zu lösen, um ihn untersuchen zu können. Er muss aber anschließend wieder in den Kontext zurückgestellt werden, um seine Bedeutung zu erheben.

### Was lernen wir daraus?

Der Kontext ist für die Bestimmung des Sinngehalts/der Intention eines größeren Abschnitts nicht weniger wichtig als für einen einzelnen Sinnabschnitt.

# 14. Frage: Wie kann man Bilder innerhalb eines Textes erkennen?

Diese Frage ist nicht so ganz einfach zu beantworten. Einfach ist es dann, wenn man die Bibel recht gut kennt. Dann fallen bildhafte Aussagen, die ja zumeist nicht nur einmal vorkommen, sehr schnell auf. Ich möchte jetzt keine Liste mit Ausdrücken nennen, die oft bildhaft gemeint sind, sondern einfach ein Beispiel vorstellen.

Ein Text, der sich dazu sehr gut eignet, ist das sogenannte Weinberglied aus dem Propheten Jesaja. Zunächst scheint es sich um einen ganz „normalen" Text zu handeln. Er liegt nicht als Erzählung, also als Prosa vor, sondern wird bereits durch die Textgestaltung als poetischer Text ausgewiesen.

Erzählt wird von einem Mann, der über den Weinberg seines Freundes schreibt. Der Weinberg wird frisch auf einem „fetten" d.h. fruchtbaren Bergsporn angelegt – also eigentlich unter idealen Bedingungen. Der Freund pflanzt die Reben, im Hinblick auf die zu erwartende Ernte schlägt er auch schon die Kelter aus – vermutlich einen Steintrog, um den Saft der Trauben darin zu sammeln. Er errichtet einen Turm im Weinberg, der als Wachturm, als Geräteschuppen und auch als Aufenthaltsraum gedient haben mag – insbesondere für den Fall, dass der Weinberg etwas weiter vom Wohnort des Besitzers entfernt ist. Dann mochte sich gelegentlich der Weg nach Hause nicht gelohnt haben, sodass man im Weinberg übernachtete. Derartige Türme (und Hütten) gibt es bis zum heutigen Tag, auch in unseren Breiten. Sogar eine Mauer zieht er um den Weinberg, um das Eindringen von Tieren (oder auch Dieben?) zu verhindern. Er tut alles an und in seinem Weinberg, um eine gute Ernte einzufahren. Doch als die Zeit der Ernte da ist, findet er statt süßer Trauben nur saure Beeren. Seine vielen Bemühungen haben sich also nicht gelohnt. Der Weinbergbesitzer fühlt sich um den Lohn seiner Arbeit betrogen – und der Leser wird sich mit ihm solidarisieren.

Der erboste Weinbergbesitzer erklärt sein weiteres Vorgehen: Er wird den Weinberg schleifen, die Pflanzen aus- und die Mauer niederreißen und den Weinberg den wilden Tieren überlassen. Noch immer hört sich der Text wie ein „normaler" Text an, auch wenn man sich vielleicht darüber wundert, warum der so sehr gepflegte Weinberg nichts hervorgebracht hat. Die Bedingungen waren doch optimal! Wundern wird man sich auch, warum sich ein solcher Text in einem Prophetenbuch findet. Schöne Geschichte, vielleicht sogar ein gutes Gedicht, aber wozu?

Erst gegen Ende wird die Wahrheit aufgedeckt: Der Besitzer des Weinbergs wird den Wolken verbieten, Regen auf den Weinberg fallen zu lassen. Den Wolken gebieten und das Wetter beeinflussen kann aber nur einer: Gott selbst. Er outet sich hier als der „Freund" des Propheten und als Besitzer des Weinbergs. Dann aber wird auch klar, dass es sich bei dem Weinberg um eine bildhafte Umschreibung handeln muss. Der Weinberg ist ein Bild für Israel, das von Gott gehegt und gepflegt wurde, aber nach Auffassung des Propheten keinen Ertrag brachte.

Hier der Text als Ganzes:

> *Jes 5,1 Singen will ich von meinem Freund, das Lied meines Liebsten von seinem Weinberg:*
> *Einen Weinberg hatte mein Freund auf einem fetten Hügel.*
> *2 Und er grub ihn um und säuberte ihn von Steinen und bepflanzte ihn mit Edelreben. Er baute einen Turm in seine Mitte und hieb auch eine Kelterkufe darin aus.*
> *Dann erwartete er, daß er Trauben bringe.*
> *Doch er brachte schlechte Beeren.*
>
> *3 Und nun, Bewohner von Jerusalem und Männer von Juda,*
> *richtet doch zwischen mir und meinem Weinberg!*
> *4 Was war an meinem Weinberg noch zu tun,*
> *und ich hätte es nicht an ihm getan?*
> *Warum habe ich erwartet, daß er Trauben bringe,*
> *und er brachte schlechte Beeren?*
> *5 Nun, so will ich euch denn mitteilen,*
> *was ich mit meinem Weinberg tun werde:*
> *Seinen Zaun will ich entfernen,*
> *daß er abgeweidet wird,*
> *seine Mauer niederreißen,*
> *daß er zertreten wird.*
> *6 Ich werde ihn zur Wüstenei machen.*
> *Er soll nicht beschnitten und nicht behackt werden,*
> *in Dornen und Disteln soll er aufgehen.*
>
> *Und ich will den Wolken befehlen,*
> *daß sie keinen Regen auf ihn regnen lassen.*
> *7 Denn der Weinberg des HERRN der Heerscharen*
> *ist das Haus Israel,*
> *und die Männer von Juda*
> *sind die Pflanzung seiner Lust.*
> *Und er wartete auf Rechtsspruch,*
> *und siehe da: Rechtsbruch;*
> *auf Gerechtigkeit, und siehe da:*
> *Geschrei über Schlechtigkeit.*

Wer der anfängliche Erzähler ist, bleibt im Dunkeln, doch könnte es sich um den Propheten handeln, der Gott seinen Freund nennt. Weinberg, Trauben, Feigenbaum (vgl. Mk 11 und Lk 13), Tochter (Zion), Sohn Gottes, Sohn, geliebte Frau, aber auch negative Bilder wie zwei schamlose Frauen für das Nord- und Südreich (Ez 23) stehen dabei für das Gottesvolk. Nicht immer wird das Bild schon im Kontext derart entschlüsselt, wie dies hier der Fall ist, aber in der Regel wird erkennbar, welche Bedeutung einem Bild zukommt und wofür es steht.

### Zusammenfassung

In den biblischen Texten findet sich nicht nur sogenannte „eigentliche“ Rede, d.h. die Texte sind nicht immer „wörtlich“ gemeint und als Text per se verständlich. Vielmehr kommen häufig Bilder vor: Es gibt Fabeln und Parabeln, Allegorien und Bildreden. Dabei stehen die verwendeten Bilder bisweilen für etwas ganz anderes: Der Weinberg meint nicht wirklich einen Weinberg, sondern er meint Israel oder Teile davon. Der Herr des Weinbergs, der diesen angelegt hat, ist Gott, der sich mit viel Hingabe und Geduld um „seinen Weinberg Israel“ bemüht. Es gibt eine ganze Reihe von Bildern, die für Israel, für die beiden Teilreiche, für das Volk in seiner Beziehung zu Gott usw. stehen. Die ursprünglichen Adressaten verstanden diese Bilder recht gut und schnell, weil sie immer wieder verwendet wurden. Für uns heute gilt dies nicht immer und deshalb ist es nötig, bildhafte Rede dahingehend zu überprüfen, ob das Gesagte auch wirklich so gemeint ist oder vielleicht für etwas ganz anderes steht. Dabei kann es sein, dass man mit dem Bild einen Aussageüberschuss erzielen kann: Wer denkt bei dem Weinberg nicht an die Erntezeit, an den guten, neuen Wein, den man gemütlich am Abend mit Freunden trinkt?

### Was lernen wir daraus?

Es ist nötig zwischen „eigentlicher“ und bildhafter Rede zu unterscheiden, um den (wirklichen) Gehalt eines Textes zu erfassen. Und: Semitische Sprachen (auch das heutige Arabisch) drücken sich gerne sehr bildhaft aus!

# 15. Frage: Mehr als nur Bilder? – Das „Erbe" der Tradition

Die „Heilige Schrift" der frühen Christen ist natürlich nicht das NT. Das gab es ja noch gar nicht, sondern es entstand erst im Laufe des ersten Jahrhunderts. Die frühen Christen lasen vielmehr das AT. *Das* war ihre Schrift, ihre Bibel, denn zunächst waren es ja ausschließlich Juden, die da an Jesus als (besonderen) Messias des Judentums glaubten. Diese Ausschließlichkeit wurde zwar bereits in den ersten beiden Jahrzehnten nach Ostern durchbrochen, aber zunächst blieb es dabei: „Die Schrift" ist noch bei Mt in den 80er Jahren des ersten Jahrhunderts das AT, und zwar wegen der Verbreitung des Griechischen in dieser Zeit, auch in der jüdischen Diaspora, in griechischer Sprache. Dabei dürfte die griechische Fassung der sogenannten →*Septuaginta* (Abk.: LXX), die angeblich von 70 Übersetzern in 70 Tagen in Ägypten angefertigt wurde, nicht die einzige, aber doch die am häufigsten gebrauchte Übersetzung gewesen sein. Die frühen Christen kannten diese Schrift nicht nur, sondern sie war auch die Basis zur Deutung des „Jesusgeschehen". Es kann kein Zweifel herrschen, dass Jesus seine Botschaft schon im Lichte des AT gesehen hat. Das ist auch ganz einfach nachzuweisen: Wenn er etwa vom Reich Gottes oder der Königsherrschaft Gottes spricht, so braucht er das damit Gemeinte nicht zu erklären – denn das wussten die meisten bereits. Entsprechend sind seine Aussagen über diese Gottesherrschaft fast ausschließlich gleichnishaft: Die Königsherrschaft Gottes gleicht einem großen Gastmahl; sein Kommen und Erstarken gleicht einem Senfkorn, das gesät wird und aufgeht; sein Kommen wird sich in Bälde und plötzlich ereignen; sein Anbruch ist jetzt schon erkennbar, z.B. in Jesu Werken usw. Was diese Königsherrschaft Gottes konkret ist, erklärt Jesus kaum.

Vielleicht sieht sich Jesus aber auch selbst schon im Lichte des AT: Viele Elemente aus seiner Leidensgeschichte weisen deutliche Parallelen zum sogenannten vierten Gottesknechtslied aus Jes 53 auf. Ob dafür erst die christlichen Verfasser verantwortlich sind oder schon Jesus selbst, lässt sich allerdings kaum mehr sagen. Das ist eine Frage wie nach der Ursprünglichkeit von Ei oder Henne: Hat sich die „Jesusgeschichte" so ereignet, dass man nach Ostern atl. Texte als „Belege" heranzog oder hat sich Jesus selbst bereits in Anlehnung an das AT als Gottesknecht verstanden und entsprechend gehandelt?

Ein Beispiel: Nach Ausweis des Neuen Testaments begrub ein reicher Ratsherr namens Josef von Arimathäa den Gekreuzigten in seinem (neuen) Grab, das er für sich hatte herstellen lassen. Zunächst ist an dieser Notiz kaum zu zweifeln. Eine gewisse Skepsis wird sich ergeben, wenn das schon mehrfach genannte vierte Gottesknechtslied als Interpretament mit herangezogen wird, wie ja vielfach geschehen, denn dort findet sich die Aussage:

*Jes 53:9 Bei den Ruchlosen gab man ihm sein Grab, bei den Verbrechern seine Ruhestätte, obwohl er kein Unrecht getan hat und kein trügerisches Wort in seinem Mund war. (Ein)*

Eine andere Übersetzung lautet: *bei den Reichen seine Ruhestätte.*

*Jes 53:9 Und man gab ihm bei Gottlosen sein Grab, aber bei einem Reichen ist er gewesen in seinem Tod, weil er kein Unrecht begangen hat und kein Trug in seinem Mund gewesen ist. (ELB)*

Den Text in Jes 53,9 gibt es schon für das AT in zwei verschiedenen Versionen. Dies spiegeln die Einheitsübersetzung und die Elberfelder Übersetzung wider. Welche die ursprüngliche ist, wissen wir nicht. Die Frage ist dabei freilich: Wurde Josef von Arimathäa in der ntl. Überlieferung wegen Jes 53,9 als reicher Ratsherr bezeichnet, oder wurde Jesus tatsächlich im Grab des reichen Josef begraben und die Erzähler konnten auf Jes 53,9 als Beleg verweisen?

Auch bei Handlungen Jesu wird der Bezug zum Alten Testament sehr deutlich und ist auch als historisch anzunehmen: Wenn Jesus beispielsweise zwölf Jünger auswählt und um sich schart oder als seine Schüler benennt, ist dies kein Zufall. Natürlich hat die Zahl Zwölf etwas mit den Stämmen Israels zu tun. Besonders bei den Propheten ist davon die Rede, dass das Zwölf-Stämme-Volk am Ende der Zeit wieder versammelt würde und die verschollenen Stämme auch aus der Diaspora, der Zerstreuung, heimkehren würden. Gott selbst – oder aber sein Messias – würden dafür sorgen, dass Israel wieder „aufersteht", wieder zusammenfindet. Wenn Jesus nun der Auffassung ist, dass der Anbruch des Reiches Gottes bevorsteht, ist es verständlich, dass er mit seinen Zwölfen die Sammlung der Stämme ebenfalls im Voraus abbildet. Jesus verrät damit nicht nur sein messianisches Bewusstsein, sondern greift gezielt auf atl. Traditionen zurück. Es ist völlig klar, dass die frühen Christen, die ja an Jesus als den Messias glauben, diesen Trend deutlich verstärkt haben.

Ein weiteres Phänomen ist zu beobachten: Die Evangelien und hier besonders Mt und Lk, aber auch Paulus, greifen auf das AT zurück, um ihre Christologie je auf eigene Weise zu verkünden. Mt tut dies gewöhnlich mit Hilfe der Formel:

*Mt 1,22 Dies alles geschah aber, damit erfüllt würde, was von dem Herrn geredet ist durch den Propheten, der spricht....*

oder ähnlich. Lk hingegen verwendet die Formulierung, dass sich alles so ereignen „musste" und verweist damit in gleicher Weise auf die Schrift. Bei Paulus sieht das anders aus. Zum einen bietet er bereits aus der vorpaulinischen Überlieferung die Kurzfassung des Credo in 1Kor 15,3b-5, das auf die Schrift verweist:

*1Kor 15,3 Denn ich habe euch vor allem überliefert, was ich auch empfangen habe: daß Christus für unsere Sünden gestorben ist nach den Schriften; 4 und daß er begraben wurde und daß er auferweckt worden ist am dritten Tag nach den Schriften; 5 und daß er Kephas erschienen ist, dann den Zwölfen.*

Zum anderen greift er immer wieder auf atl. Aussagen zurück und deutet diese im Blick auf Christus wie auch auf die Christen:

> *Gal 3,13 Christus hat uns losgekauft von dem Fluch des Gesetzes, indem er ein Fluch für uns geworden ist – denn es steht geschrieben: «Verflucht ist jeder, der am Holz hängt!» –*

> *Gal 4,22 Denn es steht geschrieben, daß Abraham zwei Söhne hatte, einen von der Magd und einen von der Freien; 23 aber der von der Magd war nach dem Fleisch geboren, der von der Freien jedoch durch die Verheißung. 24 Dies hat einen bildlichen Sinn; denn diese Frauen bedeuten zwei Bündnisse: eines vom Berg Sinai, das in die Sklaverei hinein gebiert, das ist Hagar. 25 Denn Hagar ist der Berg Sinai in Arabien, entspricht aber dem jetzigen Jerusalem, denn es ist mit seinen Kindern in Sklaverei. 26 Das Jerusalem droben aber ist frei, und das ist unsere Mutter. 27 Denn es steht geschrieben: «Freue dich, du Unfruchtbare, die du nicht gebierst! Brich in Jubel aus und rufe laut, die du keine Geburtswehen erleidest! Denn viele sind die Kinder der Einsamen, mehr als die derjenigen, die den Mann hat.» 28 Ihr aber, Brüder, seid wie Isaak Kinder der Verheißung.*

Es werden also Traditionen unterschiedlichster atl. Herkunft aufgegriffen und auf Jesus bzw. die Christen hin interpretiert. Auch hierzu ein Text:

Natürlich hat Jesaja die Geburt des Immanuel (Jes 7) nicht im Blick auf die Geburt Jesu mehr als 700 Jahre später angesagt. Eine solche Prophetie hätte zu seinen Lebzeiten niemand verstanden, auch der König nicht. Zudem: Was sollten seine Zeitgenossen auch damit anfangen? Welche Schlüsse sollten sie daraus ziehen, welche Verhaltensänderungen sollten daraus abgeleitet werden, dass 700 Jahre später ein Messias kommt? Die Zeitgenossen Jesu haben diese Prophetie für ihre ganz konkrete Zeit verstanden; die frühen Christen aber haben die Schrift aktualisiert und auf Jesus hin noch einmal völlig neu ausgedeutet.

Diese Aktualisierung ist eine bleibende Aufgabe, für jede Generation neu.

### Zusammenfassung

Jesus ist Jude. Er kennt die jüdische Tradition und handelt vielfach danach. Auch das von ihm verkündigte Reich Gottes ist eine Botschaft, die fest im AT verankert ist.

Gleichzeitig sind aber auch die frühchristlichen Schriftsteller mit dem AT vertraut. Sie suchen – und finden – atl. Texte, die sie im Blick auf das Jesusgeschehen interpretieren und neu von Ostern her auslegen. Natürlich geht es dabei auch darum, dass sie Jesus und sein Schicksal neu zu interpretieren lernen, neue Sichtweisen bekommen, dass ihnen Zusammenhänge aufgehen, die sie vorher so nicht gesehen haben. Wegen der engen Verwobenheit von Historie einerseits und deren Deutung andererseits ist es zumeist nicht möglich, das eine vom anderen zu trennen.

### Was lernen wir daraus?

Geschichte und Tradition liegen grundsätzlich nur als gedeutete Geschichte vor. Dies gilt nicht nur für die Gestalt Jesu, sondern grundsätzlich. Historie und deren Deutung hängen untrennbar miteinander zusammen. Es kann daher nicht primäre Absicht sein, beides voneinander trennen zu wollen, sondern es geht darum, die je neuen Auslegungen kennenzulernen.

# 16. Frage: Wie kann man sich die Entstehung eines Textes vorstellen?

Einige Aussagen zum Thema wurden oben schon genannt: Mündliche Erzählungen entstehen um eine Person oder um ein Ereignis, werden „in Form gebracht", wobei auch Motive aus älteren Überlieferungen oder auch aus anderen Überlieferungskreisen/Kulturen einfließen können, von denen man hört oder mit denen man sich austauscht. Die Einzelerzählungen werden gesammelt und in größeren Zusammenhängen weitergegeben bis zu jenem Zeitpunkt, in denen sie niedergeschrieben werden. Es wurde schon angemerkt, dass ein solcher Zeitpunkt nicht im normalen Alltag zu suchen sein dürfte, als der Schreiber gerade mal nichts Besseres zu tun hatte. Er dürfte schon sehr markant gewesen sein: Der Einbruch einer besonderen geschichtlichen Konstellation, die Möglichkeit die eigene Tradition verlieren zu können, eine gesellschaftliche Krise oder ggf. auch ein besonders freudiges Ereignis. Mit der Verschriftlichung entsteht ein größerer fortlaufender Textzusammenhang, eine Quelle oder „Urkunde", die weiter tradiert und ggf. mit anderen Textansammlungen, ggf. auch mit anderen Quellen verbunden wird. Zu diesem frühen Zeitpunkt ist ein Text jedoch noch nicht sakrosankt, d.h. es ist nicht so, dass man keine Veränderungen oder Ergänzungen mehr hätte vornehmen dürfen. Ein solcher Text ist mit der Verschriftlichung also noch nicht kanonisiert, d.h. in Umfang und Wortlaut festgeschrieben und unveränderlich. Vielmehr kann ein Text wieder neu ins Bewusstsein gebracht werden, weil ähnliche Situationen vorliegen, wie man sie für die Entstehung vermutet. Der Text wird also unter neuen Bedingungen neu gelesen, interpretiert und für seine je eigene Situation auch neu entdeckt, eine Praxis, die bis zum heutigen Tag von Seiten des Judentums wie auch von Seiten des Christentums gepflegt wird. Die neuen Erfahrungen gehen nicht spurlos am Text vorbei, sondern führen zu redaktionellen Veränderungen, ggf. aber auch zur Hinzufügung neuer Texte oder Einschübe in den alten Text. Beispielsweise ist die David-Goliath-Geschichte in der griechischen Übersetzung des Alten Testaments, der Septuaginta (LXX), deutlich kürzer als im hebräischen Text, und dies nicht etwa wegen einer Kürzung durch die griechischen Übersetzer, sondern aufgrund einer relativ späten Zufügung zum hebräischen Text in nachexilischer Zeit. Dies gilt im Übrigen auch für andere atl. Bücher, die in der LXX deutlich kürzer erscheinen.

Selbstverständlich gibt es auch Sammlungen, die aufgrund inhaltlicher Kriterien zusammengefasst wurden, wie etwa das Buch der 12 sogenannten kleinen Propheten oder die Sammlung der 150 Psalmen.

Auf einer späten Stufe der Überlieferung, d.h. in frühjüdischer Zeit, wurden alle Teile des christlicherseits sogenannten Alten Testaments zusammengefügt und in die heute vorliegende Form gebracht. Die Arbeiten daran dauerten an und der heute existierende und verbindliche „Masoretische Text“, ein Text in aramäischen Schriftzeichen, versehen mit Vokal- und Betonungszeichen sowie mit Anmerkungen am Rande, wurde erst gegen Ende des ersten *nachchristlichen Jahrtausends* fertiggestellt. An diesem Text werden freilich seit seiner Fertigstellung keine Änderungen mehr vorgenommen. Es soll eigens darauf hingewiesen werden, dass es sich bei dem Text auf Torarollen nicht um den MT, den Masoretischen Text handelt. Vielmehr haben die Texte der Tora wie sie im jüdischen Gottesdienst verwendet werden, keine masoretischen Lesezeichen und sind auch nicht in Kapitel und Verse untergliedert.

Etwas anders sieht es mit der Entstehung der neutestamentlichen Texte aus: Ein guter Teil der Briefe, die dem Paulus laut Überschrift zugeschrieben werden, hat Paulus auch geschrieben, freilich nicht alle, die seinen Namen tragen. Diese Briefe sind gleichzeitig auch die ältesten schriftlichen Überlieferungen (Entstehungszeit zwischen ca. 50-60 n. Chr.). Paulus schreibt seine Briefe an verschiedene christliche Gemeinden (Philemonbrief als Privatbrief), die meisten von ihm selbst gegründet. Die Briefe sind inhaltlich sehr heterogen: Es finden sich Briefe, die sehr „theo- bzw. christologisch“ argumentieren. 1Kor und Gal dagegen gehen konkret auf Probleme, Missstände, Irritationen durch „falsche Brüder“, d.h. Irrlehrer, ein. Trotzdem wurden sowohl die „echten“ Paulinen wie auch die Pseudopaulinen – also Briefe, die die paulinische Verfasserschaft behaupten, aber nicht von Paulus verfasst wurden – in eine Reihenfolge gebracht und stehen heute hinter den Evangelien und der Apostelgeschichte, die allesamt betr. der Abfassungszeit jünger sind als Paulus.

Die Evangelien gehören von Form und Inhalt her zu einer anderen Art von Literatur. Es sind eben keine Briefe, sondern eine ganz eigene und neue Literaturgattung.

Ihr Entstehungsprozess dürfte – ähnlich der Entstehung des AT – ursprünglich mit mündlicher Überlieferung begonnen haben. Einzelne Erzählungen von Augenzeugen und Verkündigern über Ereignisse aus der Zeit Jesu wurden zunächst nach Tod und Auferstehung im Rahmen der Verkündigung verwendet. Dabei könnten schon früh bestimmte, formal ähnliche Erzählungen gesammelt worden sein, wie z.B. Wundererzählungen, Streitgespräche, Gleichnisse u.a. Auch die Passion wird vermutlich schon sehr früh in chronologischer Abfolge zusammengestellt. Diese Elemente, angefangen von kleinen Sammlungen bis hin zu Einzelerzählungen oder auch Reden Jesu, wurden sodann, vermutlich von Mk, mittels geographischer und chronologischer Einleitungen in eine Reihenfolge gebracht. Es ist auffallend, dass es viele Sinnabschnitte gibt, die ohne diese Einleitungen existenz- und überlieferungsfähig wären und ggf. zumindest teilweise in einer beliebig anderen Reihenfolge neu zusammengestellt werden könnten, ohne ihrem Inhalt oder ihrer Form irgendwelchen Abbruch zu tun.

Das am meisten verbreitete Modell zur Entstehung der Evangelien geht davon aus, dass Mt und Lk die Sammlung des Mk, d.h. sein Evangelium, gekannt haben, Teile ihrer Schrift aus diesem entnommen und vor allem die Reihenfolge weitestgehend übernommen haben. Darüber hinaus verwenden sie aber auch Überlieferungen, die jeder nur für sich kennt, wie z.B. die sogenannten Kindheitsgeschichten. Schließlich gibt es auch noch Stoff, der weitestgehend nur bei Mt und Lk (ohne Mk) vorliegt. Dieses Material besteht nun freilich nicht aus Erzählungen, sondern in erster Linie aus Reden, die Jesus gehalten hat oder die ihm in den Mund gelegt wurden. Es sind zumeist nur kurze Sentenzen, die auch nur sehr schwach miteinander verknüpft sind, beispielsweise nur durch ein Stichwort, das zwei aufeinanderfolgenden Sprüchen gemeinsam ist. Diese Überlieferung existiert nicht mehr und ist somit hypothetisch, aber das nichtkanonische Thomasevangelium, das in der Kirche Ägyptens erhalten geblieben ist und deshalb als das „koptische" Thomasevangelium bezeichnet wird, zeigt, dass es derartige Spruchsammlungen durchaus gegeben haben kann.

Wenn man nun einen Text des älteren Mk mit den beiden jüngeren Versionen bei Mt und Lk vergleicht, lässt sich feststellen, wie Mt und Lk den Markus verwendet und inwieweit sie ihre Vorlage nachträglich redaktionell bearbeitet haben um z.B. einen anderen theologischen oder christologischen Akzent oder eine etwas andere Weltsicht einzuarbeiten, ggf. auch, um das Milieu, in dem ihre Adressaten leben, besser einzufangen.

Als kleines Beispiel möge erneut ein Vergleich von Mk 1,29-31 und seinen Parallelen dienen:

| *Mt 8,14* | *Mk 1,29 Und sobald sie aus der Synagoge hinausgingen, kamen sie mit Jakobus und* | *Lk 4,38 Er machte sich aber auf von der Synagoge und kam in* |
|---|---|---|
| *Und als Jesus in das Haus des Petrus gekommen war, sah er dessen Schwiegermutter fieberkrank daniederliegen.* | *Johannes in das Haus Simons und Andreas'. 30 Die Schwiegermutter Simons aber lag fieberkrank danieder; und sofort sagen sie ihm von ihr.* | *das Haus Simons. Die Schwiegermutter des Simon aber war von einem starken Fieber befallen, und sie baten ihn für sie.* |
| *15 Und er rührte ihre Hand an, und das Fieber verließ sie; und sie stand auf und diente ihm.* | *31 Und er trat hinzu, ergriff ihre Hand und richtete sie auf; und das Fieber verließ sie, und sie diente ihnen.* | *39 Und er beugte sich über sie, bedrohte das Fieber, und es verließ sie; sie aber stand sogleich auf und diente ihnen.* |

Mt konzentriert das Geschehen auf nur zwei Personen: Jesus und die Kranke. Die begleitenden Jünger des Mk spielen keine Rolle. Der Nachweis der Heilung, der im Dienst der Schwiegermutter an Jesus besteht, betrifft nur diesen allein.

Eine sehr viel stärkere Präsenz der Jünger findet sich bei Mk, die auch Lk übernimmt. Dafür fällt der Heilungsgestus bei Lk ganz anders aus. Es erfolgt keine

Berührung der Kranken, sondern die Heilung wird fast schon im Stile eines Exorzismus beschrieben: Das Fieber hat die Frau befallen, Jesus bedroht den „Fieber-Dämon" der sich angesichts der Bedrohung durch Jesus verabschiedet und die Frau verlässt. Offensichtlich ist Lk auch an der augenblicklichen Wirkung des Heilungserfolges interessiert, denn „sogleich" steht die Frau auf um Jesus (und die anwesenden Jünger) zu bedienen. Die hier auftretenden Mittler, die Jesus um eine Heilung bitten, sind für Lk auch an anderer Stelle nachweisbar, wie z.B. bei der Heilung des Hauptmannknechtes von Kafarnaum, wo es heißt:

> *Lk 7,3 Als er [der Hauptmann] aber von Jesus hörte, sandte er Älteste der Juden zu ihm und bat ihn, daß er komme und seinen Knecht gesund mache. 4 Als diese aber zu Jesus hinkamen, baten sie ihn inständig und sprachen: Er ist würdig, daß du ihm dies gewährst;*

Wenn vom Johannesevangelium bisher noch wenig die Rede war, dann aus gutem Grund: Es ist ungleich schwerer, die dem Evangelisten vorliegenden Traditionen zu bestimmen. Zudem fällt Joh vom Aufbau her, von der Sprache, von der Chronologie, und auch von der Theologie her aus dem Raster des Mk bzw. der ersten drei Evangelien heraus. Hier bedarf es demnach anderer und z.T. auch komplizierterer Wege, um einerseits den Anteil des Redaktors „Johannes" und zum anderen die ihm zugrunde liegende(n) Tradition(en) zu bestimmen.

Eine ganze Reihe der in diesem Band vorgestellten Untersuchungen können freilich auch bei ihm ohne Weiteres abgearbeitet werden. Dabei wird vermutlich als erstes auffallen, dass das Evangelium zwei Abschlüsse bietet:

Am Ende von Joh Kap. 20 findet sich die Notiz:

> *30 Auch viele andere Zeichen hat nun zwar Jesus vor den Jüngern getan, die nicht in diesem Buch geschrieben sind. 31 Diese aber sind geschrieben, damit ihr glaubt, daß Jesus der Christus ist, der Sohn Gottes, und damit ihr durch den Glauben Leben habt in seinem Namen.*

Das Kap. 21 schließt mit einer anderen, aber ebenfalls redaktionellen Bemerkung, die darauf hindeutet, dass es sich bei diesem Kapitel um einen sekundären Nachtrag handelt:

> *24 Das ist der Jünger, der von diesen Dingen zeugt und der dies geschrieben hat; und wir wissen, daß sein Zeugnis wahr ist. 25 Es gibt aber auch viele andere Dinge, die Jesus getan hat; wenn diese alle einzeln niedergeschrieben würden, so würde, scheint mir, selbst die Welt die geschriebenen Bücher nicht fassen.*

Derartige „Brüche" finden sich in diesem Evangelium noch an weiteren Stellen. Es ist nicht in jedem Fall gelungen, diese eindeutig und überzeugend zu klären. Unter dem Aspekt der in diesem Ev verwendeten Erzähl- und Darstellungsformen fällt auf, dass Joh andere Formen verwendet als die anderen drei Evangelisten. So finden sich hier gehäuft Reden Jesu, in denen er sich vorzustellen scheint: Ich bin der gute Hirte, ich bin der Weinstock etc. Es wird deutlich, dass Joh von den drei anderen Evangelien vielfach abweicht, freilich nicht in der Gesamtaussage: Auch Joh geht es darum, Jesus in seiner Besonderheit, in seiner Eigenart, in seiner theologischen und christlogischen Bedeutung u.a. darzustellen, wie dies auch die anderen Evangelien tun. Die Entstehung des Joh scheint jedoch teilweise andere Wege genommen zu haben und auf andere Überlieferungen zurückzugreifen als die drei anderen. Aber auch hier werden am Anfang einzelne Erzählungen gestanden haben, die von Augenzeugen und ihren Gemeinden weitergegeben wurden, dann gesammelt und schließlich verschriftlicht wurden.

### Zusammenfassung

Abgesehen von den Briefen, die mehr oder weniger zu konkreten Fragen, Anlässen und Problemen in den Gemeinden verfasst wurden und dies wahrscheinlich in einem zeitlich recht engen Rahmen, stehen am Anfang der erzählenden Texte des NT mündliche Überlieferungen, d.h. Geschichten, Worte Jesu, Erzählungen u.a., die zunächst auch mündlich tradiert wurden bis sie, wahrscheinlich im Kontext der Ablösung der ersten Generation, verschriftlicht wurden. Dabei wurden sie geordnet und nach gewissen Kriterien, die heute z.T. noch erkennbar sind, in eine Reihenfolge gebracht, die sowohl geographischen wie auch chronologischen Aspekten gehorcht.

### Was lernen wir daraus?

Wir haben im NT keine Mitschriften von den Tätigkeiten oder auch Worten Jesu, sondern Aufzeichnungen von mündlichen Überlieferungen vor uns. Die Briefe des Paulus, soweit sie „echt“ im Sinne von authentisch (tatsächlich von ihm geschrieben) sind, lagen freilich schon von Anfang an in schriftlicher Form vor.

# 17. Frage: Tradition, Redaktion, Interpretation – Was genau ist denn nun ursprünglich passiert? – Oder die meistgestellte Frage: Ist das denn wirklich alles wahr?

Was ist Wahrheit, fragt Pilatus angeblich Jesus im Verhör. Zumindest schreibt dies der Evangelist Johannes in 18,38 so. Natürlich gibt es „objektive" Wahrheiten: Von einem Stuhl mit vier Beinen wird niemand behaupten, er habe nur drei. Bei der Verkostung von Wein schaut es dagegen gleich ganz anders aus. Der eine wird eine Note von schwarzen Johannisbeeren entdecken, der andere dagegen einen Hauch von Brombeeren u.a. und natürlich haben beide Recht mit ihrer Einschätzung. Aber das Verständnis von Wahrheit kann noch viel weiter gefasst werden:

- Die naturwissenschaftliche Wahrheit bei der Definition einer roten Rose liegt darin, dass die Spektralfarbe zwischen 600 und 800 nm (Wellenlänge des Lichtes, bezeichnet in Nanometer) liegt.
- Die merkantile Wahrheit bringt zum Ausdruck, wie viel die Aufzucht einer Rose kostet und welchen Preis der Züchter verlangen muss, um einen Gewinn bei ihrem Verkauf zu erzielen.
- Eine weitere merkantile Wahrheit ist, dass Rosenöl zu den teuersten Ölen der Welt gehört und zeitweise den Preis für Gold übersteigt. Die Inhaltsstoffe lassen sich in chemischen Formeln darstellen, die Herstellung des Öls lässt sich dokumentieren, die vielfältige Verwendung des Öls lässt sich aufzählen, der Geruch beschreiben.
- Die botanische Wahrheit sagt uns, dass Rosengewächse eine eigene Familie darstellen und zu den Kerneudikotyledonen, einer Gruppe von bedecktsamigen Pflanzen gehören. Der Botaniker wird uns auch mitteilen, dass Rosen keine Dornen haben, denn diese sind mit dem Zweig verwachsen, sondern Stacheln, die nur recht lose auf dem Zweig sitzen.

All das bleibt jedoch unberücksichtigt, wenn ein Mann einer Frau rote Rosen schenkt, denn die rote Rose ist ein Bekenntnis: Ich liebe dich – oder doch zumindest: Das Beste ist mir für dich gerade gut genug.

Jede dieser Aussagen ist natürlich „wahr" – niemand wird das bezweifeln. Aber damit wird auch klar, dass Wahrheit nicht eindimensional ist. Bei genauerem Nachdenken wird sogar deutlich, dass die Rose als Geschenk an eine Frau, also ausgerechnet jene „Wahrheit" die man nicht sehen, beschreiben, dokumentieren kann, am Meisten aussagt. Denn die rote Rose enthält eine Botschaft durch ihre Farbe, durch ihren Geruch, durch ihren Wert. Sie ist so wertvoll im übergeordneten und nicht nur materiellen Sinn, weil der Geschenkcharakter der Rose die zuvor getroffenen Teilmerkmale zu großen Teilen einschließt.

Die vielfachen Arten von Wahrheit gelten auch für Ereignisse, die von verschiedenen Menschen ganz unterschiedlich erfahren werden, ohne dass man jemandem vorwerfen müsste, er sage die Unwahrheit. Vielleicht aber gibt es auch dabei – bei aller Heterogenität – so etwas wie eine einigende Mitte.

Genau aus diesem Grunde ist es unsinnig danach zu fragen, ob denn die Bibel „doch recht" habe. Es ist müßig, diverse Ereignisse, die erzählt werden, an historischen Geschehnissen festmachen zu wollen, wie dies z.B. Werner Keller in dem einstigen Klassiker „Die Bibel hat doch recht" versucht. Natürlich werden in der Schrift keine „Märchen" ohne jeglichen realen Hintergrund erzählt. Natürlich hat es um die Zeit der Geburt Jesu eine auffällige Sternenkonstellation gegeben, die dem Stern der Weisen den historischen Hintergrund liefert. Ob diese Konstellation aber um 7 v. Chr. oder 3 n. Chr. stattfand, ist für das Evangelium ebenso bedeutungslos, wie die Frage, ob es sich dabei um einen Schweifstern bzw. Kometen oder um einen besonders hellen Stern handelte, denn die Botschaft des Mt dreht sich nicht um den Stern an sich, sondern um seine Aussage, Signal für einen neuen König zu sein. Es geht um die Geburt des bedeutendsten Menschen schlechthin, die damit angekündigt wird. Es ist auch nicht die Frage, ob es drei Weise waren und woher sie letztlich kamen. Wenn dies bedeutsam wäre, hätte der Evangelist Mt darüber ein Wort verloren. Die Weisen sind Repräsentanten der nichtjüdischen Welt und ihr Auftreten lässt bereits bei der Geburt Jesu die nachösterliche Heidenmission anklingen.

Eine klare Antwort auf die Frage nach der Wahrheit, auch auf die Frage nach der Historizität von Wundern muss hier lauten: Ja und Nein. Es gibt Wunder im AT und NT, die mit an Sicherheit grenzender Wahrscheinlichkeit und soweit man dies heute noch feststellen kann, tatsächlich passiert sind. Es gibt andere, die weniger wahrscheinlich sind bzw. bei denen die Historizität, also das sogenannte tatsächliche Geschehen, nicht mehr zuverlässig feststellbar ist. Gleiches gilt nicht nur für Taten der großen Persönlichkeiten der Hl. Schriften, sondern auch für deren Worte, für ihre Botschaft. Warum ist das so?

1. Wie oben schon festgestellt, ist ein Wunder nicht gleich ein Wunder. Oder anders gesagt: Was wir heute als Wunder bezeichnen, war in biblischer Zeit vielleicht gar keines – und umgekehrt, denn das Wunderverständnis hat sich grundlegend geändert.

   Wenn heute von einem Wunder die Rede ist, z.B. von einer Heilung eines kranken Menschen in Lourdes, dann werden ärztliche Gutachten eingeholt. Diese „beweisen" nicht nur, dass es eine Heilung gegeben hat, sie erklären auch, dass der Kranke nach menschlichem Ermessen tatsächlich schwer krank gewesen ist, möglicherweise sogar todkrank und dass sich die Heilung unter medizinischen Gesichtspunkten nicht erklären lässt. Im Vordergrund steht dabei das Außergewöhnliche oder vereinfacht gesagt: Hier ist etwas entgegen aller uns bekannten Regeln (oder naturwissenschaftlicher Erkenntnisse) geschehen.

In der Antike verstand man unter Wundern Ereignisse, in denen Gottes Wirken erfahrbar wurde. Das konnten außergewöhnliche Ereignisse sein, aber besonders spektakulär und aus allem bisher Bekannten herausragen mussten sie nicht. Ein Beispiel: Die Israeliten stehen nach der Flucht aus Ägypten in der Wüste. Vor ihnen ist das Meer, hinter ihnen steht das Heer der Ägypter. Wie das Meer vor ihnen trocken wurde, ob durch einen Wind, durch einen Rückzug der Wasser infolge eines Tsunamis (das Wasser kommt ja mit Macht zurück und überflutet die Ägypter) oder durch die Spaltung der Wasser durch Mose ist völlig gleichgültig. Wichtig ist nur, dass Israel an dieser Stelle trockenen Fußes durch das Meer ziehen kann, dies als Hilfe Gottes erfährt und gerettet wird. Der ersten Schöpfungserzählung zufolge kann Gott, und nur er, die Wasser bändigen, ihnen ihren Platz zuweisen, sie begrenzen. Die Spaltung des Meeres erinnert an die Wasserschlange Tiamat aus dem Bereich des Zweistromlandes, die angeblich die Welt erschaffen hat. Es war nicht der Gott Marduk, der diese erschlagen und geteilt hat, um daraus Erde und Himmel zu schaffen, sondern J“ verfährt mit den Wassern ganz nach Belieben und entmythologisiert damit die Tiamat-Vorstellung, nimmt ihr den göttlichen Hintergrund. Genau dies ist hier geschehen.

Es soll und kann also überhaupt nicht bestritten werden, dass im Zuge des Exodus auch eine gefährliche Wasserstelle passiert werden musste. Die Botschaft aber lautet: Unser Gott hat uns auch an dieser Stelle geführt und nicht dem Chaos überlassen. Er stand uns siegreich zur Seite und führte sein Volk durch alle Gefahren, und zwar nicht nur durch solche, die von Menschen verursacht wurden, sondern auch jene, die die Natur hervorbrachte, wobei noch zu fragen wäre, welcher Naturbegriff hier überhaupt zugrunde liegt. Spätestens an dieser Stelle, in der Mythologie, ist die Frage nach einer historischen „Wahrheit“ an ihr Ende gekommen. „...Heilige Schrift ist die Bibel nicht aufgrund ihrer herausragenden Bedeutung als historisches Dokument, sondern ihrer grundlegenden Bedeutung als Bezeugung des geschichtlichen Heilshandelns Gottes“ (Söding, Jesus 41)

Im Johannesevangelium ruft Jesus zum Himmel und eine Stimme antwortet:

> *Joh 12:28 Vater, verherrliche deinen Namen! Da kam eine Stimme aus dem Himmel: Ich habe ihn verherrlicht und werde ihn auch wieder verherrlichen.*

Das hören alle. Einige sagen: *Ein Engel hat mit ihm gesprochen.* Die anderen meinen: *Es hat gedonnert.*

Ein Wunder ist eben nicht gleich ein Wunder!

2. Was ist „wirklich“ passiert? Diese Frage sollte sich eigentlich schon erledigt haben. Die „Wirklichkeit“ ist nur als gedeutete Wirklichkeit „zu haben“. Fragt man nach einem Ereignis zehn Leute, wie etwas oder auch was geschehen sei, so werden zehn verschiedene Darstellungen vorgetragen. Wirklichkeit ist nicht mehr oder weniger das, was jeder Mensch wahrnimmt (und ggf. mit seinen Möglichkeiten aussagt). Ein Satz wie: Ich glaube nur, was ich sehe, ist daher

schlichtweg Unfug und auch nicht wahr. Radioaktivität sieht man nicht; trotzdem kann sie tödlich sein. Es müsste eigentlich heißen: Ich glaube, was ich verstehe. Zudem glaubt ohnedies jeder Mensch mehr, als er nur sieht. Er glaubt normalerweise auch an Liebe, hat Gedanken, erfährt Schmerz oder Zuneigung – alles „Dinge“, die er nicht sehen kann.

3. Die hl. Schrift ist nirgends daran interessiert, Ereignisse zu dokumentieren. Sie erzählt vielmehr die Ereignisse als erfahrene. Details fallen dabei durchs Raster. Oben wurde zudem deutlich, dass Überlieferung stets als „geformte“ Überlieferung daherkommt, weil die Formung die Kommunikation ungemein erleichtert und weil eine Form i.d.R. auch verrät, in welchem Kontext sie entstanden ist oder kommuniziert wurde. Bei der Formung geht natürlich die Individualität des Ereignisses verloren. Kein Ereignis gleicht ja einem anderen bis aufs Haar. Zu den überlieferten und damals verwendeten Formen gehören natürlich auch Wundererzählungen unterschiedlichster Art, wie etwa Therapiewunder (Heilungen), Exorzismen, Geschenkwunder (Brotvermehrung; Wasser zu Wein) u.a. Zwei Dinge sind dabei noch zu erwähnen: Es wird im NT nirgends bestritten, dass Jesus Wunder gewirkt hat – auch von seinen Gegnern nicht. Und: Es gab in der Antike viele (andere) Wundertäter, bezeugt durch das AT, das NT, durch antike Schriftsteller usw. Ein sehr bekannter Wundertäter um die Zeit Jesu scheint Apollonius von Tyana gewesen zu sein. Von ihm liegt eine Biographie vor, die ein gewisser Philostratos geschrieben hat. Etliche Aussagen über Apollonius ähneln denen über Christus. Ob es da in der einen oder anderen Richtung Beziehungen gab, ist nach wie vor höchst umstritten. Selbstverständlich kann man nicht sagen: Nur Jesus wirkte Wunder (einige vergleichbare hat der Prophet Elija schon lange vor Jesus gewirkt), alle anderen sagen die Unwahrheit. In Antike und Mittelalter wurde auch Königen und Kaisern zugetraut und zugeschrieben, dass sie Wunder vollbringen konnten. Sie standen durch Salbung und Krönung ja der Gottheit näher!
4. Es wird gerne vergessen, weshalb bestimmte Ereignisse überhaupt erzählt werden: Sie dienen dem Lob Gottes, sind Ausdruck der Dankbarkeit, sie dienen dazu, eine Gemeinschaft zusammenzuführen und zu stabilisieren, sie haben auch ihren Platz in der Verkündigung u.v.m. Im NT haben sie (vom Joh-Ev abgesehen) ausdrücklich nicht die Aufgabe, die Person Jesu als Gottes Sohn oder als außergewöhnlichen Menschen darzustellen. Vielmehr steht gerade bei Jesus sein Handeln in einem untrennbaren Zusammenhang mit seiner Botschaft. Dies muss auf jeden Fall beachtet werden! Die Taten Jesu, ob wunderbar oder nicht, verweisen auf das Kommen der Königsherrschaft Gottes, oder vielmehr: In ihnen wird der Einbruch der Herrschaft Gottes bereits präsent. Denn es ist klar, dass es im Reich Gottes keine Krankheiten mehr geben wird, es wird keine Not und keinen Hunger geben, sondern Überfluss. Jeder, der es schon einmal erlebt hat, dass er am Morgen noch nicht wusste, ob er am Abend etwas zu essen haben wird, kann sehr gut nachvollziehen, dass es im Reiche Gottes (unter anderem) so zugeht, wie bei einem Gastmahl, das in der Antike in der

Regel mehrere Tage andauerte. Man konnte sich mal wieder richtig sattessen und sogar Wein dazu trinken. Das Reich Gottes ist kein Schlaraffenland, aber das Ende von Not jeglicher Art.

Was also ist nun genau passiert? Vielfach wissen wir das nicht mehr oder zumindest nicht genau.

Zumindest für Jesus versuchte die theologische Forschung seit dem vorletzten Jahrhundert biographische Informationen aus den Evangelien zu gewinnen. Nur nebenbei: Außerneutestamentliche Schriften belegen grundsätzlich nur die Existenz Jesu, aber nichts Näheres aus seinem Leben. Diese Untersuchungen, die Frage nach dem „wirklichen" Jesus oder dem „Jesus wie er wirklich war" oder allgemein gesagt: Die Frage nach dem historischen Jesus wurde weitgehend abgebrochen, weil, wie oben gezeigt, der Verkündiger Jesus nicht vom verkündigten nachösterlichen Christus zu trennen ist. Trotzdem gibt es einige Anhaltspunkte zu Jesus, seinen Worte und seinem Wirken. Dies soll an einigen wenigen Beispielen gezeigt werden.

Jesus verkündete das Anbrechen der Königsherrschaft Gottes, die in seinem Handeln jetzt in die Zeit hineinreicht. Gegenstand dieser Botschaft ist der Mensch, der in Jesus Gottes Heilshandeln erlebt, oder dem dies zugesagt wird, und zwar unabhängig davon, ob er „Sünder" oder „Gerechter" ist, sich dafür hält oder von anderen dafür gehalten wird. Dabei erfährt der Kranke jetzt schon „Heil", indem er gesund gemacht wird. Das Anbrechen der Gottesherrschaft bedeutet, dass sich die endzeitliche Zukunft nicht in weiter, mehr oder weniger bestimmbarer Ferne abspielen wird, sondern jetzt, im Wirken Jesu, in die Gegenwart hineinreicht. Mit ihr würde es natürlich auch zu einem Ende aller regierenden etablierten Größen kommen, denn jeder Einzelne steht im Focus Gottes. Wenn von der Königsherrschaft die Rede ist, ist damit impliziert, dass all jene, die aus der Gesellschaft herausgefallen sind, Gottes besonderer Betreuung sicher sein können. Wird doch schon von den irdischen Königen erwartet, dass sie sich in besonderer Weise den Witwen, Waisen und Armen zuwenden, die keine Lobby haben.

Wie kann man das so fest behaupten? Viele Texte in den Evangelien sprechen vom Reich Gottes (der nachösterliche Paulus in den heidnischen Verkündigungsgebieten allerdings nicht!). Diese Botschaft ist somit reichlich belegt. Die nachösterlichen Nachfolger Jesu haben freilich ein Problem: Das Reich Gottes kommt ja nicht, zumindest nicht in der Weise, wie man es erwartet hat. Die Auferweckung Jesu zieht nicht die Auferweckung aller nach sich, sondern bleibt eine Ausnahme. Man kann sich nun vorstellen, dass die frühen Christen diese „unbequem" gewordene Botschaft im Laufe der Zeit, spätestens bis zum Ende des ersten Jahrhunderts, gestrichen hätten und sich darauf beschränkten, nur noch Jesus als den von Gott Auferweckten zu verkündigen. Aber sie tun es nicht! – Weil es eben die Originalbotschaft Jesu ist, die allen Einschränkungen zum Trotz weiter verkündigt wird, auch wenn sie gegenüber dem nunmehr verkündigten Jesus zurücktritt.

Ein anderes Beispiel ist die Frage, ob Jesus gefastet hat oder nicht. In Mk 2,18-20 heißt es:

*18 Und die Jünger des Johannes und die Pharisäer fasteten; und sie kommen und sagen zu ihm: Warum fasten die Jünger des Johannes und die Jünger der Pharisäer, deine Jünger aber fasten nicht? 19 Und Jesus sprach zu ihnen: Können etwa die Hochzeitsgäste fasten, während der Bräutigam bei ihnen ist? Solange sie den Bräutigam bei sich haben, können sie nicht fasten. 20 Es werden aber Tage kommen, da der Bräutigam von ihnen weggenommen sein wird, und dann, an jenem Tag, werden sie fasten.*

Die Botschaft Jesu scheint klar zu sein: So lange das Reich Gottes im Wirken Jesu anbricht, so lange kann nicht gefastet werden, denn es ist ja gerade Inhalt dieser Botschaft, dass alle Not zu Ende ist, auch der Hunger. Solange also Jesus unter den Jüngern ist und seine Botschaft verkündet, wird nicht gefastet. Wenn er wieder weg ist, sieht die Sache anders aus. Dann kann ruhig wieder gefastet werden und die frühe Kirche tut dies ja auch – bis auf den heutigen Tag. Das aber heißt: Das Nichtfasten gilt nach diesem Text nur für eine begrenzte Zeit.

Die Jünger des Johannes und andere fasten ja, wie überhaupt das Judentum bis auf den heutigen Tag Fastenzeiten kennt. Die Christen nach Ostern fangen auch wieder damit an. Das kann dann aber nur heißen, dass in der Zeit Jesu eben tatsächlich nicht gefastet wurde, sonst hätte man diesen Passus sicher erst gar nicht in die Evangelien aufgenommen. Die zweite Hälfte der Aussage, der VV. 19b-20 (*Solange sie den Bräutigam bei sich haben, können sie nicht fasten. Es werden aber Tage kommen, da der Bräutigam von ihnen weggenommen sein wird, und dann, an jenem Tag, werden sie fasten*) werden freilich erst von der nachösterlichen Gemeinde zugefügt worden sein, die damit ihre aktuelle Praxis – das Fasten – rechtfertigt. Ganz nebenbei: Jesus galt nicht als Asket zu seiner Zeit. Er hat eifrig Einladungen zu Gastmählern angenommen, scheinbar unabhängig vom Gastgeber und seinem Ruf. Bei Mt 11,19 vgl. Lk 7,34 heißt es:

*Mt 11,19 Der Sohn des Menschen ist gekommen, der ißt und trinkt, und sie sagen: Siehe, ein Fresser und Weinsäufer, ein Freund der Zöllner und Sünder...*

Die Frage ist natürlich berechtigt, wie es denn dann mit dem 40-tägigen Fasten Jesu in der Wüste steht. Das eine muss das andere nicht ausschließen. Möglicherweise hat Jesu zu Beginn seines öffentlichen Wirkens gefastet, aber offensichtlich später nicht mehr.

Grundsätzlich gilt: Wenn sich Aussagen oder Verhaltensweisen Jesu finden, mit denen die frühen christlichenTradenten nicht so gut zu Recht kamen und die Jesus gleichzeitig von dem unterscheiden, was im Judentum seiner Zeit üblich war, ist es wahrscheinlich, dass man bei Jesus selbst angelangt ist. Freilich: Viel ist auf diese Weise nicht zu finden.

## Zusammenfassung

Was „wahr" ist, kann kaum entschieden werden, und dies aus einer ganzen Reihe von Gründen: Alle Geschichte ist „gedeutete" Geschichte. Die Überlieferung ist „geformte" Überlieferung. Die Aussageabsicht der biblischen Schriftsteller besteht nicht darin, Dokumentationen zu überliefern. Die Sicht von Gott und Welt ist heute eine völlig andere, und damit auch die Sicht vom Wirken Gottes in der Welt. Deshalb kann nur spärlich und an einigen wenigen Stellen zum mutmaßlichen historischen Geschehen vorgedrungen werden. Aber „historisch" bedeutet ja nun auch nicht einfach „wahr", denn es gibt eben unterschiedliche Arten von „Wahrheit", wie das Beispiel mit der Rose zeigt.

## Was lernen wir daraus?

Auch hier gilt es wieder, Fragen zu stellen – nach der Form, der Aussageabsicht, nach dem Verständnis von Gott und Welt. Letzten Endes geht es aber nicht um das, was „wahr" ist, sondern um die Frage: Was wollten die Texte früher einmal sagen – über Gott und Welt – und was sagen sie uns bis heute, oder auch heute wieder neu?

# 18. Frage: Was kann die Archäologie zum Verständnis der Schrift bzw. zu ihrem „Wahrheitsgehalt" beitragen?

Die Archäologie ist keine Methode, um an Texten (ausgenommen gefundenen Inschriften) zu arbeiten. Sie kann aber mitunter einen Beitrag zur Interpretation von (biblischen) Texten leisten. Dabei ist immer zu bedenken, dass auch die Archäologie keine unumstößlichen Beweise liefert, denn auch in dieser Wissenschaft ist vieles Interpretation, bisweilen auch Spekulation.

Vor einigen Jahren haben zwei Archäologen, Finkelstein und Silbermann, die These vorgetragen, Israel sei erst in der mittleren Königszeit ein ernstzunehmendes Kleinkönigreich gewesen, und zwar nicht der davidisch regierte Süden, sondern das angeblich schismatische – so die Diktion der im Süden entstandenen Königsbücher – Nordreich. Dagegen seien sowohl David wie auch Salomo nichts weiter als bessere Bürgermeister in einem unbedeutenden Kaff (möglicherweise aus dem Hebräischen: $K^{e}$far = Dorf) namens Jerusalem gewesen. Von einem davidischen Großreich, wie es die Samuel- und Königsbücher teilweise berichten, könne überhaupt keine Rede sein. Nun stimmt es zwar, dass der König Ahab (871-852) aus der Dynastie der Omriden im Nordreich Israel das bedeutende Kontingent von 2.000 Streitwagen und 10.000 Soldaten in eine antiassyrische Koalition von Kleinstaaten einbrachte. Die darauffolgende Schlacht in Qarqar am Fluss Orontes in der östlichen Türkei im Jahre 853 ging vermutlich wenigstens unentschieden aus, auch wenn der assyrische König Salmanassar III. von einem Sieg spricht. Ahab war angesichts seines Kleinstaates durchaus ein sehr mächtiger König! Diese Ereignisse spielen sich aber zum einen im NR Israel ab, und dies zeitlich deutlich nach David, zum anderen gehen das Herrscherhaus der Omriden nicht aus der Davidsdynastie hervor. Das NR war aufgrund seiner Größe und seines Klimas ohnedies deutlich stärker und wohlhabender als das davidische SR. So ist es nicht auszuschließen, dass man Erfolge und Größe des NR den doch von Gott legitimierten Davididen zuschrieb. Die Vorstellung, Gott stehe auf der Seite der Davidsdynastie erwuchs sicher nicht zuletzt aus der Tatsache, dass das SR den Norden um ca. 130 Jahre überdauert hat.

Zurück zu David: Die beiden genannten Archäologen kommen zu ihrem Urteil, weil das davidische Großreich nicht nachweisbar ist. Hier stellt sich natürlich die Frage, ob man aufgrund von *fehlenden* Befunden auf die *Nichtexistenz* einer Epoche o.ä. schließen kann, zumal für das davidische Reich wesentliche Gebiete wie z.B. die sogenannte Davidsstadt südlich des Tempelberges wie auch der ehemalige Tempelberg selbst nicht umfassend wissenschaftlich untersucht werden können. Einzelne Funde wie die Tel-Dan-Inschrift aus dem Norden Israels, in der sich der

Ausdruck „Haus Davids“ findet, sind anderseits natürlich auch kein Beleg für ein davidisches Großreich. Denn zum einen ist die Lesung des Ausdrucks auf der Inschrift umstritten, zum anderen ist nicht gesagt, dass es sich um *den* biblischen David handelt. Auch hier ist es somit eine Frage der Interpretation, wie die archäologischen Funde bewertet werden sollen.

Zu den bedeutendsten Funden des letzten Jahrhunderts in Israel/Palästina zählen sicherlich die sogenannten Qumranschriften. Kurz zur Geschichte:

Im Jahre 1947 – zu dieser Zeit gehörte das Gebiet am Toten Meer noch zu Jordanien – entdeckte angeblich ein Hirtenjunge bei der Suche nach einem entlaufenen Tier die erste Höhle mit Schriftfunden. Ob sich das so ereignet hat, ist natürlich ungewiss; es ist in jedem Falle eine schöne Findungslegende. Die erste Schriftrolle, eine über sieben Meter lange Rolle mit dem Propheten Jesaja, gelangte auf verwinkelten Pfaden in den Besitz des Syrischen Bischofs in Ostjerusalem. Prof. Sukenik von der hebräischen Universität kaufte dem Bischof für umgerechnet ca. 500.000 Euro diese Rolle zusammen mit drei weiteren ab. Sie befinden sich heute im *Shrine of Books* auf dem Areal des Israelmuseums in Jerusalem. Die Jesajarolle im Zentrum des Museums ist allerdings nur als Kopie, als Faksimile, zu sehen.

In der Folgezeit fanden mehrere Grabungen im Gebiet um Qumran statt. Da das Gebiet damals noch zu Jordanien gehörte, waren Grabungen durch israelische Forscher zunächst nicht möglich. Die Untersuchungen wurden daher von den in Ostjerusalem ansässigen französischen Dominikanern der École Biblique unter der Leitung von Pater Roland de Vaux ab 1951 durchgeführt. Es fanden sich nicht nur zahlreiche andere Höhlen mit vielen weiteren Schriften im mehr oder weniger großen Radius um Qumran, sondern ebendort ein größeres Areal mit Gebäuden und sogar ein Friedhof mit ca. 1.000 Gräbern, nach bisherigem Kenntnisstand – es wurden nur einige davon geöffnet – zum großen Teil mit männlichen Skeletten belegt. Die Anzahl der Schriftfragmente beläuft sich auf ca.15.000, aber nur die wenigsten sind so gut erhalten wie die in einem Tonkrug aufbewahrte Jesajarolle. Als Schriftträger fand sich Leder, aber auch Papyrus.

Die Tatsache, dass der Ausgrabungsleiter selbst ein Mönch war, hatte tiefgreifende Folgen für die Interpretation der Funde. Da sich bei dem antiken Historiker Plinius der Hinweis findet, dass eine Gruppe von Essenern in der Jordansenke gelebt habe, wurde das Areal bald als essenische Siedlung ausgewiesen. Bei Plinius und Josephus werden die Essener als eine Gruppe charakterisiert, die sich von den anderen Juden separierte und größtmöglichen Wert auf kultische Reinheit legte. Diese Angaben trugen sicherlich wesentlich zur Identifikation der Anlage als Essenersiedlung bei, fanden sich doch im Ausgrabungsareal eine ganze Reihe von Wasserbecken, die als Miquen, d.h. jüdische Ritualbäder, identifiziert wurden. Und so wurde die Siedlung als eine klosterähnliche Anlage ausgewiesen, die von Männern geführt wurde. Die sogenannte Sektenregel, die von einer Gruppe spricht, ohne jedoch die Essener zu erwähnen, galt als Ordensregel der Gemeinschaft, zumal man darin auch Hinweise auf ein sukzessives, stufenähnliches

Aufnahmeritual verweisen konnte, einem klösterlichen Noviziat nicht unähnlich. Die ebenfalls entdeckten Frauengräber wurden so erklärt, dass es einen inneren Zirkel von zölibatären Mitgliedern gab und einen erweiterten von verheirateten Mitgliedern – die schriftlichen Zeugnisse widersprechen sich etwas in der Frage nach dem Personenstand der Essener. Alle weiteren Einrichtungen wurden dann im Lichte dieser „Ergebnisse" gedeutet. Die Ausgräber gingen davon aus, dass – ähnlich einem mittelalterlichen Skriptorium – auch dort die heiligen Schriften kopiert worden seien. Man fand einen Tisch, auf dem geschrieben worden sei in einem Raum, den man als „Skriptorium" auswies, selbstverständlich fand man auch Tintenfässer, und so stand dieser Theorie nichts mehr im Wege.

Diese Thesen kritisch zu reflektieren fiel schwer, denn R. de Vaux hatte zwar ein persönliches Tagebuch über die Arbeiten und Funde geschrieben, es erfolgte jedoch nie ein wissenschaftlich verfasster Grabungsbericht, auch nach Beendigung der Arbeiten nicht. Heute werden die ursprünglichen Theorien zumeist sehr differenziert bewertet. Es können hier nicht alle Argumente *gegen* die Essenerthese aufgeführt werden, aber einige seine doch genannt ohne Anspruch auf Vollständigkeit:

- Am Tisch im Skriptorium wurde mit hoher Wahrscheinlichkeit kaum etwas geschrieben, denn der Tisch ist zu niedrig: Im Altertum wurde im Stehen geschrieben. Die erwähnten Tintenfässer, die gefunden wurden, fand man nicht im „Skriptorium", sondern in einem anderen Raum.
- Überlegungen zum Klima in der Jordansenke um die Zeitenwende lassen den Schluss zu, dass in der Umgebung der Anlage Ackerbau betrieben werden konnte. Die Madaba-Karte zeigt Schiffsverkehr auf dem sogenannten Toten Meer, sodass es in der Gegend kaum so beschaulich und ruhig zugegangen sein wird, wie sich dies die Essener in ihrer angeblichen Weltabgeschiedenheit gewünscht hätten.
- Ein Gebäude mit dicken Mauern in der Anlage, das möglicherweise als Wehrturm gedient hat, zerstreut die Mär von den friedliebenden Essenern; auch Pfeilspitzen wurden in der Anlage gefunden und schließlich auch Münzen, die bei einer weltfremden Gruppe auch nicht unbedingt zu erwarten wären.
- Schließlich aber sprechen die um Qumran herum verteilten Höhlenverstecke keineswegs nur *für* die Essenerhypothese, denn die Höhlen befinden sich z.T. in größerer Entfernung der Anlage, z.T. von mehreren Kilometern.

Ein Fund wurde noch nicht erwähnt: Es ist die sogenannte Kupferrolle, eine Rolle aus dünnem Kupferblech, in die man die Buchstaben mit einem Griffel eingedrückt hatte. Warum man sich diese Mühe machte und nicht einfach auf das übliche und durchaus sehr haltbare Leder schrieb, ergibt sich aus dem Inhalt der Schrift. Es handelt sich um ein Register von Wertgegenständen, die versteckt worden waren. Dabei geht es möglicherweise um Schätze, die am Tempel aufbewahrt wurden, denn ein Tempel war in der Antike vielfach nicht nur Kultort, sondern auch Bank, d.h. man vertraute seine Schätze der Heiligkeit des Tempels an und glaubte sie dort gut aufgehoben. Zudem wurde zumindest der Tempel von Jerusalem auch von einer Wachmannschaft geschützt. Die Rolle wurde nun allerdings nicht *in* einer Höhle gefunden, sondern *vor dem Eingang* einer solchen, natürlich auch dort unter Steinen verborgen. Dies lässt den Schluss zu, dass derjenige, der um diese Höhle wusste, die Rolle mehr oder weniger im letzten Augenblick dort versteckt hat. Der Höhleneingang war vermutlich schon verschlossen und es blieb nicht die Zeit, diesen noch einmal zu öffnen und erneut zu verschließen. Es geht dabei also in keiner Weise um wertvolle religiöse Schriften, sondern um ganz andere Werte.

Wie aber sollen nun die angeblich abgeschieden lebenden Essener an eine solche Liste gekommen sein? Es ist doch wesentlich wahrscheinlicher, dass jemand aus dem Umkreis des Tempels die Rolle dort versteckte. Mit dem Tempel und seiner Priesterschaft standen die Essener aber auf Kriegsfuß, vielleicht weil am Tempel seit den Makkabäern (Mitte des 2. Jahrhunderts vor Christus) kein legitimer Hohepriester mehr im Amt war. Legitim waren nur jene, die die entsprechende Genealogie, den richtigen Stammbaum, aufweisen konnten. Wenn nun diese Schatzrolle aus dem Tempel stammt, warum dann nicht auch die Schriften? Vielleicht handelt es sich bei all diesen Schriften um das Tempelarchiv oder die Tempelbibliothek, zumal die allermeisten Schriften religiöser Natur zu sein scheinen. Etliche Schriften könnten unter dieser Prämisse zwar dann nicht mehr zugeordnet werden – Wer oder was ist die Gemeinschaft (jachad), die in der sogenannten Sektenrolle angesprochen ist? – aber eines wäre dann doch sicher: Anlage und Schriftfunde hätten nichts mit Essenern zu tun, womit das Profil, das über diese Gruppe aus den Schriften und den Örtlichkeiten gewonnen wurde, hinfällig wäre. Wir wüssten nach wie vor kaum etwas über die Essener, ausgenommen jenen Informationen, die man auch früher schon aus Plinius und Josephus besaß. Wie erwähnt gibt es zwischen den beiden Darstellungen Widersprüche, sodass das Profil der Gruppe nach wie vor unscharf ist (vgl. Alfred Adam: Antike Berichte über die Essener. Ein Befürworter der Essenerhypothese ist neuerdings M. Tiwald, Frühjudentum).

Es darf weiter gerätselt werden, wozu die Gebäude dienten und wozu v.a. die verschiedenen Wasserbecken genutzt wurden. H. Stegemann schlug vor, es sei dort Leder in einem neuen Verfahren unter Zuhilfenahme von Mineralien aus dem Toten Meer hergestellt worden. Andere sind der Auffassung, es habe dort eine größere Töpferei gegeben. Die Salzglasur war zu dieser Zeit indes noch nicht entdeckt. Auch ein Umschlagplatz für Handelswaren käme als Zweck infrage.

Es wird jedenfalls gerade am Beispiel Qumran deutlich, dass das erkenntnisleitende Interesse der Ausgräber nachhaltigen Eingang in die Interpretation archäologischer Ergebnisse gefunden hat – oder einfach ausgedrückt: Man fand genau das, was man nur zu gerne finden wollte, nämlich einen Orden mit zölibatär lebenden Mönchen. Und so wissen wir auch bis zum heutigen Tag u.a. ebenfalls nicht, ob Heinrich Schliemann tatsächlich Troja ausgegraben hat – das Ortseingangsschild war jedenfalls noch nicht unter den Fundstücken. Nur so viel ist klar: Der von Schliemann gefundene Goldschmuck wurde nie von dem sagenhaften König Priamos (oder seiner Frau) getragen, denn er stammt aus einer wesentlich früheren Zeit, etwa der Mitte des 3. Jahrtausends vor Christus und damit aus einer Zeit, die schätzungsweise 1.000 Jahre vor Priamos zu verorten ist.

An diesen Beispielen wird deutlich, wie sehr archäologische Ergebnisse von ihrer Interpretation abhängig sind – und dies gilt auch für Inschriften, die doch scheinbar als objektive Zeugnisse „schwarz auf weiß" daherkommen. Ein Stein mit einer Inschrift kann beispielsweise zum zweiten oder dritten Mal in einem anderen Gebäude vermauert worden sein. Man spricht dabei von →*„Spolien"*. Was also kann die Archäologie beitragen?

Wird ein Areal, meist ein nichtnatürlicher Hügel (Tell), in dem antikes Material vermutet wird, erkundet, so beginnt man mit einer Oberflächenbegehung. Natürlich ist über alles längst Gras gewachsen, aber am Fuße des Hügels finden sich i.d.R. Gegenstände, die aus dem Tell stammen. Regen, Wind und Wetter haben diese herausgewaschen und an den Fuß des Hügels transportiert. Ein erster Umgang fördert daher bereits Material aus den verschiedenen Schichten zu Tage, die in dem Tell zu finden sind. Einen solchen Kulturhügel muss man sich im Inneren vorstellen wie ein Baumkuchen oder eine Prinzregententorte. Schicht liegt über Schicht, auf jede ältere Schicht folgt eine neue und auf jede Zerstörung folgt ein Wiederaufbau, besonders an geographisch interessanten Plätzen, die gute Voraussetzungen für eine Besiedelung boten. Solche Voraussetzungen sind neben einem ursprünglich natürlichen Hügel eine Quelle am Fuße des Hügels oder in dessen unmittelbarer Nähe. Optimal ist es auch, wenn ein solcher Ort an einem Weg/Pass liegt oder in einer Gegend, in der man sich die Erstellung eines Weges gut vorstellen konnte. Der Hügel als solcher sollte ein geräumiges Plateau haben mit möglichst steilen Abhängen. Idealerweise liegt ein solches Plateau auch noch in einer fruchtbaren Umgegend oder in einer Ebene, deren Erträge ausreichen konnten, um die zu gründende Stadt zu ernähren. Wenn dann auch noch das Umland gut zu überblicken ist, ein anrückender Feind also schon frühzeitig ausgemacht werden kann, dann kommen hier alle Vorzüge zusammen. Auf dem Plateau wird also die Ortschaft erbaut.

Trotz aller Befestigungsmaßnahmen kommt es irgendwann dazu, dass ein Feind die Stadt erobert, die Wertgegenstände plündert, die Menschen ermordet oder in die Sklaverei verkauft und schließlich die Gebäude niederbrennt. Nach einer mehr oder weniger langen Zeit nach diesem Ereignis besiedelt eine neue Bevölkerung das Plateau und baut auf den Resten der alten Ortschaft eine neue auf. Es kann durchaus sein, dass die alten Fundamente wiederverwendet und alte, erhaltene Steine neu verbaut werden. Doch auch diese Stadt teilt eines Tages das Schicksal ihrer Vorgängerin usw. So ergeben sich die Schichten. Eine schwarze Schicht deutet darauf hin, dass hier irgendwann einmal ein Feuer wütete, sei es ein Stadtbrand infolge von Unachtsamkeit, sei es ein Brand durch Feindeinwirkung. Ein solcher Brand stellt meistens eine eigene Schicht dar, d.h. ein Stadtbrand hat eine Siedlungsepoche beendet; darüber erhebt sich eine neue Siedlung. Irgendwann einmal wird der Hügel als Bauplatz aufgegeben, z.B. nach einer besonders umfassenden Zerstörung, in deren Kontext auch die Bevölkerung derart

**Abb. 18:** Schichtengrabung in Augsburg 2006, Inneres Pfaffengässchen

dezimiert wurde, dass nicht genügend Menschen für einen Neuaufbau zur Verfügung standen. Das muss kein Kriegsfall gewesen sein. Etliche Städte der Region fielen auch katastrophalen Erdbeben zum Opfer. Sehr viel später ist sicher auch das Aufkommen von Fernwaffen („Artillerie“ jeder Art) ein Grund, einen Siedlungsort aufzugeben: Eine Stadtmauer auf einem Hügel bot keinen Schutz mehr, sondern, im Gegenteil, die Stadt auf dem Berg wurde ein herausragendes Ziel.

In jeder dieser Schichten findet sich in der Regel Material, das überdauert hat. Man schneidet daher einen solchen Hügel wie eine Torte an und „liest“ dann an den Schichten das Alter der Stadt ab, ihre kulturelle Verortung – welche Gesellschaften lebten da – der Stand der Entwicklung u.a. Ein relativ zuverlässiger Datierungshelfer ist dabei die aufgefundene Keramik: Ist sie einfach, kunstvoll, farbig, bemalt, verziert, von Hand geformt oder auf der Scheibe gedreht, welcher Typ von Keramik liegt vor etc.? Aufgrund der Funde können schon viele Fragen beantwortet werden. Götterfiguren, Kultplätze, Hausgötter etc. können auch über die Religion etwas aussagen; ebenso können Friedhöfe, vor allem mit Grabbeigaben, Auskünfte geben – z.B. darüber, dass in dieser Kultur eine postmortale Existenz erwartet wurde. Inzwischen lassen sich auch Gegenstände aus Metall genauer zuordnen, ggf. der Herkunftsort des Rohmetalls bestimmen, da Metalle und ihre natürlichen Beimischungen wie ein Fingerabdruck Hinweise auf die Minen geben, in denen sie gewonnen wurden, somit ggf. auch auf Handelswege. Im günstigsten Fall finden sich Texte, wie z.B. das königliche Schriftenarchiv in Amarna, in Zentralägypten am mittleren Nil gelegen. Die Amarna-Korrespondenz besteht im Wesentlichen aus der diplomatischen Post von Pharao Echnaton (um 1350 v. Chr.), die er u.a. mit Stadtstaaten in Palästina geführt hat. Die dortigen Städte, die unter ägyptischer Vorherrschaft standen, beklagen sich, weil ihnen der Pharao keine Hilfe schickt angesichts der Bedrängnisse durch Völkerschaften des Umfeldes. Man weiß, dass sich der Pharao stärker mit Religion beschäftigte als mit Außenpolitik. Es wird ferner deutlich, dass sich im Palästina dieser Zeit noch keine Staaten befanden, sondern „nur" Stadtstaaten und frei umherziehende Clans. Da die Stadt Amarna von Echnaton neu gegründet wurde und nach ihm nicht weiter besiedelt war, lassen sich die dortigen Funde zweifelsfrei datieren. Das ist natürlich ein sehr großer Vorteil bei der Bewertung der Funde. Gleichwohl ist darauf hinzuweisen, dass die Texte natürlich so weit möglich im Kontext ihrer Entstehungszeit gelesen werden müssen – und: Es handelt sich um diplomatische Korrespondenzen. Das bedeutet, die Person des Pharao wird in höchsten Tönen gepriesen und gewürdigt. Es finden sich die für die damaligen Verhältnisse entsprechenden Anreden und Titel, die nichts oder wenig über die realen Verhältnisse und die reale Gestalt des Pharao aussagen. „Glanz des →*Aton*" oder „geliebt von Aton" oder auch „Groß an Königtum" lässt sich nicht einfach in eigentliche Sprache umsetzen. Groß an Königtum klingt sehr bedeutend, doch es gab viele weitaus bedeutendere Könige als ihn. Und als „geliebter des Gottes XY" bezeichnet sich jeder Pharao. Vergleichbare Königsnamen für den gerechten endzeitlichen König finden sich auch beim Propheten Jes (vgl. *Jes 9,5 Denn ein Kind ist uns geboren, ein Sohn uns gegeben, und die Herrschaft ruht auf seiner Schulter; und man nennt seinen Namen: Wunderbarer Ratgeber, starker Gott, Vater der Ewigkeit, Fürst des Friedens*).

Ein anderer wichtiger archäologischer Fund aus der Region stellt die sogenannte Mescha-Stele (ca. 840 v. Chr.) dar, die sich heute im Louvre in Paris befindet – in leider schlechter Kopie auch in ihrem Herkunftsland Jordanien und dort im kleinen archäologischen Museum von Amman. Sie berichtet davon, dass der Schutzgott der Moabiter östlich des Jordans nicht ausreichend versorgt wurde und daher seinem Volk keine Hilfe angedeihen ließ. Dadurch hatte Moab, ein Nachbarvolk Israels, unter der Herrschaft Omris, des Königs von Israel, und dessen Sohn zu leiden. Mit dem neuen König Mescha wurden diese Missstände jedoch behoben und seitdem stellt der Gott Kemosch auch wieder eine Hilfe dar, sodass die Moabiter die Oberhand gewinnen und nun ihrerseits Israel bedrängen. Die Moabiter können einige Grenzstädte Israels erobern und ihrem Reich einverleiben. An der Bevölkerung vollzieht der König angeblich den →*Bann*, wie wir dies auch aus Israel kennen (bes. im Buch Josua). Wenn es aber dann weiter heißt, er habe die gefangenen Israeliten zur Fronarbeit herangezogen, kann es mit dem Bann nicht allzu weit her gewesen sein. Ähnliches kann man im AT über die Vollstreckung – oder besser – Nichtvollstreckung des Bannes durch Israel lesen. Dies wird z.B. in den Vorgaben zum Umgang mit kriegsgefangenen Frauen deutlich (Num 31,9;

**Abb. 19:** Genageltes Fersenbein des Gekreuzigten von Jerusalem – Giv'at Hamivtar

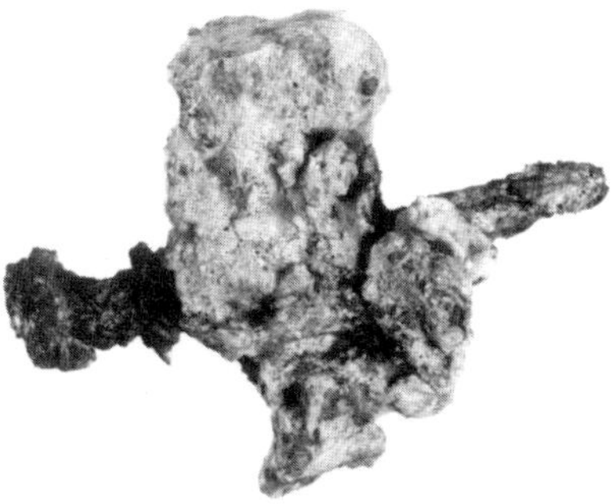

Dtn 21,10-13). D.h., die Aussage, man habe den Bann vollzogen, gehört eher zur theologischen Propaganda und soll belegen, dass und wie man den Landesgott ehrt.

Gerade aufgrund der Meschastele (aber auch anderer Schriften und überlieferten Sitten und Gebräuche) stellt sich die nachfolgend diskutierte Frage, inwieweit Erzählungen aus der hl. Schrift etwas Besonderes sind und inwieweit sie auch tatsächlich „wahr" sind.

Die Leistungen der Archäologie im Bereich des NT seien an zwei Beispielen illustriert, die Söding (Jesus 41) anführt:

„Durch Grabungen, die 1863-1876; 1888-1900 und nach 1965 durchgeführt worden sind, ist die lange Zeit unsichere Ortsangabe ‚Bethesda' in Joh 5,2 verifiziert worden; damit ist noch nicht die Historizität der Wundergeschichte von der Heilung des Gelähmten bewiesen, aber einen Hinweis auf johanneische Ortskenntnis in Jerusalem gegeben." Diese wurde und wird in der Exegese auch aufgrund anderer Angaben ohnedies angenommen: „Der grausige Fund eines bestatteten Gekreuzigten in Giv'at ha-Mivtar (im Nordosten Jerusalems) bestätigt noch nicht die Tatsache des leeren Grabes Jesu (Mk 16,1-8 parr; Joh 20,1-12), widerlegt aber jene, die alle neutestamentlichen Grabeserzählungen für Legenden gehalten haben, weil ein Gekreuzigter nie und nimmer begraben, sondern nur verscharrt worden sei." Gefunden hat man an diesem Ort einige Gräber bzw. Ossuarien (Steinkisten mit Knochenresten). In einem Ossuarium befand sich u.a. ein Fuß eines Jehohanan Ben Hagkol, in den von der Seite ein Nagel in Sprungbein oder Fersenbei eingeschlagen war; er stammt eindeutig von einem Gekreuzigten. Die anderen Ossuarien scheinen die Reste honorabler Menschen zu enthalten (z.B. von einem Simon, Baumeister des Tempels), d.h. der Gekreuzigte erhielt sein Grab nicht bei Kriminellen.

## Zusammenfassung

Die Archäologie kann durchaus etwas zur Erhellung der Vergangenheit und damit auch zur Interpretation von alten Texten beitragen – wie die Texte auch helfen können, archäologische Ergebnisse zu interpretieren. Es darf aber nicht übersehen werden, dass auch die Archäologie nicht ohne Interpretationen auskommt. Der Ausgräber hat natürlich auch schon vor dem Beginn seiner Arbeit eine Meinung und ein Ziel, sonst würde er nicht gerade an dieser Stelle forschen. Bisweilen wird der Fehler gemacht, besonders im Bereich der Bibel, dass Archäologie einzig dazu herangezogen wird, um schriftliche Zeugnisse zu bestätigen.

Manchmal entsteht auch der Eindruck, dass Funde, die man nicht recht zuordnen kann, (allzu) schnell auf der Seite der Religion und des Kultes verbucht werden. Diesbezügliche „Erkenntnisse“ mögen spektakulär und phantasievoll sein; ob sie mit der Historie etwas zu tun haben, steht dann jedoch meist auf einem anderen Blatt.

### Was lernen wir daraus?

Archäologie ist keine Hilfswissenschaft für die Bibel (oder für andere schriftliche Zeugnisse) und umgekehrt. Beide Wissenschaften sind je für sich und möglichst ohne Überschneidungen abzuarbeiten, ehe man die Ergebnisse miteinander in Beziehung setzt. Und: Auch in der Archäologie geht es nicht ohne Interpretation. *Die* reine und objektive Wissenschaft *gibt es nicht.*

# 19. Frage: Kommt das nicht auch bei anderen Völkern und in anderen Religionen vor? – Oder: Wie einmalig ist die Religion Israels oder des Christentums?

Viele Dinge in der Geschichte der Menschheit wurden unabhängig voneinander an völlig verschiedenen Orten und zu verschiedenen Zeiten mehrfach „erfunden" oder entdeckt. Als der Mönch Berthold Schwarz bei seinem Versuch, Gold herzustellen, im 14. Jh. das Schwarz- oder Schießpulver entdeckt, war dieses bereits seit dem 12. Jh. in China in Gebrauch, bereits im 13. Jh. auch militärisch. Möglicherweise gab es sogar im europäischen Bereich schon Vorkenntnisse. Auch arabische „Rezepte" sollen nachweisbar sein. Das ändert jedoch nichts daran, dass die Entdeckung in China und im Westen offensichtlich unabhängig voneinander vonstattenging. Ob das Pulver nach seinem legendarischen Entdecker benannt wurde oder weil es infolge von Holzkohle als einem seiner Bestandteile schwarz ist, sei dahingestellt.

Damit sei gesagt, dass man vorsichtig sein sollte, wenn man ein Phänomen mehrfach beobachten kann. Nicht immer muss es eine Verbindung zwischen den verschiedenen Kulturen gegeben haben, in denen das gleiche Phänomen auftaucht: Die Türme von Babylon (Zikkurrat: 5. Jt. v. Chr.), die Pyramiden von Ägypten (3. Jt. v. Chr.) und die Pyramiden der Mayas in Mittelamerika (ca. 8./9. Jh. n. Chr.) dienten verschiedenen Zwecken, stammen aus unterschiedlichen Zeiten und haben nichts miteinander zu tun. Falls zwischen gleichen oder ähnlichen Phänomenen wirklich eine Beziehung vorliegt, stellt sich immer noch die Frage, wer da von wem beeinflusst ist. Darüber hinaus muss geprüft werden, ob das scheinbare gemeinsame Phänomen auch wirklich in gleicher Weise verstanden oder genutzt wurde.

Wenn man von den atl. Zehn Geboten liest, die auf Steintafeln geschrieben worden sind, sollte man berücksichtigen, dass es auch im Umfeld des AT derartige (steinerne) Gesetzestafeln gegeben hat, die auch inhaltliche Parallelen aufweisen. Ein solcher mit Gesetzen beschriebener Stein ist z.B. der sogenannte Codex Hammurapi (auch Hammurabi), der vom gleichnamigen Babylonischen König (Regierungszeit ca. 1792-1750 v. Chr.) erstellt wurde. Welchem Zweck diese Gesetzesliste diente, ist freilich bis zum heutigen Tag umstritten. Ist sie z.B. als öffentlicher „Aushang" der Gesetze zu sehen oder als Propaganda für einen „gerechten König"? Inhaltlich finden sich die dort aufgeschriebenen Gebote auch noch auf anderen Schriftträgern aus unterschiedlichen Zeiten. Aber selbst dieser

Codex Hammurapi hatte bereits mindestens einen Vorgänger, der 300 Jahre früher entstand. Der Codex enthält wesentlich mehr als die Zehn Gebote des AT, aber diese Zehn Gebote sind ja auch keineswegs die einzige Gesetzessammlung des AT, wie z.B. das sogenannte Bundesbuch Ex 21,1-23,33 u.a. belegt. Auch das Buch Dtn besteht in seinem Kern von Dtn 12-26 aus Gesetzessammlungen. Die bloße Existenz solcher Sammlungen ist also nichts Besonderes. Und trotzdem gibt es eine ganze Reihe von Unterschieden zwischen dem Codex Hammurapi und dem AT wie z.B. der Aspekt des Bundes zwischen der Gottheit und einem Volk, wie überhaupt der Monotheismus, der sich allerdings relativ spät in der späten Königszeit etablierte. Auch die Betonung des Landbesitzes, die Rückbindung des Landes an eine Verheißung Gottes, die Begründung der Volkwerdung mit dem Exodus als Gottes Heilstat, kurz der Gedanke der Heilsgeschichte als Fundament der Gottverwiesenheit dieses Volkes findet sich nur im AT. Es bietet mithin nicht einfach nur „auch" eine Gesetzessammlung, sondern diese besitzt eine ganz eigene Prägung, die sich so nirgendwo sonst beobachten lässt. Ähnliches kann man auch bei anderen Texten beobachten, wie etwa der Sintflut, die ebenfalls in anderen Religionen und deren Schriften vorkommt.

Der eben erwähnte Monotheismus ist auch in Israel nicht vom Himmel gefallen. Es finden sich – wenn auch versteckt – Spuren eines früheren Polytheismus, etwa wenn es in der Schöpfungserzählung heißt: Lasst uns den Menschen machen, oder wenn in Gen 6 von den Göttersöhnen die Rede ist, die Gefallen an den Menschentöchtern finden. Auch das Buch Ijob spricht in seinem Prolog von der Götterversammlung.

Ebenso finden sich dunkle Gestalten im AT, die vermutlich ehemals als Dämonen oder schadenbringende Götter verstanden wurden: Erst sekundär wird der Gegner des Jakob, der am Übergang über den Fluss Jabbok mit ihm ringt und ihm dabei auf die Hüfte schlägt, mit Gott identifiziert, der dem Jakob dann auch den Zweitnamen Gottesstreiter – Isra-El – einbringt. Vermutlich kommt es erst im Kontext des Exils zur Durchsetzung des Monotheismus.

In Bezug auf das NT finden sich ebenfalls Parallelen in zeitgenössischer Literatur. So existierte im ersten Jahrhundert der oben schon genannte Apollonius, dem etliche Wunder zugeschrieben werden, die auch von Jesus berichtet werden. Im NT selbst steht, dass die Anhänger der Pharisäer als Exorzisten erfolgreich waren (Mt 12, 24-27). Und selbst die wunderbare Geburt Jesu, seine Verfolgung und seine Rettung durch die Flucht werden über andere „große Männer" ebenfalls erzählt. Über Buddha heißt es, dass seine Mutter im Traum von einem weißen Elefanten auf der rechten Seite empfing und Buddha aus der rechten Seite nach zehnmonatiger Schwangerschaft geboren wurde. Alexander der Große sei angeblich durch einen Blitz gezeugt worden. Schließlich wurde die immer jungfräuliche Schutz- und Stadtgöttin von Athen, Athene, aus dem Kopf ihres Vaters Zeus geboren. Dazu muss der Kopf durch eine Axt gespalten werden, um Athene in voller Rüstung das Licht der Welt erblicken zu lassen. Ein Gott verschmerzt natürlich einen gespaltenen Kopf. Athene will sich eine neue Rüstung anfertigen lassen und geht deshalb zum Schmied Hephaistos. Die beiden kommen sich näher und Hephaistos hinterlässt sein Sperma auf dem Bein der Athene. Sie wischt es mit einem Wollknäuel ab und wirft dieses zu Boden. Die Muttergöttin der Erde, Gaia, wird davon schwanger und bringt den Erichthonios zur Welt, den Athene als ihren Sohn adoptiert. Erichthonios wird später durch das Zusammenwirken von Zeus und Poseidon, dem zeitweiligen Rivalen von Athene, getötet. Sie selbst bleibt Jungfrau.

In der griechischen Mythologie (und nicht nur dort) existieren Vorstellungen und auch Bilder, deren Motive wir auch aus dem Christentum kennen. Das ist nicht weiter erstaunlich, denn der Hellenismus, vermischt mit der römischen Mythologie, stellt das Umfeld dar, in dem das Christentum entsteht und sich ausbreitet.

Nun kann man ja schwerlich behaupten, alle derartigen paganen („heidnischen") Überlieferungen entsprächen nicht der Wahrheit, die Erzählungen über Jesus dagegen schon. Es geht auch überhaupt nicht darum, welche Überlieferung nun die älteste ist und wer da von wem ggf. abgeschrieben hat. Gerade im Neuen Testament steht in der Verkündigungserzählung nicht die wunderbare Empfängnis der Mutter im Zentrum, sondern die herausragende Bedeutung des Kindes, das schon von der Zeugung an menschliche Maßstäbe und menschliche Möglichkeiten übersteigt. Ein im Erwachsenenalter herausragender Mensch muss nach damaliger Weltsicht schon von der Zeugung an oder sogar davor außergewöhnlich gewesen sein, ein Gott sowieso. Das gehört sich so in der antiken Welt. Selbstverständlich gilt auch hier, dass die Zeugung und Geburt Jesu Besonderheiten gegenüber den anderen „großen Männern" aufweist, auf die es zu achten gilt. Die außergewöhnliche Zeugung und Geburt *an sich* ist aber ist nichts Neues und bei Jesus von Nazareth genauso „wahr" wie bei anderen.

### Zusammenfassung

Religionsgeschichtliche Parallelen, wie man inhaltlich vergleichbare Texte aus anderen Kulturkreisen und Religionen nennt, sind genauso wahr oder unwahr wie die biblischen Texte. Zumindest kann nicht argumentiert werden: Nur die biblischen Aussagen sind wahr, weil die Schrift Wort Gottes ist. Das behaupten ggf. auch andere Kulturen von *ihren* Überlieferungen. Es geht nicht um „Wahrheit" und auch nicht um das Maß an Übereinstimmungen. Vielmehr sind die z.T. nur kleinen Veränderungen, die jeder dieser Texte aufweist, das eigentlich Interessante, denn dadurch werden diese zu etwas ganz Besonderem. So wird man viele Aussagen des NT oder AT nur dort und nur in dieser Ausführung finden. Es gab viele Göttersöhne in der Antike, viele auch mit außergewöhnlicher Schwangerschaft oder Geburt. Die ungeschlechtlich Zeugung durch den Geist eines monotheistisch verehrten Gottes, wie über Jesus berichtet wird, mit einer Frau, von der man kaum etwas weiß, ist zunächst erst einmal bemerkenswert.

### Was lernen wir daraus?

Vergleichbare Phänomene in anderen Religionen tragen nichts zum Wahrheitsgehalt oder zur Glaubwürdigkeit biblischer Überlieferungen bei. Sie nötigen einerseits zur Genauigkeit bei der Analyse biblischer Texte und relativieren die Frage, ob Derartiges wirklich genau so in der Geschichte passieren konnte. Die Aussage, die damit getroffen wird, ist wichtiger als die Frage nach der Historizität.

# 20. Frage: Ist die Bibel eigentlich ein zeitlos gültiges Buch?

Ein gutgekleideter Mann steigt in ein Taxi. Der Taxifahrer lässt das Radio laufen – er hat scheinbar eine Vorliebe für laute Popmusik. Der Fahrgast, ein Muslim, bittet den Fahrer, er möge doch bitte diese Art von Musik abstellen. Allah oder Mohamed habe etwas dagegen, denn davon stehe nichts im Koran. Es sei deshalb unstatthaft diese Musik zu hören. Der Taxifahrer fährt an die Seite und hält an. Der Fahrgast ist erstaunt und fragt, ob denn das Ziel schon erreicht sei. Der Fahrer antwortet: „Nein, aber steigen Sie bitte aus. Von Taxis steht auch nichts im Koran. Warten sie doch bitte auf das nächste Kamel, das noch frei ist und vorbeikommt."

Den gleichen Witz kann man über einen orthodoxen Juden erzählen und vor noch nicht einmal einem Jahrhundert hätte man ihn auch über einen Christen machen können. Vermutlich gibt es sogar heute noch Christen, die darüber gar nicht lachen können. Dabei macht die kleine Geschichte doch nur deutlich, dass die alltägliche Lebensführung eben nicht wortwörtlich aus der Bibel abgeleitet werden kann. Das Gleichnis vom Sämann etwa, der die Saat auf seinem Acker ausstreut, wobei einiges auf Felsen fällt, etliches unter die Dornen, wieder anderes auf den Weg oder von den Vögeln aufgefressen wird, ist in heutiger Zeit völlig absurd. Der Bauer fährt mit der Sämaschine über das gutpräparierte Feld und diese bringt die Körner gleich unter die Erde. Für die Vögel ist da kaum mehr etwas zu holen, auf den Weg fällt kein Korn, die Felsen sind aus dem Acker geräumt und die Dornen ausgerissen. Auch deshalb ist die Erfolgsrate, die Erntemenge, in der heutigen Zeit um ein Wesentliches höher als damals. Niemand käme aber auf die Idee, dem Bauern zu verbieten, Traktor oder Sämaschine zu verwenden, weil keine dieser Gerätschaften in der Schrift auftaucht. Und wenn der Herr bei der Schöpfung den Vögeln den Himmel als Lebensraum zugeteilt hat, ergibt sich daraus keineswegs, dass wir keine Flugzeuge benutzen dürfen, frei nach der Aussage: Hätte Gott gewollt, dass wir Menschen fliegen, dann hätte er uns Flügel wachsen lassen. Schwimmen geht dann im Übrigen genauso wenig. Umgekehrt hätte ein Verkündiger, der seinen Zuhörern erzählte, dass der Mensch in ca. 2.000 Jahren mit ehernen („eisernen") Geräten durch die Luft fliegen wird wie ein Vogel, ungläubiges Kopfschütteln ausgelöst, und dies dürfte dabei noch die harmloseste Reaktion gewesen sein.

Langer Rede kurzer Sinn: Die hl. Schriften, AT wie auch NT, sind in ihrer konkreten Aussage, in der Sprache, in ihrer Vorstellungswelt, Kinder ihrer Zeit, denn anders wären sie für damalige Hörer und Leser auch gar nicht verständlich gewesen. Die Zeitbedingtheit ist also auf jeden Fall kritisch zu hinterfragen, die dahinter sichtbare Botschaft gleichzeitig in heutiger Sprache und mit heutigen Vorstellungen neu zu erzählen und für die Gegenwart verständlich zu machen. Auch hierzu konkrete Beispiele:

Beim Exodus flieht Israel vor der ägyptischen Streitmacht durch das Meer. Als die Ägypter ihnen folgen wollen, flutet das Meer zurück und begräbt mit seinen Wassermassen die Ägypter. Israel sieht die Ägypter tot am Strand liegen. Die Reaktion der Israeliten wie auch ihrer Führung ist folgende: Mirjam, die Prophetin, Schwester des Mose, stimmt ein Siegeslied an – zu Ehren des Gottes Israels, der die Ägypter ins Meer geschüttelt hat. Es herrscht demgemäß große (Schaden-) Freude über den Tod der Feinde, und nicht sehr viel anders verhält es sich nach den zumeist blutigen Eroberungen von Städten im verheißenen Land, die angeblich unter Führung des Josua erfolgreich vorgetragen werden. Israel freut sich, bringt die verbliebenen Gegner um, tötet Mensch und Vieh und äschert die Städte ein. *Sie verbrannten die Stadt im/mit Feuer,* heißt es kurz und lapidar, *und alles was in ihr war.* Jedem Pazifisten stehen heutzutage die Haare zu Berge angesichts derartiger Grausamkeiten und als Christ wird man sich vielleicht auch noch die Frage stellen: DAS soll der Gott, der Vater Jesu Christi verursacht haben, da uns doch in Jesus Christus etwas ganz anderes erzählt wird, von Feindesliebe, von der anderen Wange, die man hinhalten soll etc.?

Selbstverständlich sind derartige Aussagen der damaligen Zeit und Vorstellungswelt geschuldet. Ein Volk versuchte das Nachbarvolk derart zu dezimieren, dass von ihm auf mittlere Sicht keine Gefahr mehr ausging. Wer sich auf diese „Regeln" nicht einließ, dem drohte die Gefahr, selbst dezimiert zu werden und in den Status vollkommener Abhängigkeit zu geraten, mit allen Folgen: Hohe Tribute, Verkauf der Angehörigen in die Sklaverei, Frondienst an den Steinsägen und in den Minen und was man sich sonst noch so alles einfallen ließ, um das besiegte Nachbarvolk kleinzuhalten. Es ging nur um die Frage: Bin ich stärker als der Nachbar oder nicht? Ein Sieg ist immer auch ein Sieg des verehrten Gottes, der an diesem Sieg mehr oder weniger tatkräftig beteiligt war. Es ging in diesen Kriegen wie auch beim Exodus um nicht mehr oder weniger als um die Existenz des Volkes Israel. In einer solchen Situation ist kein Platz für Verständnis, Mitleid oder gar die Frage, ob man das nicht gütlich durch Verhandlungen hätte regeln können. Die Forderungen Jesu bedeuten da nicht mehr oder weniger als die Durchbrechung dieses Kreislaufs von stetigem Sieg oder Niederlage, von fressen und gefressen werden. Sie sind unerhört und funktionieren im Großen und Ganzen bis in unsere Zeit hinein noch immer nicht. Warum also sollte man den Menschen damals oder den Autoren irgendwelche Vorwürfe machen? Der Gott Jesu Christi ist dennoch nicht der Gott des Krieges, des Kampfes, der Rache. Denn auch im AT finden sich bereits nicht wenige Passagen, in denen dieser Gott sich auch um andere Völker sorgt, ja sogar das angedrohte Unheil zurücknimmt – vgl. das Buch Jona. Den atl. Gott zu einem Gott der Gewalt zu stilisieren ist eine völlig unzulässige Verengung des Gottesbildes auf nur einen einzigen Aspekt. Das ist die eine Seite.

Die andere Seite ist, dass das NT nicht nur das Bild eines „lieben Gottes" zeigt. Diese Akzentuierung hat sich zwar als Gegenreaktion auf den strafenden und alles beobachtenden Gott, den die Kirche noch in den 50er und 60er Jahren verkündete, durchgesetzt, aber sie ist genauso einseitig wie die oben beschriebene Sicht des atl. Gottes. Die Offenbarung des Johannes (und nicht nur dieses Buch) spricht von Strafe, Tod, Kampf und Vernichtung, die nicht nur den Satan und seine Mächte treffen, sondern auch deren „Anhänger" – oder besser gesagt – alle, die nicht zu den Geretteten gehören werden. Und das sind keineswegs nur einige Wenige. Schon der Evangelist Mt geht davon aus, dass die Zugehörigkeit zur Gemeinde keine Heilsgarantie darstellt. Im Gleichnis vom Gastmahl (Mt 22) holen die Diener des Königs die Menschen von den Straßen herein und der Festsaal füllt sich, heißt es da. Doch als der Gastgeber durch die Reihen geht, sieht er einen Menschen ohne Festtagsgewand, wie es sich eigentlich für das Gastmahl gehören würde. Wie denn auch – wenn er doch einer jener Leute gewesen ist, die man von den Hecken und Zäunen hereingeholt hat. Trotzdem wird er wegen seiner unangemessenen Bekleidung aus der Festgemeinschaft ausgeschlossen und hinausgeworfen. Eigentlich müsste sich hier lauter Protest gegen diese Ungerechtigkeit erheben, aber Mt hat einfach nur zwei ihm wichtige Aspekte zusammengebracht: Einerseits die neue Heilsgemeinde, in die auch die Zaungäste, die Nichtjuden, aufgenommen werden, und zum anderen der ihm wichtige, oben schon genannte Gedanke, dass Zugehörigkeit zur Gemeinde keinen Heilsautomatismus bedeutet: Das Unkraut unter dem Weizen (Mt 13) – so ein anderer Text mit diesem Gedanken – wird erst bei der Ernte vom Weizen getrennt (13,30). Das Bild des Gottes, der sich vor allem und zuerst den Sündern zuwendet, und dies ohne Vorbedingungen – ein solches Gottesbild zeichnet vor allem Lukas, und er dürfte damit der Verkündigung Jesu nahestehen – wird von der Realität eingeholt. Schon bei Paulus lesen wir von unchristlichem Verhalten innerhalb der Gemeinden, v.a. in 1Kor: Christen tragen Streitigkeiten vor weltlichen und damit heidnischen Gerichten aus, andere gehen ins Bordell, zumindest einer scheint Paulus schwer beleidigt zu haben, vielleicht kam es sogar zu Handgreiflichkeiten u.a. Andere Briefe des Paulus, bes. Gal, berichten von schweren theologischen Erschütterungen in den ersten Jahrzehnten der christlichen Welt. Das ist nicht die friedliche Gemeinde, die uns Lukas zu Anfang seiner Apostelgeschichte zeichnet. Da geht es vielmehr hart zur Sache, z.B. um die Frage nach der Relevanz des jüdischen Gesetzes in Alternative zum Heil durch den Glauben an Jesus Christus und die Taufe. Da haben wir nicht das Bild des weichgespülten Gottes, dessen wir uns zurzeit bedienen und das die Frage der Theodizee, d.h. die Frage nach dem Leid in der Welt angesichts der Barmherzigkeit Gottes, nur umso dringender nach einer Antwort rufen lässt.

Als letztes Beispiel muss auf eschatologische, d.h. endzeitliche Texte verwiesen werden. Sowohl im AT wie auch im NT ist in solchen Texten gewöhnlich davon die Rede, dass am Ende der Zeit die Sterne vom Himmel fallen werden, Sonne und Mond folgen oder geben ihren Schein nicht mehr. In der Offenbarung des Johannes heißt es sogar, der Himmel würde zusammengerollt werden. Heute wissen wir um die Unendlichkeit des Alls und wir wissen, dass die Sterne keines-

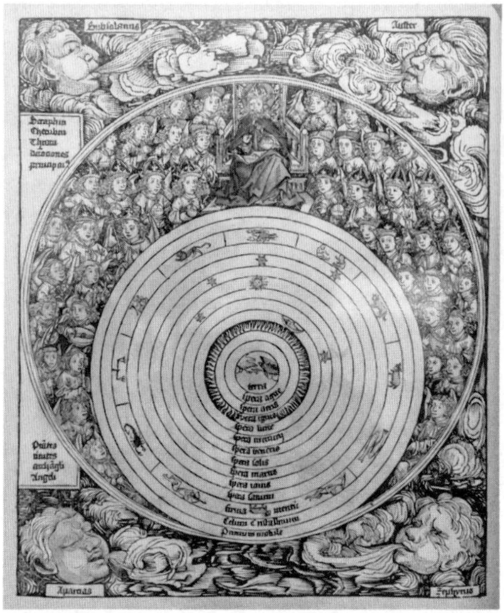

**Abb. 20:** Das geozentrische Weltbild mit einer Hierarchie der Cherubin und Seraphinen in einer Darstellung aus der Schedelschen Weltchronik, 1493

wegs auf die Erde fallen können. So viel Platz gibt es hier gar nicht! Zudem haben wir längst Abschied genommen vom geozentrischen Weltbild, in dem sich die Erde in der Mitte des Alls befindet und sich alles andere nur um unsere Erde dreht. Es wird nur Zeit, dass wir uns von diesen Bildern lösen und die biblischen Aussagen vor dem Hintergrund unseres heutigen Weltbildes erklären.

Die Schrift ist also nicht zeitlos. Wäre sie das, so wäre sie heute völlig irrelevant, denn jede Generation und jeder Mensch hat seine ganz eigenen Anliegen, mit denen er sich in der Schrift wiederfinden muss. Und jede Gesellschaft hat ihre ganz eigene Weltanschauung, zu der sie Hilfen in der Schrift sucht. Ob die Menschen heute weniger Bedürfnis nach Religion haben als noch vor 50 Jahren, kann hier nicht beantwortet werden. Aber offensichtlich gelingt es vielfach nicht, den Menschen Antworten zu geben, mit denen sie etwas anfangen können. Vielleicht haben die Exegeten dabei etwas verpasst und geben nicht die richtigen Antworten (oder sehen die Fragen nicht), vielleicht wird Dogmatik zu fundamentalistisch betrieben. Vielleicht wird aber auch Exegese zu sehr im elfenbeinernen Turm der Wissenschaft betrieben.

### Zusammenfassung

Die Schrift bedarf der Auslegung und dazu gehört es auch, neu zu formulieren, den Kern der Botschaft auf heute zu übertragen und neu fruchtbar zu machen. Um das zu schaffen, bedarf es einer gewissen Kenntnis der damaligen Verhältnisse. Denn auf diese hin wurde die Schrift ja gesprochen und geschrieben.

### Was lernen wir daraus?

Die meisten Abschnitte der Bibel sind nicht nur für unsere Zeit auslegungsfähig, sondern machen eine Interpretation sogar erforderlich. Freilich ist klar, dass dabei die Veränderung von Weltbild, Gottesbild, von Kultur und Gesellschaft berücksichtigt werden muss.

# 21. Frage: Wieviel Geschichte muss man kennen, um die Texte zu verstehen?

Es wurde schon erörtert, dass die Archäologie Informationen zur Rekonstruktion der Geschichte beitragen kann. Mitunter können auch Schriften aus der Umwelt der Bibel weitere Kenntnisse beisteuern. Man weiß z.B., wann die Philister sich in Palästina niederließen, welche Großmächte zu welcher Zeit im Zweistromland oder in Ägypten herrschten, wann die Griechen und wann die Römer auftraten und welche Herrscher z.Z. Jesu aus dem Haus des Herodes regierten. Man weiß um theologische Vorstellungen aus diesen Gebieten zu den verschiedenen Zeiten, die dann auch ein Licht auf die Vorstellungen Israels oder der frühen Christen werfen. Die wichtigsten Daten zu kennen, ist schon deshalb erforderlich, weil sich das Wirken Gottes im AT in der ganz konkreten Geschichte Israels abspielt: Gott wirkt für sein Volk in der realen Geschichte, die damit zur Heils- oder ggf. auch zur Unheilsgeschichte wird.

Die Anfänge der biblischen Geschichte liegen im Dunkeln. Niemand war dabei und so sind die Schöpfungserzählungen *„nur"* Geschichten darüber, wie man sich das Ganze vorgestellt hat. Bei näherem Hinsehen verbindet die Schöpfungsgeschichte allerdings das Werden der Schöpfung bereits mit handfesten theologischen (und apologetischen) Interessen: Es ist der *eine* Gott, der alles gemacht hat; die Schöpfung ist *von Anfang an eine „gute Schöpfung"*: Gott stellt fest, dass sein Werk gelungen ist! Sonne, Mond und Sterne sind keine Götter, wie teilweise in der Umwelt Israels geglaubt wurde, sondern sie sind *Lampen*, dazu gemacht, Tag und Nacht zu beleuchten und beide voneinander zu scheiden. Das Schöpfungswerk Gottes umfasst *sechs* Tage. Am siebten Tage ruht Gott. Daraus ergibt sich die Forderung für den Menschen, am siebten Tage ebenfalls zu *ruhen* und nicht schöpferisch tätig zu sein. Der letzte Schöpfungsakt bringt den Menschen in seiner Gottesebenbildlichkeit hervor und markiert damit die *Stellung des Menschen* innerhalb von Schöpfung und Welt. Ein wichtiger Gedanke aus dieser Erzählung ist schließlich auch noch der vom *Urfrieden*: Am Anfang waren alle Lebewesen reine Vegetarier und somit gab es keine Gewalt, weder zwischen Mensch und Tier noch zwischen den Tieren selbst. Abgesehen von diesen hier aufgeführten theologischen Implikationen gibt es noch eine ganze Reihe weiterer, die einige Kenntnisse der Umwelt voraussetzen, hier aber nicht alle genannt werden können. Es ist eben Erzählung, die zwar bisweilen sehr logische Gedankengänge enthält, wie z.B. die Notwendigkeit, zuerst Pflanzen entstehen zu lassen, damit den Lebewesen später Nahrung zur Verfügung steht, aber dennoch „nur" Erzählung.

Ähnlich geht es mit der Urgeschichte weiter, die vermehrt in der Form der *Ätiologie* vorgetragen wird, d.h. man begründet einen Zustand, den man bei Mensch und Natur beobachtet, aus der längst vergangenen Geschichte. Auch die Tatsache, dass ein Mensch sich gegen seinen Bruder erhebt und diesen tötet (Gen 4), resultiert aus dem Handeln des Menschen. Hier sind es Neid und Missgunst, das sich Auflehnen gegen Gottes souveränes Handeln – Gott bevorzugt den Abel ohne ersichtlichen Grund –, das den Tod in die Welt bringt.

Aber selbst mit den Vätern treten wir noch nicht in eine datierbare Zeit ein. Die Aussagen über sie sind einerseits ganz allgemein und nahezu zeitlos gültig, andererseits widersprüchlich. Wenn es z.B. heißt, Abraham sei dem Philisterfürsten Abimelech begegnet, so kommt man frühestens auf die Zeit des Pharao Ramses III. (um 1200 v. Chr.), der die Philister in Palästina angesiedelt hat. Über ihn und seinen Krieg gegen die Philister gibt es entsprechende schriftliche Zeugnisse wie auch Illustrationen. Dann kann der Exodus aber natürlich nicht unter seinem Vorgänger, Ramses II., stattgefunden haben, unter dessen Fron die Israeliten an den Städten Pitom und Ramses gebaut haben sollen (Ex 1,11). Selbst die Existenz des Mose ist ungewiss. Woher kommt er? Ist er (aufgrund seines Namens) eher ein Ägypter oder ein Levit aus einem der Stämme Israels, wie dies die Schrift behauptet? Woher und wann lernt er den (neuen) Gott kennen – von seinem Schwiegervater Jetro etwa, dem Priester des Wüstenvolkes der Midianiter? Wie lange ist er in der Wüste unterwegs und wie groß ist eigentlich die Gruppe, die er führt? Was hat er mit den Geboten Gottes oder den beiden Steintafeln zu tun, die ihm angeblich von Gott übergeben werden – und dies, obgleich kein Lebender der Gottheit begegnen kann, ohne dabei sein Leben zu verlieren?

Auch der weiteren Geschichte Israels ist nicht allzu viel an historisch tragfähigen Daten zu entnehmen. Eines wird aber immerhin greifbar: Das Zwölf-Stämme-Volk entsteht erst im Lande Israel selbst, einerseits aus zugewanderten Stämmen, insbesondere den sogenannten Josef-Stämmen, andererseits aber auch aus bereits ansässigen Stämmen und Sippen, die sich mit den Neuankömmlingen verbinden und damit zu „Israel“ werden. Dies dürfte wenige Jahrhunderte vor 1.000 v. Chr. stattgefunden haben, denn ab ca. 1.000 wird die Regierungszeit des ersten Königs Saul angesetzt, der aus dem mittelpalästinischen Stamm Benjamin stammt. In diese Zeit fällt auch die Volkwerdung einiger Nachbarvölker Israels, sodass davon auszugehen ist, dass es in dieser Zeit keine Großmacht gab, die beherrschend oder auch steuernd eingegriffen hätte. Und in der Tat ergibt sich nach dem möglicherweise gewaltsamen Tod des letzten großen Rameseiden, Ramses III., ein Machtvakuum in Ägypten und das Neuassyrische Reich (ab ca. 900) in Mesopotamien ist auch gerade erst dabei, zur Großmacht zu werden. Auf Saul folgen David und sein Sohn Salomo, die angeblich ein relativ großes Gebiet regierten, das weit in den Norden reicht und auch die ostjordanischen Gebiete einschloss. Wie gesagt: Aufgrund der außenpolitischen Situation wäre die Entstehung eines davidischen „Groß-Reiches“ in diesem Zeitfenster durchaus möglich; dennoch ist seine Existenz umstritten, da es sich bislang archäologisch kaum nachweisen lässt. Zudem klingt die Darstellung des Reiches im AT auch nach „guter, alter Zeit“ oder auch nach einem goldenen Zeitalter, auf das nur noch geringer wertige Epochen folgen können. Nicht zu bestreiten ist freilich, dass es in einem Zeitraum von ca. 200 Jahren, den letzten beiden Jahrhunderten des 2. Jt. v. Chr., allmählich zu einer Staatenbildung kommt, die das alte Stämmesystem ablöst.

Nach Salomo zerbricht das davidische Reich in das südliche Gebiet von Juda mit Jerusalem als Hauptstadt und das sich bis wenige Kilometer nördlich von Jerusalem erstreckende Reich, das sich Israel nennt und insgesamt zehn der ursprünglich zwölf Stämme umfasst. Seine Hauptstadt wechselt mehrfach, ist aber im wesentlichen Samaria, nahe dem heutigen Nablus gelegen. Im Süden herrscht mehr oder weniger unangefochten die Davidsdynastie bis zum Untergang dieses Reiches. Im Norden gibt es sehr viele und unterschiedliche Machthaber, die z.T. nur wenige Tage bis Wochen an der Macht sind, ehe sie wieder gestürzt werden. Möglicherweise resultieren diese häufigen Thronwechsel aus den immer noch bestehenden Rivalitäten zwischen den „Israeliten“ der ehemaligen Stämme und den v.a. im Norden existierenden, zeitweise sehr mächtigen Stadtstaaten. Als eine Dynastie über mehrere Generationen ragt nur das Haus der Omriden heraus, welches das Reich zu einer Blüte führt. Nichtsdestoweniger sind diese Dynastie wie überhaupt die Könige des Nordens den Geschichtsschreibern aus dem SR, die die Königszeit dokumentieren, verhasst. Das NR wird als Reich von Renegaten gesehen, die sich nicht nur von der Davidsdynastie losgesagt haben, sondern darüber hinaus auch vom Tempel von Jerusalem, der schließlich um 620 vom Südreichkönig Joschija als einzig legitimer Kultort des einzigen Gottes propagiert wird. Wenn das ehemalige Großreich Davids demnach in zwei Teile zerfällt, so liegt dies daran, dass die beiden Teile wahrscheinlich von jeher keine besondere Verbindung zueinander besaßen und ggf. nur durch die Person Davids (und Salomons) zusammengehalten wurden. Der fehlende Zusammenhalt wird schon aus der Zeit der Richter deutlich, in welcher der Süden keine Rolle zu spielen scheint.

Es sind demnach kultisch-theologische Kriterien, die das NR als schismatisch ausweisen. Eine „Bestätigung“ dieser Beurteilung des Nordens findet insofern statt, als das NR im Jahre 722 v. Chr. von den Neuassyrern aufgelöst wird. Wegen der (angeblich) ständigen Verfehlung der Menschen gegen Gottes Gebote und wegen des anhaltenden Götzendienstes – die Vorwürfe bleiben merkwürdig allgemein in 2Kön 17 – greift Gott in die Geschichte ein und bestraft sein Volk in Gestalt der fremden Großmacht, die er im Sinne einer Strafexpedition agieren lässt. Ein vermutlich beträchtlicher Teil der Bevölkerung wird deportiert und an ihrer Stelle werden fremde Völker angesiedelt. Da diese Deportation scheinbar dezentral erfolgt, d.h., die Deportierten nicht innerhalb eines bestimmten überschaubaren Gebiets angesiedelt werden, kehren die Menschen auch nach dem Untergang des assyrischen Reiches ca. 200 Jahre später nicht wieder in ihre Heimat zurück. Sie sind in ihrer neuen Heimat in der dortigen Bevölkerung aufgegangen und es obliegt nun Gott oder seinem Messias am Ende der Zeiten, die derart Zerstreuten wieder nach Israel zurückzuführen.

Das SR überdauert den Norden um gut 130 Jahre, ehe auch dieses Gebiet unterworfen und die Bevölkerung (teilweise) deportiert wird, dieses Mal allerdings nicht durch das inzwischen untergegangene neuassyrische Reich, sondern durch die sogenannten Chaldäer, die Neubabylonier. Die biblischen Geschichtsschreiber tun sich etwas schwer damit, einen Grund für den Untergang des SR zu finden, zumal wenige Jahrzehnte vor den zwei Deportationen in den Jahren 597 und 586 der großartigste und frömmste König herrscht, den das Land je hervorgebracht hat. Es ist eben jener König Joschija, der die Kultzentralisation einführt und den Tempel von Jerusalem als einzig legitimes Heiligtum bestimmt. Auch hier müssen aber pauschale Gründe angeführt werden, weshalb das Unheil auch über den Süden hereinbricht, denn konkrete Gründe gibt es nicht – außer einer irrationalen antibabylonischen Bündnispolitik der Folgekönige. Diese wird allerdings nur beim Propheten Jeremia genauer erzählt. Und so bleibt es dabei: Auch Juda verhielt sich angeblich nicht vereinbarungsgemäß gegen Gott und so kann der fromme König Joschija den Zorn Gottes zwar verzögern aber nicht grundsätzlich besänftigen. Die Neubabylonier führen i.J. 597 zunächst die sprichwörtlichen oberen Zehntausend ins Exil, im Jahre 586 noch einmal eine nicht bekannte Anzahl von Menschen. Im Gegensatz zur Deportation des NR durch die Neuassyrer scheinen die Südreichdeportierten in einem bestimmten Gebiet angesiedelt worden zu sein. Dadurch und auch wegen der wesentlich kürzeren Dauer des Exils, behalten die Exilanten ihre Identität und kehren 538 unter dem Perserkönig Kyros II. zumindest teilweise wieder nach Palästina in die Provinz Jehud zurück. Während des Exils scheint es sogar zu einem größeren Zusammenhalt der Deportierten gekommen zu sein. Vermutlich stammen aus dieser Zeit der Synagogengottesdienst, die Beschneidung als sogenanntes Bundeszeichen (und als unterscheidendes Merkmal zu den Babyloniern), die erste Schöpfungserzählung und damit auch der Sabbat als Ruhetag. Man legte Wert auf israelitische Eheschließung und in gewissem Ausmaß auch auf den Nachweis einer Genealogie, d.h. auf einen Stammbaum. Diese Besonderheiten der Exilanten, die sie aus der Verbannung mit in ihre ursprüngliche Heimat brachten, stießen nicht immer auf Gegenliebe bei den im Land Verbliebenen. Es kam zu Auseinandersetzungen um Landbesitz, Fremdehen und um die Wiederherstellung und Besiedelung Jerusalems. Streitfragen mit dem ehemaligen NR ergaben sich aus dem Wiederaufbau des Tempels, an dem die Bevölkerung des NR keinen Anteil erhielt. Die Entfremdung von Nord und Süd, die ganz allmählich erfolgte, sowie die Herausbildung des samaritanischen Judentums wurden somit in Gang gesetzt.

Die Zeit zwischen ca. 500 und 300 v. Chr. ist wenig bis gar nicht dokumentiert. Um 515 dürfte der sogenannte zweite oder auch nachexilische Tempel eingeweiht worden sein. Die Ereignisse, von denen die beiden Bücher Esra und Nehemia erzählen, werden sich zwischen 500 und 450 abgespielt haben. Es ist da die Rede von der Wiederbesiedelung Jerusalems, vom Mauerbau, vom Tempel und schließlich auch von Ehescheidungen: Die Ehen, in denen einer der Partner kein Israelit war, wurden mehr oder weniger zwangsweise geschieden. Ob sich das jeder so ohne Weiteres gefallen ließ und diese Vorgaben befolgte, entzieht sich unserer Kenntnis. In diese Zeit dürften auch wesentliche Weichenstellungen für die Entstehung der fünf Bücher Mose, die Thora, gefallen sein, über die jedoch ebenfalls nichts weiter bekannt ist. Nur eine Sache verdient noch erwähnt zu werden: In der Zeit nach der Rückkehr aus dem Exil spielte ein Mann namens Serubbabel, Sohn des Schealtiëls, eine Rolle, der mit hoher Wahrscheinlichkeit aus der Davidsdynastie stammte (vgl. 1Chr 3,17-19) und in den Büchern Esra, Nehemia, Haggai und Sacharia erwähnt wird. So plötzlich wie er auftritt, ist er jedoch auch wieder verschwunden: Es wird deutlich, dass v.a. Hagai und Sacharia große Hoffnungen auf ihn setzen. Dies könnte der Grund für die Perser gewesen sein, ihn aus Palästina abzuberufen und zurück nach Persien zu beordern, um damit eine Thronbesteigung Serubbabels zu verhindern. Dies sind allerdings Spekulationen, die sich nicht weiter erhärten lassen. Mit ihm bricht die davidische Linie jedenfalls ein für alle Mal ab. Die Verheißung der Propheten, allen voran Amos, der davon spricht, dass Gott die zerfallene Hütte des Hauses David wieder aufrichten wird (Am 9,11; vgl. Jes 11, 1-5), verweisen somit auf eine unbestimmbare Zukunft, in der Gott selbst die Herrschaft der Davididen wieder installiert. Derartige Worte können mithin nur noch den am Ende kommenden Messias ankündigen.

Die Herrschaft der Perser endet mit dem Auftreten Alexander des Großen. Der Merksatz: „Drei – drei – drei: bei Issus Keilerei" (333 v. Chr.) hilft grundlegend die Epoche des Alexander zu datieren. Issus liegt in der heutigen Türkei; es fand dort eine der bedeutendsten Schlachten zwischen Alexander und den Persern statt. Das Persische Reich war nach dieser Schlacht zwar noch nicht endgültig besiegt, doch der Weg nach Palästina und nach Ägypten stand Alexander offen. Eine Auseinandersetzung zwischen den Bewohnern der palästinischen Landbrücke und den Griechen gab es nicht, wohl aber zwang Alexander die damals bedeutenden Küstenstädte wie Sidon, Gaza und vor allem die auf einer Insel liegende Stadt Tyrus in die Knie, die erst nach langer Belagerung eingenommen wurde. Gerade die grandiose und brutale Einnahme von Tyrus führte dazu, dass Alexander nicht mehr auf nennenswerten Widerstand stieß.

Während man in Palästina also kaum unter dem Durchzug der Griechen zu leiden hatte – vermutlich musste man das Heer mit Nahrungsmitteln versorgen – wendete sich das Blatt ganz entscheidend unter den Nachfolgern des Alexander, den sogenannten Diadochen: Die Generäle Alexanders teilten das Riesenreich untereinander auf und Israel fiel zunächst an die sogenannten Ptolemäer, genannt nach dem General Ptolemäus, die Ägypten regierten. Damit herrschten sie über ein Land mit einer Jahrtausende alten Kultur, Sprache und Religion und somit über ein relativ homogenes Staatsgebilde. Die Herrscher verstanden sich als Nachfolger der Pharaonen, und ließen sich wie diese verehren. Begräbnissitten und -riten wurden z.T. modifiziert fortgeführt, ebenso die Schrift. Die Griechen bildeten nur eine dünne Oberschicht im Lande, die noch dadurch verkleinert wurde, dass es zu ehelichen Verbindungen mit Einheimischen kam. Nur am Hof dürfte griechisch gesprochen worden sein. Der Bauer auf seiner Scholle wird von diesem

Herrschaftswechsel nicht sehr viel mitbekommen haben. In einer derart geschlossenen Gesellschaft spielte das kleine Israel kaum eine Rolle. Es war der Außenposten, der Pufferstaat zum nördlich gelegenen Reich der sogenannten Seleukiden.

Zwischen Ptolemäern und den Seleukiden, benannt nach General Seleukos, kam es im Laufe des 3. Jh. v. Chr. jedoch immer wieder zu Auseinandersetzungen um dieses Gebiet. Nach einer Reihe von militärischen Aktionen fällt Palästina im sogenannten fünften syrischen Krieg nach der Schlacht bei Paneas/Banjas an den Jordanquellen um 200 an Syrien und damit unter die Regentschaft der Seleukiden. Die Zeit unter deren Herrschaft verlief nun allerdings längst nicht so stressfrei wie unter den Ptolemäern: Das Reich der Seleukiden war ein Vielvölker-Staat mit unterschiedlichen Kulturen und unterschiedlichen Sprachen, auch wenn er im Zuge der Einführung des Reichsaramäisch als Sprache durch die Perser vermutlich in dieser Hinsicht nicht völlig heterogen war. Unter der Seleukidenherrschaft kam es jedenfalls zu teilweise heftigen innerjüdischen Auseinandersetzungen, zum einen zwischen den Parteigängern der Ptolemäer und Seleukiden, zum anderen zwischen „Reformern" und „Konservativen". Unter „Reformern" seien jene Gruppierungen zusammengefasst, die, ganz allgemein gesagt, bereit waren, sich der griechischen Kultur zu öffnen und darin von den Seleukiden unterstützt wurden. Die „konservativen" Kräfte stemmten sich gegen den damit verbundenen gesellschaftlichen Wandel und beharrten auf den „Überlieferungen der Väter", also auf traditionellen Vorstellungen, Lebensweisen, Gesetzen. Der Konflikt wurde zunehmend auch militärisch ausgetragen, mit den Seleukiden und ihren jüdischen Parteigängern einerseits und diversen konservativen Kräften unter der Führung einer Priesterfamilie mittleren Grades, den Hasmonäern oder Makkabäern, andererseits. Die Makkabäer gingen aus diesen Auseinandersetzungen am Ende siegreich hervor, nicht zuletzt, weil das aufstrebende römische Weltreich die Seleukiden zunehmend unter Druck setzte. Ab ca. 150 v. Chr. bis zum Auftreten des Edomiters/Idumäers Herodes des Großen (47 v. Chr.) konnten die Hasmonäer noch einmal und letztmalig in der Geschichte eine weitgehend autonome Herrschaft ausüben. Es folgt die Herrschaft der Herodianer und der Römer. Mit dem Bar-Kochba-Aufstand von 132 bis 135 gegen die Römer endet das jüdische Gemeinwesen in Palästina. Erst am 14. Mai 1948 entsteht der neue, demokratische Staat Israel.

Die verschiedenen geschichtlichen Epochen spiegeln sich in sehr unterschiedlichem Umfang und in unterschiedlicher Deutung in den Büchern des AT wider. Wie schon angedeutet, gibt es nach Esra und Nehemia eine „Lücke" in der kanonischen Literatur. Erst das Buch Daniel, abgefasst um 168 v. Chr., bietet mit der Apokalypse wieder geschichtliche Daten. In besonderer Weise wird dabei die Zeit des Seleukidenherrschers Antiochus IV. Epiphanes („der Erschienene" 215-164 v. Chr.) beleuchtet und negativ konnotiert. Die aufeinanderfolgenden Weltreiche werden in Gestalt von Tieren beschrieben. Das letzte Tier, das auftaucht, stellt die vorausgehenden drei Tiere in Potenz dar, unüberbietbar im Schrecken und Vernichtungswillen und damit als höchste Zuspitzung der Katastrophen der Endzeit.

Zwar billigt der Verfasser den Hasmonäern zu, als kleine Hilfe (Dan 11,34) zu erscheinen. Letztlich können aber auch sie diesem Tier nicht widerstehen, sodass die Rettung allein von Gott erwartet werden muss, der Gericht abhalten und sein Reich aufrichten wird. In Dan werden in diesem Gericht auch die bereits Verstorbenen zur Rechenschaft gezogen, sodass sich hier erstmals unstrittig innerhalb jüdischer Vorstellungen der Gedanke einer endzeitlichen Auferweckung der Toten nachweisen lässt.

Weitaus weniger theologisch befrachtet stellen die beiden Makkabäerbücher die Geschichte dar. Die beiden Bücher, vermutlich von Parteigängern der Makkabäer geschrieben, betrachten die Ereignisse freilich durchaus ebenfalls als gottgewollt und die hasmonäischen Herrscher als solche, die im Sinne Gottes handeln, fromm, und den Geboten entsprechend, weshalb ihre Taten von Gott unterstützt werden. Die seleukidischen Gegner dagegen wenden sich verbrecherisch gegen Volk, Stadt und Tempel. Die prohellenistischen Volksgenossen werden als Verräter an Gesetz und Tradition gebrandmarkt, denen die Hasmonäer, mutig für die Sache Gottes streitend, die Stirn bieten. Dass sich die Hasmonäer in ihrer gerade einmal ein Jh. dauernden Herrschaft zunehmend als machtgierige Despoten benehmen, die selbst gegen die Gruppierungen von „Frommen" (z.B. die Pharisäer) vorgehen, wird, wenn überhaupt, nur angedeutet. Vielmehr wird ihre Herrschaft legitimiert, „bis der wahre Prophet auftrete" (1Makk 14,41). Eine derartige Terminierung stellt einen Freifahrtschein bis in alle Ewigkeit dar, denn selbst wenn ein Prophet auftritt – wer bestimmt denn dann, dass er „der Wahre" ist?

Mit seinen →*„Antiquitates Judaicae"* – wörtl.: jüdische Altertümer, übertragene Bedeutung: Jüdische Chronik – bietet der jüdische Geschichtsschreiber Josephus Flavius, der als Parteigänger des römischen Herrscherhauses der Flavier schreibt (die Kaiser Vespasian, Titus, Domitian), eine weitaus umfangreichere Darstellung der Geschichte des Judentums, die von der Schöpfung bis in die 60er Jahre nach Christus reicht. Er schreibt etwa um 90 n. Chr., also bereits mit einigem Abstand zu den Ereignissen der Seleukidischen Zeit wie auch zur Zeit der Herodianer. Sein Werk ist freilich ebenfalls alles andere als „objektiv"; es wird z.B. deutlich, dass er Herodes den Großen nicht mag. Und selbstverständlich hat auch er ein sogenanntes „erkenntnisleitendes Interesse", d.h., seine Ausführungen sind davon geprägt, sein Volk, das Judentum, positiv darzustellen. Noch mehr gilt dies für sein zweites wichtiges Werk über den Jüdisch-Römischen Krieg (Bellum Judaicum), indem er darum bemüht ist, das jüdische Volk als friedliebend zu beschreiben und von einer Schuld für den Ausbruch des Krieges (68-73 n. Chr.) freizusprechen. „Schuld" tragen nur kleine Gruppen von „Räubern", die das Volk verführt haben. Ebenso wird dabei natürlich die römische Staatsmacht als gerecht und menschenfreundlich ausgewiesen. Die Zerstörung des Jerusalemer Tempels beispielsweise geht darauf zurück, dass ein Soldat, gegen den ausdrücklichen Willen des Feldherrn Titus, eine brennende Fackel in den Tempel geworfen habe. Trotz Bemühungen der Römer, den Brand einzudämmen, sei der Tempel vernichtet worden. Dabei wird geflissentlich unterschlagen, dass es allgemein üblich war, nach dem Sieg über ein Volk auch dessen (offensichtlich nutzlosen) Tempel zu zerstören und damit zu signalisieren, dass die Götter der Römer sich als überlegen gezeigt haben. Hätte es zudem ein Soldat gewagt, gegen den ausdrücklichen Willen des Feldherrn einen Tempel in Brand zu setzen? Die Abbildungen am Titusbogen in Rom mit den Beutestücken des Krieges zeigen, dass der Tempel systematisch geplündert worden ist, der Brand also ziemlich genau terminiert worden war.

Zum Krieg kam es durch die Verarmung der Landbevölkerung infolge eines hohen Steueraufkommens, in erster Linie aber aufgrund der Unfähigkeit, Bestechlichkeit und Willkür der römischen Regierungsbeamten, deren bekanntester der Präfekt/Prokurator Pontius Pilatus gewesen ist.

Der Krieg bedeutete eine gewaltige Schwächung des jüdischen Volkes. In einem zweiten Krieg gegen Rom i.d.J. 132-135 n. Chr. – der Anlass ist nicht genau bekannt – kommt es zu dessen fast vollständiger Vernichtung.

Dieser kurzen Geschichtsdarstellung ist zu entnehmen, dass das kleine Israel nahezu ständig unter der Vorherrschaft irgendwelcher Großreiche leben musste, die natürlich als Bedrückung empfunden wurde. Unter diesen Umständen die Einmaligkeit eines Volkes, dessen Gottes und des Verhältnisses zwischen beiden behaupten zu können, erforderte natürlich intensive Überlegungen, um diese Unterdrückung trotz allem zu erklären. Nicht infrage kam als Deutungsmodell die Schwäche des eigenen Gottes, der nicht in der Lage gewesen wäre, sein (auserwähltes) Volk zu schützen und zu verteidigen. Im Gegenteil: Die Bindung dieses Gottes an das Land Israel wurde gerade im Exil aufgehoben und dieser Gott damit zum überregionalen und einzigen Gott und zum Weltenschöpfer erklärt. Ebenso wenig zweifelte man daran, vielleicht doch nicht das auserwählte Volk zu sein, dessen Gott zu sein sich eben jener selbst verpflichtet hatte und dazu schon früh einen „Vertrag" mit den Vätern geschlossen hatte. Nur ganz selten wird die Besonderheit Israels infrage gestellt, etwa wenn es heißt:

> *Am 9,7 Seid ihr mir nicht wie die Söhne der Kuschiten, ihr Söhne Israel? spricht der HERR. Habe ich nicht Israel aus dem Land Ägypten heraufgeführt und die Philister aus Kaftor und Aram aus Kir?*

Wenn also weder an der Gottheit gezweifelt wurde, noch an der Sonderstellung Israels, dann konnte dies ja nur bedeuten, dass dieser Gott ganz bewusst seine Hilfe verweigert hatte, weil seine Vertragsbedingungen nicht erfüllt wurden. Gott hatte sein Volk zwar nicht verlassen, seine Verpflichtungen ihm gegenüber aber zeitweilig ausgesetzt. Das vielfältige und -deutige Thema des „Bundes" Gottes mit seinem Volk kommt damit in den Blick und der sogenannte Tun-Ergehen-Zusammenhang, der besagt, dass gottwohlgefälliges Handeln von Erfolg gekrönt ist, Vergehen des Volkes dagegen von Gott direkt oder mittels einer Großmacht geahndet werden. Dieser Gedanke beherrscht zwar nicht das ganze AT, ist aber immer wieder und besonders in der Erzählliteratur, also der Geschichtsliteratur, anzutreffen.

Es bleibt an dieser Stelle noch einmal zu betonen, dass die Geschichtserzählungen keine „Berichte“ darstellen, sondern Geschichte, die unter den Aspekten von Erfolg und Misserfolg, von Heil und Unheil interpretiert dargeboten wird. Wenn also Israel und Juda, Nord- und Südreich, ins Exil geführt werden, dann geschieht dies, unter historischen Vorzeichen, weil die Könige die politische Situation falsch eingeschätzt haben und glaubten, sie wären stark genug, sich gegen die Großmacht auflehnen zu können. Koalitionen mit anderen Kleinstaaten wurden geschmiedet und man war der Ansicht, man könne der Großmacht Paroli bieten. Dies geschah bevorzugt dann, wenn die Großmacht infolge von Thronwechsel und -wirren schwach zu sein schien. Der Misserfolg eines solchen Vorgehens wird dem König angelastet oder auch dem ganzen Volk, aber nicht etwa wegen der politischen Kurzsichtigkeit, sondern weil Gott nicht in rechter Weise verehrt oder nicht alleine verehrt wurde. J“ ist ein eifersüchtiger Gott, der über seine Alleinverehrung wacht und diese einfordert. Dies ist jedoch „nur“ die „nachträgliche“ Deutung der Ereignisse. Es musste jeweils einen (theologischen) Grund geben, weshalb die Unternehmungen nicht erfolgreich waren. Der historische Hintergrund ist dagegen zweitrangig.

Selbstverständlich spielt auch für das Verständnis des NT die Geschichte und deren Deutung eine wichtige Rolle. Jesus, geboren in den letzten Regierungsjahren Herodes des Großen (vor 4 v. Chr.), wächst in Galiläa auf, das nach dem Tod Herodes des Großen von einem seiner Söhne regiert wird. Sein Landesherr ist zunächst der Herodessohn Antipas, der dem Testament seines Vaters zufolge Galiläa sowie einen Teil des Ostjordanlandes zur Herrschaft erhält. Das südlich gelegene Judäa erbt dagegen sein Bruder Archelaos, der aber bereits i.J. 6 n. Chr. bei den Römern in Ungnade fällt, nachdem er von jüdischen Abgesandten seines Herrschaftsgebietes bei Augustus verklagt worden war. Er wird in die französische Provence verbannt. Rom setzt keinen weiteren Herodianer ein, sondern entsendet einen römischen Beamten niederen Ranges nach Judäa, der zunächst dem Statthalter von Syrien und dann dem römischen Kaiser unmittelbar unterstellt wird. Durch diese Konstellation sind drei Aussagen des NT erklärbar: Zum einen wird verständlich, weshalb der am östlichen Ufer des Jordan taufende Johannes von Herodes Antipas, dem Herrscher über Galiläa, verhaftet und letztlich auf dessen Burg im Ostjordanland hingerichtet wird. Es ergibt sich daraus zum Zweiten, warum Jesus während seines Aufenthaltes in Jerusalem vom römischen Prokurator verhaftet und nicht ebenfalls durch Antipas, seinem eigentlichen Landesherrn, hingerichtet wird. Zum dritten erklärt sich die Behauptung des Lukas (Lk 23), dass Herodes (Antipas), der Landesvater Jesu, mit Pontius Pilatus im Prozess Jesu kooperierte. Angeblich wollte Pilatus den „Fall Jesus“ loswerden und schickt ihn deshalb zu Antipas, welcher der Festlichkeiten des Pascha wegen in Jerusalem weilt, in Judäa und Jerusalem aber eigentlich nichts zu sagen hat. Antipas schickt Jesus zu Pilatus zurück, der daraufhin – historisch korrekt – das Urteil über Jesus fällt.

Zeitgeschichtlich von Bedeutung ist freilich auch die Tatsache, dass wir mit Johannes dem Täufer und Jesus gleich zwei „Prediger“ in dieser Zeit vorfinden.

Es scheint so, als wenn dies im 1. und 2. Jh. n. Chr. keine Besonderheit war, wie von Josephus berichtet (Bellum 2, 258):

> *„Außerdem bildete sich eine weitere Bande von nichtswürdigen Menschen, deren Hände zwar reiner, deren Gesinnung aber um so gottloser waren, die nicht weniger als die Meuchelmörder [zuvor ist von den militanten Sikariern die Rede s.u.] zur Zerstörung des Glücks der Stadt beitrugen. Sie waren nämlich Schwarmgeister und Betrüger, die unter dem Vorwand göttlicher Eingebung Unruhe und Aufruhr hervorriefen und die Menge durch ihr Wort in dämonische Begeisterung versetzten…“*

Johannes und Jesus zählt Josephus allerdings kaum zu diesen Gruppen, denn beide werden von ihm an anderer Stelle ausführlicher und eher positiv behandelt: zu Johannes vgl. Antiquitates XVIII 5,2; zu Jesus: Antiquitates XVIII, 3,3. Dagegen sprechen die Apg wie auch Josephus von eher militanten Aufrührern: In der Apg werden ein gewisser Theudas (Apg 5,36), Judas, der Galiläer (5,37) und ein namenloser Ägypter (Apg 21,38) genannt, die mit Gefolge durch das Land (oder in die Wüste als Heilsort) zogen, ehe man mit ihnen kurzen Prozess machte (vgl. auch Josephus Flavius, besonders Antiquitates 20; Bellum Judaicum 2,261-276). Der bisher nicht erwähnte Aufstand in der jüdischen Diaspora, d.h. auf Zypern, in Ägypten und in der Kyrenaika (115-117) sowie der zweite Jüdisch-Römische Krieg 132 bis 135, wurden je von Messiasgestalten entfacht. Es war die Zeit von Aufrührern, die von Josephus als „Räuber“ bezeichnet werden. Die Häufigkeit des Auftretens derartiger Gestalten zwingt zu der Vermutung, dass es die Zeitumstände waren, die derartige Charismatiker und Rebellen hervorbrachten. Jesus war, wie auch Johannes, nur einer von ihnen und er stirbt den Tod eines Aufrührers, wie so viele vor und auch nach ihm.

Wie das AT enthält auch das NT Deutungen der Geschichte. Dabei ist das NT hinsichtlich der Beurteilung des jüdischen Volkes dem AT nicht einmal so unähnlich. Man muss sich doch die Frage stellen, weshalb eine derart außergewöhnliche Gestalt, wie sie Jesus laut NT war, nicht akzeptiert wurde und warum er vergleichsweise wenige Anhänger fand und letzten Endes sogar von „seinem Volk“ ausgeliefert wurde? Die Antwort auf diese Frage findet man, durchaus vergleichbar, bei atl. Propheten: Das Herz des Volkes war verstockt und nicht jedem Menschen war es gegeben, die Botschaft Jesu zu verstehen – so stellt es vor allem Markus dar. Lukas sieht Jesus ähnlich wie atl. Propheten, die teilweise von Israel umgebracht werden (Lk 13,34). Und so muss auch Jesus diesen Weg gehen.

Eine derart mit der Profangeschichte verbundene Theologie, die die Historie nur noch als theologisch gedeutete Geschichte bietet, ist trotzdem nicht ohne das Wissen um die Historie zu verstehen. Erst vor dem Hintergrund der (rudimentär erfahrbaren) Historie zeichnet sich ab, wie sich Theologie entwickelt. Sowohl das Volk wie auch der Einzelne, und dies besonders in den Psalmen, stehen in ständiger Spannung zur Gottheit und erleben diese Gottheit in (ggf. ihrer persönlichen) Geschichte. Dabei gibt es immer wieder mahnende Stimmen, wenn sich abzeichnet, dass Realgeschichte die Beziehung zwischen Gott und Volk zu stören oder zu zerstören droht, indem das Volk oder seine Regenten den durch die Gesetzgebung allen hinlänglich bekannten Gotteswillen missachten.

### Zusammenfassung

Gewisse Grundkenntnisse von der Geschichte Israels, angefangen von der sogenannten Väterzeit bis zum zweiten Jüdisch-Römischen Krieg von 132 bis 135 sind unverzichtbar, gerade weil die Geschichte Israels und seine Theologie aus der Heils-*Geschichte* entspringen. Israel erfährt seinen Gott in der Geschichte! Die Geschichte Israels ist grundsätzlich wechselvoll. Wollte man diese kurz zusammenfassen, so erfährt man die Historie eines kleinen, unbedeutenden Volkes, das – strategisch wichtig – auf der Landbrücke zwischen Nil und Zweistromland haust und dessen Land daher immer wieder als Aufmarschgebiet und Pufferstaat zwischen verschiedenen Weltmächten herhalten muss. Hervorgegangen aus nomadischen Elementen einerseits und abhängigen, im Lande ansässigen Gruppierungen anderseits, kann dieses Volk nur dann eine gewisse Eigenständigkeit für sich erringen, wenn die Großmächte einander in Schach halten oder zeitgleich derart schwach sind, dass keine ihre Fühler in Richtung der anderen auszustrecken wagt. Solche Etappen haben wir z.B. in der Zeit von David und Salomon vor uns, auch in der Zeit des relativ mächtigen Königs Ahab aus dem Nordreich Israel oder auch wieder in der Zeit der Hasmonäer. Ansonsten herrschen fremde Mächte. Jede dieser Etappen bringt eine eigene Theologie hervor, als Dank für die Hilfe Gottes einerseits und als Hilferuf an den Gott andererseits. Die Entwicklung eines Monotheismus erscheint dabei als außergewöhnliche Besonderheit.

### Was lernen wir daraus?

Das Gottesbild Israels äußert sich nicht nur in der Geschichte, sondern ist in seiner je aktuellen Ausprägung auch von Geschichte *abhängig*.

# 22. Frage: Wieviel muss man von der gesellschaftlichen Situation wissen?

## Die Zeit der Stämme

Im Folgenden werden einige Textauszüge genannt, die wichtige Einblicke in die gesellschaftliche Situation von AT und NT liefern. Neben der Schrift ist natürlich auch die Geschichtsschreibung des schon genannten Josephus Flavius von Bedeutung.

Zunächst ein Text, der etwas zu den Clans oder Stämmen sagt: Im Jakobsegen aus Gen 49 wird zu jedem Stamm eine Aussage getroffen, die ihn charakterisieren soll.

> *17 Dan ist eine Schlange am Weg, eine Hornotter am Pfad, die in die Fersen des Pferdes beißt, und rücklings fällt sein Reiter.*
>
> *27 Benjamin ist ein Wolf, der zerreißt; am Morgen verzehrt er Raub, und am Abend verteilt er Beute.*
>
> *14 Issachar ist ein knochiger Esel, der sich lagert zwischen den Hürden. 15 Und als er sah, daß die Ruhe gut und daß das Land lieblich war, da beugte er seine Schulter zum Lasttragen und wurde zum fronpflichtigen Knecht.*
>
> *20 Von Asser: Fettes ist sein Brot; und er, königliche Leckerbissen gibt er.*

Es ist den Texten zu entnehmen, dass es zwei verschiedene Lebensweisen gab. Einerseits eine nomadische oder halbnomadische Gesellschaft (Nomaden am Rande des kultivierten Landes) von Kleintierzüchtern, Strauchdieben und Wegelagerern und andererseits eine agrarisch ausgerichtete Bevölkerung, die aber mehr oder weniger in Abhängigkeit von den großen Stadtstaaten oder in diesen selbst lebte.

Es ist nicht so entscheidend, aus welcher Zeit der Jakobssegen – oder besser gesagt die einzelnen Elemente des Jakobssegens – stammt. Der Mann war das unbestrittene Oberhaupt der Familie und gab seine Stellung an den Erstgeborenen weiter, der dafür den Segen empfing. Nachzulesen ist dies noch in der Geschichte von Jakob und Esau, in der der jüngere, Jakob, seinen älteren Bruder um das Erstgeburtsrecht und um den Vatersegen für den Erstgeborenen gebracht hat.

Die Lebensverhältnisse mit der Untergliederung der Strukturen in Stämme/Clans, Sippen und (Groß-)Familien, in denen endogam, d.h. im unmittelbaren Umfeld der Familie/Sippe, geheiratet wurde, dürften über einen großen Zeitraum hinweg stabil gewesen sein und finden sich in Kulturen des nahen und mittleren Ostens in modifizierter Form bis in heutige Zeit.

Natürlich ist es eine Frage, wie belastbar Zahlen in der Schrift grundsätzlich sind. Die Angaben in Gen 14,14 zur Sippe Abrahams mit Abraham als Sippenoberhaupt könnten jedoch der Realität nahekommen:

> *Gen 14,14 Und als Abram hörte, daß sein Bruder gefangen weggeführt war, ließ er seine bewährten Männer, seine Hausgeborenen, ausrücken, 318 Mann, und jagte ihnen nach bis nach Dan.*

Die Heirat mit der Cousine oder angeblich sogar Halbschwester (Abraham) scheint an der Tagesordnung gewesen zu sein, wobei die Mehrfachehe des Mannes allgemein akzeptiert wurde.

> *Gen 29,12 Und Jakob berichtete Rahel, daß er ein Neffe ihres Vaters und daß er der Sohn Rebekkas sei. Da lief sie und berichtete es ihrem Vater.*

Diese Rahel und ihre Schwester Lea werden Jakobs Ehefrauen.

In der Schrift ist die Sympathie für das Nomadentum auch deutlich größer als für die sesshafte Landbevölkerung. Das wird nicht nur an →*Kain und Abel* erkennbar, sondern auch an den Erzählungen, in denen von Abraham und dem Philisterfürsten Abimelech (Gen 20f; 26) die Rede ist. Die Welt der Hirten wird verklärt, obwohl es auch hier zu Auseinandersetzungen kommt, etwa um Wasserrechte und Brunnenbau, wie der folgende Textauszug zeigt:

> *Gen 26,20 Da stritten sich die Hirten von Gerar mit den Hirten Isaaks und sagten: Uns gehört das Wasser! Da gab er dem Brunnen den Namen Esek, weil sie mit ihm gezankt hatten.*

## Die Königszeit

> *1Kön 4,7 Und Salomo hatte zwölf Vögte über ganz Israel, die versorgten den König und sein Haus. Einen Monat im Jahr oblag einem von ihnen die Versorgung.*

> *... 4,12 Baana, der Sohn Ahiluds, hatte Taanak und Megiddo und ganz Beth-Schean, das neben Zarethan liegt, unterhalb Jisreel, von Beth-Schean bis Abel-Mehola, bis jenseits Jokmeam. 13 Der Sohn des Geber war in Ramot-Gilead: er hatte die Zeltdörfer Jairs, des Sohnes Manasses, die in Gilead sind, und er hatte den Landstrich Argob, der in Baschan ist, sechzig große Städte mit Mauern und bronzenen Riegeln.*

In der Königszeit wurde das Gebiet Israels in Verwaltungseinheiten aufgeteilt, die teilweise den Namen eines Stammes trugen. Die einzelnen Provinzen wurden von engen Verwandten oder auch Schwiegersöhnen des Königshauses verwaltet und waren dem König gegenüber tributpflichtig. Die Abgaben wie auch die Dienstleistungen gegenüber dem Herrscher scheinen hoch gewesen zu sein; auf jeden Fall waren sie – besonders im Blick auf das angeblich vorkönigliche Stämmesystem – ungewohnt:

*1Sam 8,1 Und es geschah, als Samuel alt geworden war, da setzte er seine Söhne
als Richter über Israel ein. 2 Der Name seines erstgeborenen Sohnes war Joel und
der Name seines zweiten Abija; sie waren Richter in Beerscheba. 3 Aber seine
Söhne wandelten nicht in seinen Wegen und sie suchten ihren Vorteil und nahmen
Bestechungsgeschenke und beugten das Recht. 4 Da versammelten sich alle Ältesten
von Israel und kamen zu Samuel nach Rama. 5 Und sie sagten zu ihm: Siehe, du
bist alt geworden, und deine Söhne wandeln nicht in deinen Wegen. Nun setze doch
einen König über uns, damit er über uns Richter sei, wie es bei allen Nationen ist!
6 Und das Wort war übel in den Augen Samuels, daß sie sagten: Gib uns einen
König, damit er Richter über uns sei! Und Samuel betete zum HERRN. 7 Der
HERR aber sprach zu Samuel: Höre auf die Stimme des Volkes in allem, was sie
dir sagen! Denn nicht dich haben sie verworfen, sondern mich haben sie verworfen,
daß ich nicht König über sie sein soll. 8 Entsprechend all den Taten, die sie immer
getan haben von dem Tage an, da ich sie aus Ägypten geführt habe bis zum heuti-
gen Tag, daß sie mich verlassen und andern Göttern gedient haben, so machen sie
es auch mit dir. 9 Und nun höre auf ihre Stimme! Doch warne sie mit allem Ernst
und mach ihnen das Recht des Königs bekannt, der über sie herrschen wird! 10
Und Samuel sagte dem Volk, das einen König von ihm begehrte, alle Worte des
HERRN. 11 Und er sagte: Dies wird das Recht des Königs sein, der über euch re-
gieren wird: Eure Söhne wird er nehmen, um sie für seinen Wagen und seine Ge-
spanne einzusetzen, damit sie vor seinem Wagen herlaufen, 12 und um sie sich zu
Obersten über Tausend und zu Obersten über Fünfzig zu bestellen, damit sie seine
Äcker pflügen und seine Ernte einbringen und damit sie seine Kriegsgeräte und
seine Wagengeräte anfertigen. 13 Und eure Töchter wird er zum Salbenmischen,
zum Kochen und Backen nehmen. 14 Und eure besten Felder, Weinberge und
Olivengärten, die wird er nehmen und sie seinen Knechten geben. 15 Und von euren
Kornfeldern und euren Weinbergen wird er den Zehnten nehmen und ihn seinen
Kämmerern und Beamten geben. 16 Und eure Knechte und eure Mägde und eure
besten jungen Männer und eure Esel wird er nehmen und sie in seinen Dienst
stellen. 17 Von euren Schafen wird er den Zehnten nehmen, und ihr, ihr müßt
seine Knechte sein. 18 Wenn ihr an jenem Tage wegen eures Königs um Hilfe
schreien werdet, den ihr euch erwählt habt, dann wird euch der HERR an jenem
Tag nicht antworten. 19 Aber das Volk weigerte sich, auf die Stimme Samuels zu
hören. Und sie sagten: Nein, sondern ein König soll über uns sein, 20 damit auch
wir sind wie alle Nationen, und daß unser König uns richtet und vor uns her aus-
zieht und unsere Kriege führt. 21 Und Samuel hörte all die Worte des Volkes und
sagte sie vor den Ohren des HERRN. 22 Und der HERR sprach zu Samuel: Höre
auf ihre Stimme und setze einen König über sie ein! Da sagte Samuel zu den
Männern von Israel: Geht hin, jeder in seine Stadt!*

Dies ist das Recht des Königs, das Samuel anlässlich der Wahl des Saul zum König verkündet. Es sieht einschneidende Eingriffe in die als freie Gesellschaft dargestellte Struktur der Stämme vor. Der Text ist in der jetzt vorliegenden Form mit hoher Wahrscheinlichkeit nicht zeitgenössisch, d.h., er ist nicht in der Zeit des Übergangs vom Stämmesystem zum Königtum entstanden, denn zum einen sind all die Rechte, die der König sich herausnehmen wird, bereits bekannt, zum anderen ist von einer Konkurrenz des Königs zum J"-Königtum für die frühe Königszeit gerade nicht auszugehen, denn David und Salomo werden als Könige betrachtet, die mehr oder weniger ganz im Sinne und in Vertretung J"s handeln. Angesichts dieser guten Bewertung fällt es schwer zu glauben, sie stünden dem „eigentlichen" Königtum durch J" entgegen.

Nach Salomo bahnt sich indes eine Veränderung in der Regentschaft Israels an:

> *1Kön 12,1 Und Rehabeam ging nach Sichem; denn ganz Israel war nach Sichem*
> *gekommen, um ihn zum König zu machen. 2 Und es geschah, als Jerobeam, der*
> *Sohn des Nebat, das hörte – er war aber noch in Ägypten, wohin er vor dem König*
> *Salomo geflohen war –, da kehrte Jerobeam aus Ägypten zurück. 3 Und sie sandten*
> *hin und ließen ihn rufen. Da kamen Jerobeam und die ganze Versammlung Isra-*
> *els. Und sie redeten zu Rehabeam und sagten: 4 Dein Vater hat unser Joch hart*
> *gemacht. Du aber erleichtere nun den harten Dienst deines Vaters und sein schwe-*
> *res Joch, das er auf uns gelegt hat! Dann wollen wir dir dienen. 5 Er sagte zu ihnen:*
> *Geht hin, noch drei Tage, dann kommt wieder zu mir! Und das Volk ging hin.*
> *6 Und der König Rehabeam beriet sich mit den Alten, die vor seinem Vater Salomo*
> *gestanden hatten, als er noch am Leben war, und sagte: Wie ratet ihr, diesem Volk*
> *Antwort zu geben? 7 Und sie redeten zu ihm und sagten: Wenn du heute diesem*
> *Volk zum Knecht wirst und ihnen dienst und sie erhörst und gute Worte zu ihnen*
> *redest, dann werden sie alle Tage deine Knechte sein. 8 Doch er verwarf den Rat*
> *der Alten, den sie ihm geraten hatten, und beriet sich mit den Jüngeren, die mit*
> *ihm groß geworden waren und die vor ihm standen. 9 Und er sagte zu ihnen: Was*
> *ratet ihr, daß wir diesem Volk zur Antwort geben, das zu mir geredet und gesagt*
> *hat: Erleichtere das Joch, das dein Vater auf uns gelegt hat? 10 Und die Jüngeren,*
> *die mit ihm groß geworden waren, redeten zu ihm und sagten: So sollst du zu*
> *diesem Volk sprechen, das zu dir geredet und gesagt hat: «Dein Vater hat unser*
> *Joch schwer gemacht, du aber erleichtere es uns» – so sollst du zu ihnen reden: Mein*
> *kleiner Finger ist dicker als die Hüften [Umschreibung für Penis] meines Vaters.*
> *11 Nun denn, mein Vater hat euch ein schweres Joch aufgeladen, ich aber will euer*
> *Joch noch schwerer machen. Mein Vater hat euch mit Peitschen gezüchtigt, ich*
> *aber will euch mit Skorpionen züchtigen. 12 Und Jerobeam und das ganze Volk*
> *kamen am dritten Tag zu Rehabeam, wie der König geredet hatte, als er sagte:*
> *Kommt am dritten Tag wieder zu mir! 13 Und der König antwortete dem Volk hart*
> *und verwarf den Rat der Alten, den sie ihm geraten hatten; 14 und er redete zu*
> *ihnen nach dem Rat der Jüngeren: Mein Vater hat euer Joch schwer gemacht, ich*
> *aber will euer Joch noch schwerer machen. Mein Vater hat euch mit Peitschen*
> *gezüchtigt, ich aber will euch mit Skorpionen züchtigen. 15 So hörte der König*
> *nicht auf das Volk; denn es war eine Wendung von seiten des HERRN, damit er*
> *sein Wort aufrechthielt, das der HERR durch Ahija, den Siloniter, zu Jerobeam,*

*dem Sohn des Nebat, geredet hatte. 16 Und als ganz Israel sah, daß der König nicht auf sie hörte, da gab das Volk dem König zur Antwort: Was für einen Anteil haben wir an David? Wir haben kein Erbteil am Sohn Isais! Zu deinen Zelten, Israel! Nun sieh nach deinem Haus, David! – Und Israel ging zu seinen Zelten. 17 Die Söhne Israel aber, die in den Städten Judas wohnten, über sie wurde Rehabeam König. 18 Und der König Rehabeam schickte Hadoram, den Aufseher über die Zwangsarbeit, aus. Aber ganz Israel steinigte ihn, so daß er starb. Der König Rehabeam aber bestieg eilends den Wagen, um nach Jerusalem zu fliehen. 19 So brach Israel mit dem Haus Davids bis zum heutigen Tag.*

Nach dem Tode Salomos kommt es demnach im Kontext der Neuverhandlungen um die an den König zu entrichtenden Abgaben zur Reichstrennung. Es waren die Stämme des Nordreiches, die nicht mehr bereit waren, die geforderten Tribute aufzubringen und sich deshalb vom davidischen Königshaus lossagten.

In der Zeit der Abhängigkeit der beiden Teilreiche von den Ägyptern und Assyrern, später auch von den Babyloniern, kamen zusätzliche Abgaben hinzu, die an die Großmächte entrichtet werden mussten. Zur Zeit des verhassten Königs Menahem wurde eine Sondersteuer für Reiche aufgelegt, um den Assyrern den fälligen Tribut abliefern zu können:

*2Kön 15,20 Und Menahem legte das Geld als Steuer auf Israel, auf alle vermögenden Leute, um es dem König von Assur zu geben: fünfzig Schekel Silber auf jeden Mann. Da kehrte der König von Assur um und blieb nicht dort im Land.*

Vielleicht war diese Steuer sogar ein Grund für seine Unbeliebtheit, denn Geschichtsschreibung wurde sicher im Umfeld der Wohlhabenderen und Gebildeten betrieben.

## Das Verständnis vom Land als Erbbesitz

*Num 33,54 Und ihr sollt das Land durchs Los als Erbteil empfangen nach euren Sippen: Dem, der groß ist an Zahl, sollt ihr sein Erbteil groß bemessen, und dem, der klein ist an Zahl, sollt ihr sein Erbteil klein bemessen; wohin das Los für einen fällt, das soll ihm gehören; nach den Stämmen eurer Väter sollt ihr es unter euch als Erbteil verteilen.*

*Jos 11,23 Und so nahm Josua das ganze Land ein, ganz wie der HERR zu Mose geredet hatte. Und Josua gab es Israel zum Erbteil, nach ihren Abteilungen, entsprechend ihren Stämmen. Und das Land hatte Ruhe vom Krieg.*

*Num 27,8 Und zu den Söhnen Israel sollst du folgendes reden: Wenn ein Mann stirbt und keinen Sohn hat, dann sollt ihr sein Erbteil auf seine Tochter übergehen lassen. 9 Und wenn er keine Tochter hat, dann sollt ihr sein Erbteil seinen Brüdern geben. 10 Und wenn er keine Brüder hat, dann sollt ihr sein Erbteil den Brüdern seines Vaters geben. 11 Und wenn sein Vater keine Brüder hat, dann sollt ihr sein Erbteil seinem Blutsverwandten geben, der ihm aus seiner Sippe am nächsten steht, damit der es erbe. Und das soll für die Söhne Israel zu einer Rechtsordnung werden, wie der HERR dem Mose geboten hat.*

Diesen Texten zufolge wurde das eroberte und neu besiedelte Land an die Stämme verteilt. Unter anderem im Buch Num ist zu lesen, dass das Land als Erbbesitz oder Erbteil verlost wird. Dieser Erbbesitz war unveräußerlich und durfte auch nicht von einem Stamm auf einen anderen übergehen, so bestimmt es z.B. Num 36. Daraus resultiert auch die Praxis, sich innerhalb eines Stammes zu verehelichen, damit das Erbe beim Stamm bleibt. Erbrecht hatten nach Num 27 auch Töchter! Diesen Aussagen scheint die Vorstellung zugrunde zu liegen, dass Israel letzten Endes nur Nutznieser eines Landes ist, das J" gehört, ähnlich dem mittelalterlichen Lehenssystems. Diese Sicht der Dinge ist mit einem absolutistischen Königtum natürlich völlig inkompatibel, wie die Geschichte von Nabots Weinberg in 1Kön 21 zeigt:

Der Weinberg eines gewissen Nabot liegt neben dem Königspalast. Der König möchte sein Anwesen erweitern und bietet Nabot den Ankauf seines Weinberges an. Er möchte daraus einen Gemüsegarten machen. Nabot lehnt mit Hinweis auf das Erbrecht ab: Der Weinberg ist sein Erbteil und damit unverkäuflich. Der König ist darüber sauer und seine Gattin Isebel, eine phönizische Prinzessin, für die das israelische Erbrecht keine Bedeutung hat, verspricht ihrem Mann, ihm den Weinberg Nabots zu beschaffen. Durch Bestechung von Zeugen und in einem ungerechten Gerichtsverfahren wird Nabot zum Tode verurteilt und der König bemächtigt sich des Weinbergs.

### Die Armen in der Zeit des Wohlstandes

*Am 2,6 So spricht der HERR: Wegen drei Verbrechen von Israel und wegen vier werde ich es nicht rückgängig machen, weil sie den Gerechten für Geld und den Armen für ein Paar Schuhe verkaufen. 7 Sie treten nach dem Kopf der Geringen wie auf den Staub der Erde, und den Rechtsweg der Elenden beugen sie. Und ein Mann und sein Vater gehen zu demselben Mädchen, um meinen heiligen Namen zu entweihen. 8 Und auf gepfändeten Kleidern strecken sie sich aus neben jedem Altar, und Wein von Strafgeldern trinken sie im Haus ihres Gottes...*

*Amos 5,7 Weh denen, die Recht in Wermut verwandeln und Gerechtigkeit zu Boden werfen! – 8 Der das Siebengestirn und den Orion gemacht hat, in Morgenlicht die Finsternis verwandelt und den Tag zur Nacht verfinstert, der die Wasser des Meeres ruft und sie ausgießt über die Fläche der Erde: Jahwe ist sein Name! – 9 der Verwüstung über den Starken aufblitzen läßt; und Verwüstung kommt über die befestigte Stadt. – 10 Sie hassen den, der im Tor Recht spricht, und den, der unsträflich redet, verabscheuen sie. 11 Darum: Weil ihr vom Geringen Pachtzinsen erhebt und Getreideabgaben von ihm nehmt, habt ihr Häuser aus Quadern gebaut, doch werdet ihr nicht darin wohnen. Schöne Weinberge habt ihr gepflanzt, doch werdet ihr deren Wein nicht trinken. 12 Ja, ich kenne eure vielen Verbrechen und eure zahlreichen Sünden. – Sie bedrängen den Gerechten, nehmen Bestechungsgeld und drängen im Tor den Armen zur Seite.*

*2Kön 4,1 Und eine Frau von den Frauen der Prophetensöhne [Nachfolger/ Jünger eines Propheten] schrie zu Elisa: Dein Knecht, mein Mann, ist gestorben, und du hast doch selbst erkannt, daß dein Knecht den HERRN fürchtete. Nun aber ist der Gläubiger gekommen, um meine beiden Söhne für sich als Sklaven zu nehmen.*

Die Propheten, allen voran Amos, zeigen auf, wie es zur Verarmung der Bevölkerung kommt. Sie geraten in Schuldknechtschaft und müssen daraufhin ihr Land aufgeben, für die Propheten eine himmelschreiende Ungerechtigkeit: Infolge von Missernten oder auch von nicht mehr bezahlbaren Abgaben/Steuern konnte der Bauer verarmen und musste seine Güter, sein Land und ggf. sich selbst an einen Reichen verpfänden. Aus dieser Verschuldung konnten sich die Menschen ggf. nicht mehr befreien, zumal die Richter bestochen wurden und es zu falschen Urteilen kam. Die in Israel immer wieder geforderte Solidarität mit den Armen, die Pflicht zur Befreiung der in Schuldknechtschaft geratenen, spielt offensichtlich keine Rolle mehr. Es ist nicht ausgeschlossen, dass auch die Überbevölkerung immer wieder zu derartigen Verhältnissen führte. Schon in der vorstaatlichen Zeit und dann auch bei David ist davon zu lesen, dass es Männer gab, die nichts zu verlieren hatten (Ri 9,4; 11,3; 1Sam 22,2; 25,13; 30,10) und sich deshalb als Söldner verdingten oder als Räuberbanden durchs Land zogen. Derartige Gruppen gab es bis hinein in die Zeit Jesu.

Die Begriffe Erbteil und Erbbesitz haben bei den Propheten in der Regel eine andere Bedeutung: Jer wie Ez sprechen davon, dass Israel selbst J"s Erbbesitz ist, den er (zumeist) hütet und bewahrt und dem er Hilfe verschafft.

## Die Griechisch-Römische Zeit

In griechisch-römischer Zeit gab es wie zu Davids Zeiten aus ökonomischen Gründen Banden, doch scheinen auch viele Juden das Land ihrer Väter verlassen zu haben. Sie zogen in die Diaspora, weil sich ihnen im Land keine Überlebensmöglichkeiten mehr boten; ihr Landbesitz fiel als Steuerschuld an den Steuereintreiber und damit ggf. auch an die Krone oder wurde regelrecht verkauft. Diese Banden waren nun vorwiegend auf dem Land anzutreffen, denn auch damals mochte schon gegolten haben: Stadtluft macht frei. Handwerk und Handel, die mit der Stadt verbunden waren, ermöglichten jedenfalls eher ein Auskommen als die Situation des Bauern auf seinem mehr oder weniger ertragreichen Feld. Insgesamt aber gilt für diese Zeit, dass die Steuerbelastung der Menschen immens war. Einzig in der Zeit der Hasmonäer/Makkabäer, also dem 2. und 1. Jh. v. Chr., dürften die Steuern gesenkt worden zu sein, und dies schon alleine deshalb, weil neben einer jüdischen Herrschaft nicht auch noch eine fremdländische zu bezahlen war.

Die (jüdische) Bevölkerungspyramide stellt sich bis in die ntl. Zeit hinein etwa wie folgt dar (vgl. auch E. W. Stegemann 74.127):

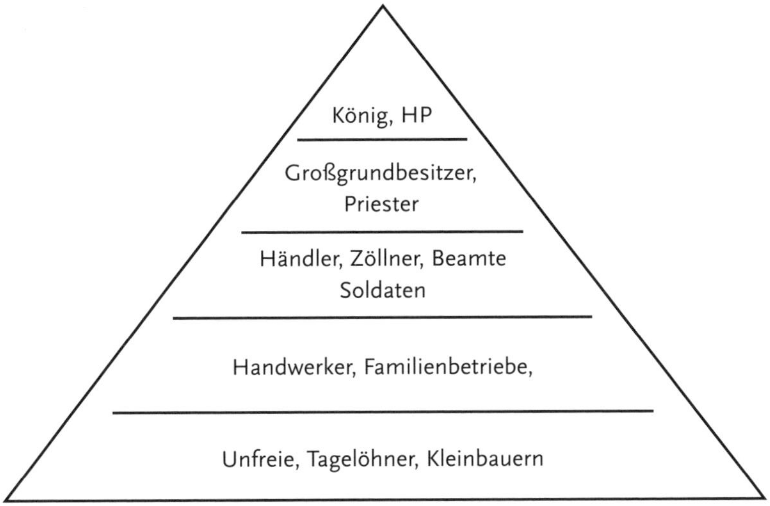


**Abb. 21:** Bevölkerungspyramide in den griechischen Zeiten

Die Mehrheit der Bevölkerung bestand aus abhängigen Kleinbauern, aus Unfreien und Tagelöhnern, die am oder unter dem Existenzminimum leben.

Eine Stufe höher wird man gute, jedoch konjunkturabhängige, Handwerker, aber auch Fischer ansetzen können, letztere insbesondere dann, wenn sie ein eigenes Boot besaßen und selbst als Kleinunternehmer ggf. einen Arbeitssuchenden anstellen konnten. Dem NT zufolge scheinen die Fischer jedoch hauptsächlich Familienbetriebe gewesen zu sein. Gerade die beiden unteren Gruppen werden sich in der Realität vermischt haben.

Die nächste Stufe bilden Händler, einfache Zöllner, Priester der unteren Ränge, Verwaltungsangestellte, vielleicht auch Freie Bauern und kleine Beamte.

Es folgen Großgrundbesitzer, Oberzöllner, Dynastien der Aristokratie, d.h. vor allem, in den Städten, soweit diese jüdisch waren.

Die Spitze nehmen die obere Priesterschaft, die Hohepriesterfamilien nebst ihren Parteigängern sowie ggf. das Königshaus ein.

Darüber stehen in der Zeit Jesu natürlich noch die römische Staatsmacht, repräsentiert durch den Präfekten/Prokurator/Landpfleger und schließlich der Kaiser. Einen Unterschied im Aufbau der Gesellschaft gab es natürlich auch noch zwischen Land und Stadt.

Insbesondere in der Zeit Herodes des Großen wird vermehrt von Aufständischen berichtet. Wie schon erwähnt geht es bei diesen „Räubern“ nicht einfach um Kriminelle, sondern vielfach um Männer, die sich als Messias ausgaben und auf diese Weise auch erheblichen Zulauf bekamen, insbesondere aus den Reihen der nicht zuletzt durch das Steuersystem verarmten Landbevölkerung. Herodes ließ diese Messiasaspiranten reihenweise kreuzigen, sobald er ihrer habhaft wurde. In Galiläa scheint es eine ganze Familiendynastie von derartigen Aufständischen gegeben zu haben. Zu den messianischen Gruppierungen gehören vermutlich auch jene Aufständischen, die als Zeloten und Sikarier bezeichnet werden. Ein Zelot namens Simon befindet sich auch in der Gruppe der zwölf Jünger Jesu. Ob es einen Unterschied zwischen Zeloten und Sikariern gibt, ist bis zur Stunde umstritten. De facto handelt es sich dabei jedenfalls um Gruppen mit endzeitlicher Ausprägung, die gegen Rom und seine Sympathisanten vorgehen. Sikarier haben ihren Namen von einem Dolch, Sica genannt. Sie mischen sich in eine Volksmenge und attackieren aus dieser heraus mittels ihres Dolches missliebige Zeitgenossen, die als Römerfreunde betrachtet werden. In der Masse haben sie eine relativ große Chance, unerkannt verschwinden zu können. Ihre endzeitliche Ausrichtung wird besonders im Jüdisch-Römischen Krieg (68-70/73 n. Chr.) erkennbar, wo sie in den letzten Stunden im Kampf um den Tempel das Eingreifen Gottes erwarten.

## Jesus und seine Anhänger

*Joh 1,35 Am folgenden Tag stand Johannes wieder da und zwei von seinen Jüngern; 36 und hinblickend auf Jesus, der umherging, spricht er: Siehe, das Lamm Gottes! 37 Und es hörten ihn die zwei Jünger reden und folgten Jesus nach.*

*Lk 9,58 Und Jesus sprach zu ihm: Die Füchse haben Höhlen und die Vögel des Himmels Nester; aber der Sohn des Menschen hat nicht, wo er sein Haupt hinlegt.*

*7 Und Jesus entwich mit seinen Jüngern an den See; und es folgte eine große Menge von Galiläa und von Judäa 8 und von Jerusalem und von Idumäa und von jenseits des Jordan und von der Gegend rings um Tyrus und Sidon, eine große Menge; da sie hörten, wieviel er tat, kamen sie zu ihm. 9 Und er sagte seinen Jüngern, daß ihm wegen der Volksmenge ein Boot bereitgehalten werden sollte, damit sie ihn nicht drängten. 10 Denn er heilte viele, so daß alle, die Leiden hatten, sich auf ihn stürzten, um ihn anzurühren. 11 Und wenn die unreinen Geister ihn sahen, fielen sie vor ihm nieder und schrien und sprachen: Du bist der Sohn Gottes. 12 Und er bedrohte sie sehr, daß sie ihn nicht offenbar machten. 13 Und er steigt auf den Berg und ruft zu sich, die er wollte. Und sie kamen zu ihm; 14 und er berief zwölf, damit sie bei ihm seien und damit er sie aussende, zu predigen 15 und Vollmacht zu haben, die Dämonen auszutreiben. 16 Und er berief die Zwölf, und er gab dem Simon den Beinamen Petrus; 17 und Jakobus, den Sohn des Zebedäus, und Johannes, den Bruder des Jakobus, und er gab ihnen den Beinamen Boanerges, das ist Söhne des Donners; 18 und Andreas und Philippus und Bartholomäus und Matthäus und Thomas und Jakobus, den Sohn des Alphäus, und Thaddäus und Simon, den Kananäer, 19 und Judas Iskariot, der ihn auch überlieferte.*

*Lk 10,1 Nach diesem aber bestimmte der Herr siebzig andere und sandte sie zu je zwei vor seinem Angesicht her in jede Stadt und jeden Ort, wohin er selbst kommen wollte. 2 Er sprach aber zu ihnen: Die Ernte zwar ist groß, die Arbeiter aber sind wenige. Bittet nun den Herrn der Ernte, daß er Arbeiter aussende in seine Ernte! 3 Geht hin! Siehe, ich sende euch wie Lämmer mitten unter Wölfe. 4 Tragt weder Börse noch Tasche noch Sandalen, und grüßt niemand auf dem Weg! 5 In welches Haus ihr aber eintretet, sprecht zuerst: Friede diesem Haus! 6 Und wenn dort ein Sohn des Friedens ist, so wird euer Friede auf ihm ruhen; wenn aber nicht, so wird er zu euch zurückkehren. 7 In diesem Haus aber bleibt, und eßt und trinkt, was sie haben! Denn der Arbeiter ist seines Lohnes wert. Geht nicht aus einem Haus in ein anderes! 8 Und in welche Stadt ihr kommt, und sie nehmen euch auf, da eßt, was euch vorgesetzt wird, 9 und heilt die Kranken darin und sprecht zu ihnen: Das Reich Gottes ist nahe zu euch gekommen. 10 In welche Stadt ihr aber gekommen seid, und sie nehmen euch nicht auf, da geht hinaus auf ihre Straßen und sprecht: 11 Auch den Staub, der uns aus eurer Stadt an den Füßen hängt, schütteln wir gegen euch ab; doch dies wißt, daß das Reich Gottes nahe gekommen ist.*

Das Auftreten Jesu und seiner Anhänger, die zu großen Teilen, aber nicht ausschließlich der untersten Schicht der Bevölkerung angehört haben dürften (vgl. Lk 8,3), erregte in dieser Zeit vermutlich nicht das große öffentliche Aufsehen, wie uns das NT erzählt. Er war als Prediger der Endzeit kein Einzelfall in der zeitgenössischen Gesellschaft, wie durch Johannes den Täufer deutlich wird, der offensichtlich ebenfalls einen Kreis von Jüngern um sich scharte. Im Gegensatz zu Johannes, der den Texten zufolge am Jordan auftrat und lehrte, wird Jesus als Wanderprediger vorgestellt, der zunächst in Galiläa, dann auch in Judäa an verschiedenen Orten tätig war, um seine Botschaft vom Anbrechen des Königreiches Gottes zu verkünden. Die Aussendung der zwölf (Mk 3,13-21) und der 70/72 (Lk 10,1ff) lässt den Schluss zu, dass diese bereits zu Lebzeiten Jesu, ganz sicher aber nach Tod und Auferstehung als Wanderprediger durch die Welt zogen, denn in Jerusalem sind sie schon bald, nach dem Pfingstereignis, nicht mehr anzutreffen. Die Sendung der 70/72 bei Lk dürfte allerdings erst nach Ostern denkbar sein, denn diese Zahl steht für alle Völker der Welt, wie die Völkerliste in Gen 5 belegt: Die Heidenmission wurde erst nach Ostern begonnen. Dass die frühen nachösterlichen Zeugen als heimat-, besitz-, schutz- und auch familienlose (Mt 8,20; Lk 9,58) auftraten, ist nicht nur der Aussendungsrede (Mt 10; Lk 10) zu entnehmen, sondern spiegelt sich auch in der Lebensweise des Paulus, der u.a. in Gal von Gegnern attackiert wird, weil er das ihm zustehende Gastrecht in den Gemeinden nicht in Anspruch nimmt, sondern sich von seiner Arbeit ernährt. Noch die Apostellehre, die Didache, eine Schrift des 2. Jh. n. Chr., kennt diese Wandermissionare, die sich nur für kurze Zeit in den einzelnen Gemeinden aufhalten.

Es ist darauf aufmerksam zu machen, dass das römische Reich mit seiner Infrastruktur die Verbreitung des Christentums entschieden begünstigte. Das Reich war organisatorisch eine Einheit ohne störende Staatsgrenze. Griechisch kann noch eher als Hauptsprache bewertet werden als Latein. Die Infrastruktur, das Reisen per Schiff oder auch über Land auf dem gut ausgebauten Wegenetz war ohne Probleme möglich.

## Jesu Botschaft

> *Lk 11,20 Wenn ich aber durch den Finger Gottes die Dämonen austreibe, so ist also das Reich Gottes zu euch gekommen.*
> *Lk 21,31 So erkennt auch ihr, wenn ihr dies geschehen seht, daß das Reich Gottes nahe ist.*

Aufgrund seiner Botschaft vom kommenden, in die Gegenwart bereits hineinreichenden Reich Gottes und seiner Versöhnungsbereitschaft mit allen Menschen bestand sein Gefolge aus jenen Kreisen, die nicht in der Lage waren, das auch damals schon komplizierte gesetzesgemäße Leben zu führen.

> *Lk 15,1 Es nahten sich aber zu ihm alle Zöllner und Sünder, ihn zu hören; 2 und die Pharisäer und die Schriftgelehrten murrten und sprachen: Dieser nimmt Sünder auf und ißt mit ihnen.*

Es ist zwar nicht so, dass Jesus sich ausschließlich mit Menschen aus diesem sozialen Umfeld abgegeben hätte. Zu seinen Zuhörern und vor allem zu seinen Gastgebern gehörten offensichtlich auch Pharisäer und (ländliche) Synagogenbesucher und -vorsteher. Trotzdem spricht Jesus in erster Linie zu den „kleinen Leuten“. Abzulesen ist dies vor allem an seinen Gleichnissen aus deren Welt:

Da ist die Frau, die eine Drachme verliert, also einen Tageslohn, und dieses Geldstück sucht, bis sie es wiederfindet. Dafür stellt sie das ganze Haus auf den Kopf. Es sind Menschen, die um die schwere Arbeit im Weinberg wissen, die das steinige Feld bearbeiten und ihr Getreide aussähen, die einen Garten haben und das Wachstum der Senfpflanze beobachten können, die die Natur kennen und Sperlinge verkaufen, um etwas zu verdienen. Und schließlich sind es Menschen, die sich auf die Einladung zu einer Hochzeit freuen, weil man sich da wieder einmal richtig sattessen kann. Die Menschen mit feinen Kleidern findet man in den Palästen, nicht in der Umgebung Jesu oder der des Johannes (Lk 7,25). Hier also, in der Welt der Armen, stößt Jesus auf Resonanz. Und auch die Sünder gehören zu seinem Klientel: (zwielichtige) Frauen, Kranke und Zöllner – letztere unter Generalverdacht, die Menschen aus Eigennutz zu betrügen, und damit v.a. jene, die in der damaligen Gesellschaft nichts zählten, u.a. deshalb, weil sie auch kultisch unrein waren. In einer Gesellschaft, die theokratisch verwaltet wird, d.h. von einem Hohepriester, der angeblich die Sache Gottes vertritt oder in seinem Namen zu handeln beansprucht, ist Kultunfähigkeit ein besonders nachhaltiges Manko: Der Betreffende fiel aus der Volksgemeinschaft heraus. Das Zusprechen oder Absprechen der Kultfähigkeit ist sicherlich auch ein brauchbares Werkzeug von Seiten der Priesterschaft, die Bevölkerung unter Kontrolle zu halten. Dies war ihre Aufgabe, insbesondere gegenüber Rom, aber nicht zuletzt auch aus Eigennutz. Freilich war die Regentschaft des Hohepriesters und seines Synedriums, das aus Priestern, Volksältesten, Schriftgelehrten und z.Z. Jesu auch aus Pharisäern bestand, an Rom und seine Vertreter gebunden.

| Mt 26,61 und sprachen: Dieser sagte: *Ich kann* den Tempel Gottes abbrechen und in drei Tagen ihn wieder aufbauen. | Mk 14,58 Wir [zwei Falschzeugen] hörten ihn sagen: *Ich werde* diesen Tempel, *der mit Händen gemacht* ist, abbrechen, und in drei Tagen werde ich einen anderen aufbauen, der nicht mit Händen gemacht ist.<br>15,29 Und die Vorübergehenden lästerten ihn, schüttelten ihre Köpfe und sagten: Ha! Der du den Tempel abbrichst und in drei Tagen aufbaust, | Joh 2,19 Jesus antwortete und sprach zu ihnen: *Brecht* diesen Tempel ab, und in drei Tagen werde ich ihn aufrichten.<br>20 Da sprachen die Juden: Sechsundvierzig Jahre ist an diesem Tempel gebaut worden, und du willst ihn in drei Tagen aufrichten? 21 Er aber sprach von dem Tempel seines Leibes. | Apg 6,14 denn wir haben ihn [Stephanus] sagen hören: Dieser Jesus, der Nazoräer, *wird* diese Stätte zerstören und die Gebräuche verändern, die uns Mose überliefert hat. |
|---|---|---|---|

Mit seiner Botschaft dürfte sich Jesus in Kreisen der Aristokratie, der Priester und Schriftgelehrten keine Freunde gemacht haben. Eine Botschaft, die die vorbedingungslose Vergebungsbereitschaft Gottes ins Zentrum stellt, bringt den umfangreichen und komplizierten Opferbetrieb in Schwierigkeiten, denn Schuld- und Sühnopfer, ja der ganze Tempelbetrieb, scheinen dadurch gefährdet zu sein. Dazu passt, dass das Wort Jesu über den Tempel (ich werde diesen Tempel niederreißen und in drei Tagen wieder aufbauen oder ähnlich) in drei der vier Evangelien überliefert wird, zuzüglich in der Apostelgeschichte und an jeder dieser Stellen offensichtlich eine andere christliche Deutung erfährt. Offensichtlich handelt es sich dabei um eine traditionelle Aussage, die durchaus aus dem Munde Jesu stammen kann. Nimmt man noch die Variante hinzu, in der von einem „von Menschen gemachten" Tempel die Rede ist, verschärft sich der Ausspruch Jesu noch, denn „von Händen gemacht" sind nach den Aussagen der atl. Propheten vor allem die Götzen, die sich die Menschen aus Holz und Goldblech anfertigen, um dann vor ihnen niederzufallen. Ein von Händen gemachter Tempel konnte schnell als Götzentempel verstanden werden. Der Tempel jedoch ist nicht nur ein Ort des Gebets und des Opfers, er ist zugleich die Machtbasis der Priesteraristokratie, die ihrerseits von dieser Basis aus mit den Römern zusammen für Ruhe und Sicherheit sorgt.

### Zusammenfassung

Viele historische Ereignisse, die Gegenstand der „Heilsgeschichte" sind, erschließen sich nur durch die geschichtliche Situation Israels einerseits und die soziologischen Dimensionen andererseits. Es muss gefragt werden: Wie stellt sich Israel als Ganzes in seiner Zeit dar und wie die Gesellschaft in Israel selbst wie auch in seiner Umwelt? Auch hier gilt es, die Aussagen der Schrift zu hinterfragen, wie z.B.: Wie ist die Stellung der Väter, wie die der Könige und wie sieht der gesellschaftliche Zusammenhang in dieser Zeit aus?

### Was lernen wir daraus?

Die hl. Schrift befasst sich nicht nur mit den „Gewinner"-Typen, den oberen Zehntausend und deren Ergehen. Die Schrift, und insbesondere das NT, ist keinesfalls nur ein Zeugnis für und von den Großen, Reichen, Berühmten, sondern auch von und für die kleinen und armen Leute(n).
Etwas über die Gesellschaft, ihre Vorstellungen, ihre Zusammensetzung und ihre Ziele zu wissen, ist zum richtigen Verständnis der hl. Schrift absolut notwendig.

# 23. Frage: Wozu erzählt die Bibel eigentlich immer wieder von großen Gestalten? Wollen die etwas von mir?

Ja, die großen Gestalten der Bibel, des AT wie des NT wollen etwas von den Lesern dieser Bücher. Ihre Geschichten wurden nicht nur zur Unterhaltung geschrieben. Ganz im Gegenteil: Die Geschichten haben z.T. eine mehrfache Aufgabe. Sie wollen belehren, sie wollen überzeugen, auch Verhaltensänderungen herbeiführen, sie wollen aber auch Vorbilder zeigen und sicherlich – zumeist – etwas über Gott aussagen, selbst jene Erzählungen, in denen Gott überhaupt nicht vorkommt oder genannt wird (Rut, Esther).

Um all das mitzuteilen, werden Geschichten über bestimmte Personen erzählt. Diese Geschichten scheinen weitgehend zeitlos, d.h. sie lassen sich kaum datieren und erzählen etwas, das scheinbar für immer gilt, das schon immer so war und auch immer so sein wird. Für die damaligen Erzähler hatten ihre Geschichten einerseits „Ewigkeitscharakter", denn es änderte sich ja kaum irgendetwas – weder im Leben, noch in der Geschichte. Andererseits ist nicht zu übersehen, dass es auch immer wieder zu aktualisierenden Überarbeitungen oder Zufügungen kam.

Als erstes soll das Leben des Abraham dahingehend etwas betrachtet werden: Wann er lebte, ist den Texten überhaupt nicht zu entnehmen. Einerseits soll er ja in längst vergangener Zeit, vor den zwölf Stämmen Israels, gelebt haben, andererseits trifft er, wie erwähnt, auf die Philister, die (erst) ab ca. 1200 in Palästina siedeln. Historisch ist das natürlich überhaupt nicht möglich und deshalb wird zu Recht daran gezweifelt, dass Abraham wirklich eine historische Persönlichkeit gewesen ist. Das soll nicht bedeuten, dass es keinen Menschen Namens Abraham gab, aber diesem Abraham sind offensichtlich Ereignisse aus völlig verschiedenen Zeiten zugeschrieben worden. Angeblich stammte Abraham aus der alten (4.000 v. Chr.?) Stadt Ur:

> *Gen 11,31 Und Terach nahm seinen Sohn Abram und Lot, den Sohn Harans, seines Sohnes Sohn, und Sarai, seine Schwiegertochter, die Frau seines Sohnes Abram; und sie zogen miteinander aus Ur, der Stadt der Chaldäer, um in das Land Kanaan zu gehen; und sie kamen nach Haran und wohnten dort.*

> *Neh 9,7 Du bist es, HERR, Gott, der du Abram erwählt hast und ihn aus Ur in Chaldäa herausgeführt und ihm den Namen Abraham verliehen hast.*

Von Chaldäa und den Chaldäern, den Neubabyloniern, ist allerdings erst um 625 v. Chr. die Rede. Schon hier wird deutlich, dass das alles nicht zusammenpasst. Ein wichtiger Zug in der Geschichte des Abraham ist jedenfalls, dass er aus seiner Heimat ausgewandert sei und sich zunächst in Haran, dann später in der

Gegend von Hebron in Palästina niedergelassen habe – allein aufgrund des Rufes eines Gottes, dessen Führung er sich anvertraute. Offensichtlich geht es der Erzählung – oder eigentlich den Erzählungen – über Abraham gar nicht um historische Genauigkeit, sondern um sein Verhalten: Er folgt dem Ruf (s)eines Gottes in eine sehr ungewisse Zukunft. Es ist mehr als ungewöhnlich in dieser Zeit, seine angestammte Heimat und dazu seine ganze Sippe oder seinen Stamm zu verlassen, denn dadurch war man auch weitgehend schutzlos. In der Fremde hatte man den Status eines „Schutzbürgers", der sich auf das Gastrecht verlassen und darauf hoffen musste, dass er in der neuen Umgebung ohne Schikanen akzeptiert wurde. Schutz genoss er – obwohl Fremder – entweder durch eine einzelne Person, durch die Ortsgemeinschaft, aber schließlich auch durch Gott selbst. Israel wird in jüngerer Zeit (vermutlich nachexilisch) das Wohl des Schutzbürgers, des „Fremden", besonders anempfohlen, denn es heißt: Auch ihr seid Fremde gewesen im Land Ägypten (Lev 19,34). Im Laufe der Geschichte verändert sich der Status der Schutzbürger freilich dahingehend, dass sie – auch im Kult – nahezu gleichberechtigt sind (vgl. Martin-Adard sowie Kellermann).

Aufgrund dieses seines Gottvertrauens gilt Abraham als „Stamm"-Vater aller Glaubenden. Abraham erhält als Gegenleistung für seinen Glauben mehrere Zusagen von Seiten Gottes: Er bzw. seine Nachkommen sollen das Land erhalten (Gen 12,7; 13,15 u.ö.), in dem er jetzt als Schutzbürger lebt. Er erhält außerdem eine Vermehrungszusage (Gen 15,5 u.ö.) und Gott schließt mit ihm einen Bund (Gen 15,18 u.ö.) und er empfängt einen Segen mit Relevanz für *alle* Menschen:

> *Gen 12,2 Und ich will dich zu einer großen Nation machen, und ich will dich segnen, und ich will deinen Namen groß machen, und du sollst ein Segen sein!*
> *3 Und ich will segnen, die dich segnen, und wer dir flucht, den werde ich verfluchen; und in dir sollen gesegnet werden alle Geschlechter der Erde!*

Abraham ist also eine Idealgestalt des Glaubens, die nicht auf eine bestimmte historische Epoche begrenzt oder festgelegt werden kann. Selbstverständlich soll und will er damit ein Glaubensvorbild sein. Vermutlich geht es aber auch noch um mehr, nämlich um seine Vorbildfunktion für die Exilierten im Blick auf das Gottvertrauen, das ihn von Babylon nach Palästina führt. Abraham steht damit für den ersten Rückkehrer aus dem Exil. Wie sehr es darum ging, sich auf den Weg zu machen und in seine Heimat zurückzukehren – eine Heimat, die so mancher noch nie gesehen hatte – wird besonders in den Büchern Esra und Nehemia deutlich, die sich intensiv darum bemühen müssen, die Stadt Jerusalem überhaupt erst einmal wieder zu besiedeln.

Als eine zweite idealtypische Gestalt soll David etwas näher betrachtet werden. Unter historischem Aspekt lässt sich David kurz folgendermaßen skizzieren: David ist einer von sieben (oder mehr?) Söhnen eines Bethlehemiters namens Isai. Der Name von Davids Mutter ist zwar nicht bekannt, wohl aber der Name der Tante: Sie heißt Zeruja. Einen Beruf hat er vermutlich nicht – er ist Hirte des Kleinviehs seines Vaters. Als nachgeborener Sohn hatte er kaum Aussicht auf ein

Erbe, das ihn auch hätte ernähren können. Deshalb verdingt er sich – wie auch einige (?) seiner Brüder als Söldner bei König Saul und zieht mit diesem in den Krieg gegen die Philister. Er schlägt sich tapfer und wird zunehmend bekannt. Mit dem Sohn von Saul namens Jonathan trifft er irgendwelche Absprachen, vermutlich für die Zeit nach Saul. Saul kommt dies zu Ohren und er behauptet, David plane einen Putsch gegen ihn – mit ausdrücklichem Wissen seines eigenen Sohnes Jonathan. Zunächst versucht er, David enger an sich zu binden und verheiratet ihn mit einer seiner Töchter. Diese erweist sich jedoch ebenfalls als Sympathisantin seines Widersachers David und verhilft ihm sogar zur Flucht, als Saul ihn verhaften lassen will. David hält sich daraufhin in der Steppe seines Stammes in Juda auf, führt dort diverse Raubzüge durch, lebt von Schutzgelderpressung und bietet seine Dienste schließlich auch einem Philisterkönig an. Im Laufe der Zeit hat sich um David eine Bande von ca. 400 Mann geschart, Leute, die in ähnlicher Situation wie David waren „und nichts zu verlieren hatten". Mit ihnen macht er also die Gegend unsicher, plündert, raubt und brandschatzt unter den Nachbarn seines Stammes. Durch Geschenke an die Stammesältesten erkauft er sich deren Unterstützung. In die Entscheidungsschlacht der Philister gegen Saul, in der letzterer den Tod findet, scheint David freilich nicht involviert zu sein. Die anderen Philisterkönige – nicht aber sein Lehnsherr – halten David vermutlich nicht zu Unrecht, für einen unsicheren Kandidaten, der im Falle einer sich abzeichnenden Niederlage der Philister die Seiten wechseln würde.

Nach dem Tod von Saul sieht David in der Zeit des Machtvakuums in Judäa die Gelegenheit, sich als König von Juda krönen zu lassen. Im Norden versucht der Feldherr des Saul, ein Verwandter namens Abner, die Regierung an sich zu ziehen. Abner wird jedoch von Davids Cousin Joab, einem Sohn der Zeruja, ermordet – angeblich in Ausübung einer Blutrache. Nun ist für David auch der Weg in den Norden frei: Die Ältesten der Stämme des Nordens tragen David die Königswürde an, die er auch annimmt. In der Folgezeit führt David angeblich Krieg gegen alle Völker, die sein neues Reich „Israel" umgeben. Zumeist werden die gefangenen Männer dezimiert, um Aufständen vorzubeugen. Die Stadt Jerusalem, an der Grenze zwischen Juda und den Nordstämmen gelegen, lässt David nicht vom Volksheer, sondern von Joab und seiner Privatarmee erobern. Die Stadt bleibt damit exterritorial – sie gehört nicht zu einem Stammesgebiet! David wird Stadtkönig über Jerusalem und macht es zur Hauptstadt. Dorthin überführt er dann auch die Bundeslade – ein geschickter Schachzug, mit dem er jene Gruppierungen, die in der Lade ihr Kultobjekt sehen, an sich und seine Hauptstadt bindet.

Die weiteren Erzählungen von David beschäftigen sich mit reichsinternen und v.a. familiären Angelegenheiten und zeigen die dunklen Seiten dieses Mannes auf. Es gelingt ihm nicht, Ordnung in seine Familie zu bringen, zumal er selbst kein Muster an Tugendhaftigkeit ist. Eine seiner größten Verfehlungen ist der Ehebruch mit Bat Scheba, Ehefrau seines Offiziers Urija, der für David im Krieg steht. Mit Bat Scheba zeugt David einen Sohn, Salomon, der ihm nach einer Palastrevolte auf den Thron folgt. David hat also noch nicht einmal seine Nachfolge regeln können. Den Offizier lässt er nach einem Heimaturlaub von seinem Feldherrn Joab an die meistumkämpfte Stelle des Krieges schicken und dieser fällt, wie von David gewünscht. David hat darüber hinaus den Putsch seines Sohnes Absalom zu überstehen, die Ermordung seines Sohnes Amnon, des Halbbruders von Abschalom, welcher seinerseits die leibliche Schwester Absaloms, Tamar, vergewaltigt hatte, sie dann aber nicht ehelichen will. Es geht also drunter und drüber „bei Königs". David wird auch noch angelastet, dass er eine Volkszählung veranstaltete und damit die Mehrungsverheißung an Abraham in Zweifel zog. Deshalb wütet die Pest drei Tage lang im Land. Nicht auf das Konto des David geht dagegen der Sieg über Goliath, denn diesen hat ein gewisser Elhanan ben Jair oder ben Jaare-Oregim erschlagen, ein Bethlehemiter wie David selbst, möglicherweise sogar ein Verwandter (2Sam 21,19).

Diese Informationen lassen sich mehr oder weniger aus dem Text direkt entnehmen oder zwischen den Zeilen lesen. Die Davidsgeschichte berichtet somit die Geschichte eines Aufsteigers, der mit einer gewissen Skrupellosigkeit König Israels wird. Sie erzählt damit natürlich auch von der glanzvollen Vergangenheit, die Israel einmal hatte, als es noch ein „einig Brudervolk" war, dem goldenen Zeitalter. Von Salomon einmal abgesehen kann die ganze weitere Geschichte letzten Endes nur abfallen, besonders in Folge der Reichstrennung, die dazu führt, dass der Norden mehr oder weniger ein häretischer Staat wird, natürlich nur aus der Sicht des Südens.

Die Davidsgeschichte schwelgt allerdings nicht nur in der Vergangenheit. Es ist auch eine Erwählungsgeschichte, und zwar nicht nur der Erwählung Davids – ein offensichtlich imposanter, gutaussehender und außerordentlich erfolgreicher Mann, der dies nur sein kann, weil „der Herr mit ihm" ist. Es ist mithin die Geschichte eines Mannes, der erwählt ist, um dem außerwählten Volk eine Blütezeit zu bescheren. Es ist bezeichnend für das AT wie auch für die spätere jüdische Literatur, dass bei allen positiven Erzählungen die Schattenseiten nicht unterschlagen werden. Mögen sie auch in Ausmaß und Umfang reduziert worden sein, ausgelassen werden sie nicht. So zeigt sich David als Sünder, der trotz seiner Verfehlungen nicht von Gott verlassen wird. Dieser Gott hält weiter zu ihm, auch wenn er mehrfach strafend gegen ihn vorgeht. Somit verkörpert er einerseits die Gestalt eines Helden, eines gerechten und vor allem frommen Königs, wie auch die Gestalt eines Sünders. Als Frommer wird David nicht nur die Abfassung vieler Psalmen zugeschrieben, er wird gleichzeitig als Verehrer der Lade gezeigt und als Vorbereiter des Salomonischen Tempels. Man gewinnt durchaus den Eindruck, dass die Verfasser des zweiten Samuelbuches wie auch des Chronistischen Geschichtswerkes nichts lieber täten, als David selbst den Tempel errichten zu lassen, aber an der Historie kommen sie nicht (ganz) vorbei. David ist Vorbild – für alle weiteren Könige des Nordens wie des Südens – und er ist mehr oder weniger tragische Gestalt in seinen Verstrickungen und in seinen Sünden. Er ist Held und Antiheld. Diese beiden Seiten gehören eng zusammen und sind nicht voneinander zu trennen.

Aus dem Neuen Testament sei die Gestalt des Paulus vorgestellt. Paulus, ein Jude aus der Diaspora, geboren etwa um die Zeitenwende in Tarsus in Kleinasien, von Beruf Zeltmacher oder Sattler, wendet sich der Partei der Pharisäer zu. Dazu muss er für eine gewisse Zeit in Palästina gelebt haben, denn in der Diaspora gab es nach heutigen Erkenntnissen diese Gruppe nicht. Er sagt von sich, er habe das Gesetz sehr streng beachtet und als gesetzestreuer Jude die Christen verfolgt. Die näheren Gründe dafür nennt er nicht. Auf einer Reise nach Damaskus, möglicherweise zur dortigen jüdischen Gemeinde in Sachen Christentum, habe er eine Audition/Vision gehabt, in deren Folge er Verkündiger des gekreuzigten und wieder auferweckten Jesus von Nazareth geworden sei, und zwar ausschließlich oder im besonderen Maß unter den Nichtjuden. Mit der gleichen Intensität, mit der er Verkündiger des Gesetzes war, scheint er nach seinem Damaskuserlebnis Verkünder des Auferstandenen gewesen zu sein. Um seinem Auftrag nachzukommen, bereist Paulus den östlichen Mittelmeerraum, vor allem Kleinasien und Griechenland. Er gründet eine ganze Reihe von neuen Gemeinden, so höchstwahrscheinlich in Philippi, Saloniki und Korinth, dazu aber auch in der südlichen und in der Zentraltürkei, nämlich der Gegend von Ankara. Diese Gemeinden besuchte er in der Folgezeit offensichtlich teilweise mehrfach und hält ansonsten den Kontakt mit ihnen durch brieflichen oder mündlichen Informationsaustausch aufrecht. Mehrfach gibt er konkrete Anweisungen auf präzise und aktuelle Anfragen aus seinen Gemeinden.

Besondere Themen des Paulus sind die Verteidigung seines Apostolats und die Verteidigung seiner Sicht von „Evangelium“, nämlich die Freiheit vom jüdischen Gesetz für die ehemaligen Heiden. Er wendet sich in besonderer Weise gegen Beschneidungsforderungen von Seiten orthodoxer judenchristlicher Kreise, aber auch sonst gegen Einhaltung des jüdischen Gesetzes, in welchem Umfang auch immer. Zum Verständnis: Im frühen Christentum gab es offensichtlich judenchristliche Kreise, die über die Taufe hinaus auch die Beschneidung der Christen und die Einhaltung der jüdischen Gesetze forderten und somit den Eintritt in das Judentum als erwähltes Gottesvolk. Paulus tritt dieser Vorstellung mit großem Nachdruck entgegen. Durch Werke des Gesetzes, so seine Aussage, wird kein Mensch gerechtfertigt. Dies bedeutet, dass Paulus glaubt, dass das (jüdische) Gesetz nicht (mehr) in der Lage ist, dem Menschen in irgendeiner Weise Heil zu bringen. Vielmehr wird der Mensch nur dadurch von Gott als „Gerechter“ anerkannt, fällt also in Gottes Gnade, dass er an Jesus Christus als den Auferstandenen glaubt und sich auf diesen Jesus taufen lässt. Paulus muss sich deshalb auch gegen den Vorwurf der Gesetzlosigkeit verteidigen und gegen die Vorstellung, ohne das Gesetz breche die Anarchie aus. Daher nennt er Gebote (die sich auch im AT finden), die es zu halten gelte, mit einer neuen Begründung, nämlich weil und soweit diese die Willensrichtung Jesu treffen.

Des Weiteren ist er davon überzeugt, dass sich die Parusie, die Wiederkunft Jesu, unmittelbar und noch zu seinen Lebzeiten ereignen werde. Er rechnet mit diesem Ereignis, weil Jesus „nur“ der Erstling der Entschlafenen sei (1Kor 15,20), der vom

# 24. Frage: Wo bleiben eigentlich die Frauen in der Bibel – Oder: Lesen Frauen die Bibel anders als Männer?

Frauen kommen in der Bibel eindeutig zu kurz. Das merkt man schon daran, dass bestimmte weibliche Formen in der hebräischen Grammatik der Schrift gar nicht existieren, weil sie nicht gebraucht wurden. Dieser Befund ist ganz einfach zu erklären: Die Schrift, AT wie NT, stammt aus einer patriarchal geprägten Welt oder einfach gesagt, aus einer Männerwelt. Das mag man nun gutheißen oder nicht – es ist erst einmal so. Frauen kommen nur als Ehefrauen von xy vor oder auch dann, wenn sie in irgendeiner Weise auffallen – positiv oder auch negativ, d.h. wenn sie den Rahmen der Männerwelt sprengen.

Natürlich wird die „Urmutter" genannt, Eva, die im Hebräischen Chawa heißt. In diesem Namen steckt das hebräische Wort Chai, Leben. Deshalb kann die Schrift auch sagen (Gen 3,20): Adam nannte den Namen seiner Frau Chawa, denn sie wurde die Mutter aller Lebenden (Chai). Darin, in ihrer Ursprungsfunktion, ist Chawa/Eva natürlich erwähnenswert, ja sogar unverzichtbar.

Eine andere Frau, die erwähnt wird und über die eine eigene Geschichte in Gen 38 geschrieben steht, ist eine gewisse Tamar (Dattelpalme). Sie ist die Ehefrau von zwei Brüdern, die sterben, ohne Kinder zu hinterlassen. Nach den damaligen gesellschaftlichen Regeln hätte nun der dritte Bruder die Witwe heiraten, d.h., die →*Leviratsehe* mit ihr vollziehen müssen. Zumindest das erste Kind aus dieser Verbindung gilt laut dieser Gepflogenheit als Kind des verstorbenen ersten Mannes, sodass dessen Genealogie weitergeführt wird. Der Schwiegervater der Frau, also der Vater der beiden Söhne, verweigert der Frau jedoch seinen dritten Sohn, denn er bringt den Tod seiner beiden Söhne irgendwie mit ihr in Zusammenhang. Sie ist in irgendeiner Weise „Schuld" am Tod der beiden Brüder. Seinen dritten Sohn will der Mann nicht auch noch riskieren. Der Frau bleibt demnach nichts anderes übrig, denn als kinderlose Witwe zurück in ihr „Vaterhaus" zu gehen. Natürlich ist sie nicht glücklich darüber und greift zu einer sehr ungewöhnlichen List: Sie kleidet sich wie eine Prostituierte – offensichtlich konnten solche Frauen anhand ihrer Kleidung erkannt werden, z.B. am Schleier, den diese Damen vermutlich trugen – und setzt sich an den Ortseingang. Ihr Schwiegervater, inzwischen Witwer geworden, kommt bei ihr vorbei, sieht sie und hat Verkehr mit ihr. Da er keine Möglichkeit hat, die Frau zu entlohnen, gibt er ihr seinen Siegelring, Schnur(?) und Stab und verspricht, dass er diese Gegenstände gegen ein Ziegenböckchen auslösen werde. Er schickt auch alsbald jemanden mit dem Ziegenböckchen an die Stelle, doch Tamar ist verschwunden. Nach drei Monaten stellt man fest, dass Tamar schwanger ist – man beschuldigt sie der Unzucht und will sie zum Feuertod verurteilen. Tamar aber kann ihre „Beweisstücke“, nämlich die Pfänder ihres Schwiegervaters vorlegen und der Mann gesteht seine Verfehlung ein, dass er nämlich seiner Schwiegertochter die Ehe mit seinem jüngsten Sohn verweigert hat. Selbstverständlich erfolgt ein Freispruch und Tamar bringt Zwillinge zur Welt, Serach und Perez. Dieser Perez ist laut dem Buch Rut (4,18) ein Vorfahre von König David.

Es dürfte auch nicht schwerfallen, die besondere Bedeutung der Richterin Debora (vgl. Ri 4) zu erkennen. Sie gilt als die eigentliche Siegerin über Sisera, den Feldherrn von Hazors König Jabin. Das Heer Deboras ist (mit Gottes Hilfe) siegreich. Es kommt offensichtlich zu einem Unwetter, sodass Sisera und sein Heer mit ihren eisernen Streitwagen den Vorteil dieser Waffe überhaupt nicht zur Entfaltung bringen können. Sisera wird auf der Flucht von einer Frau namens Jael ermordet, die, das Gastrecht missachtend, dem vor Erschöpfung schlafenden Sisera einen hölzernen Zeltpflock in die Schläfen rammt. Ein mehrere Strophen umfassendes Lied preist im Buch der Richter den Sieg über Sisera. Einen Grund, den Tod des Sisera zu bemitleiden, gibt es nicht.

Weitere Frauen, die im AT vorkommen sind etwa die (negativ konnotierte) Königin Atalja, die als (einzige) Frau für eine gewisse Zeit den Davidsthron besteigt, die Königin Isebel, Frau des Nordreichkönigs Ahab, die als „Fremde“ aus dem Libanon ihren Baalskult nach Israel bringt, oder auch eine Prophetin namens Hulda – eine von sechs weiteren namentlich bekannten Prophetinnen –, die dem überaus gepriesenen König Joschija das Ende seiner Dynastie ansagen muss. Davon abgesehen gibt es einige kleinere Bücher, die sich mit außergewöhnlichen Frauen beschäftigen: Rut, die in Treue zu ihrer Schwiegermutter Noomi steht, den Glauben ihrer Schwiegermutter annimmt und für ihre Treue mit einem Ehemann und einem Sohn belohnt wird, der zu den Vorfahren Davids gehört. Esther, die zur Königin von Persien aufsteigt und in dieser Funktion ihr Volk vor dem Untergang rettet, und schließlich auch Judit, die bei der Belagerung der Stadt Betulia durch Holofernes, den General Nebukadnezzars, ins Lager der Assyrer geht, den Holofernes betrunken macht und ihm dann den Kopf abschlägt. Die Belagerung wird daraufhin abgebrochen, die Feinde fliehen und Judit hat durch ihre heldenhafte Tat die Stadt und ganz Israel gerettet.

Im Übrigen ist es auffällig, dass an wichtigen Knotenpunkten israelitischer Geschichte Frauen auftreten und das Geschehen maßgeblich bestimmen, wie z.B. die beiden Hebammen Schifra und Pua im Buch Exodus (Ex 1), die verhindern, dass der Befehl des Pharao, männliche Nachkommen zu töten, ausgeführt wird. Von großer Bedeutung sind aber auch die Frauen der Erzväter, insbesondere die vier Frauen des Jakob, die man durchaus als Stammmütter Israels bezeichnen kann. Lea und Rachel spielen aber darüber hinaus auch im Leben Jakobs eine wichtige Rolle. Es ist sicher von Bedeutung, dass Rachel die Hausgötter ihres Vaters stiehlt und mit in ihre neue Heimat, die Heimat ihres Ehemannes, nimmt. In dieser Erzählung finden sich kaum irgendwelche Spuren von Tadel wegen dieses Diebstahls.

Für das NT wird man sicher in erster Linie an Maria aus dem galiläischen Ort Migdal/Magdala denken, die eine begeistert Jüngerin Jesu war und als erste, noch vor allen Aposteln oder Jüngern, eine Offenbarung des Auferstandenen empfängt. Ihre Bedeutung wird im Laufe der Kirchengeschichte jedoch stark zurückgenommen, sodass sie, die in der frühen Kirche als Lehrerin der Apostel(!) auftritt, kaum mehr eine Rolle spielt. Papst Franziskus versucht, diese Frau durch einen eigenen Festtag (22. Juli) stärker zu würdigen. Über eine andere Frau, die Paulus in einer Grußliste in Röm 16 erwähnt, wo sie zusammen mit ihrem Mann als Apostel bezeichnet wird (Junia und Andronikus Röm 16,7), wissen wir ansonsten leider nichts. Aber es reicht eigentlich schon, dass es weibliche Apostel gab und Paulus sowieso oft von Mitarbeiterinnen spricht. Der Versuch von gewissen orthodoxen oder frauenfeindlichen Kreisen, Junia als Mann mit dem Namen Junias auszuweisen, kann als gescheitert betrachtet werden.

Für Interessierte: Der männliche Name Junias ist nicht belegt; die frühen Kirchenschriftsteller gehen selbstverständlich von einer Frau aus; der Versuch, mittels Akzentsetzungen im Griechischen eine männliche Form abzuleiten ist unstatthaft, da in den frühen griechischen Handschriften noch keine Akzente gesetzt wurden.

Es wären hier noch eine ganze Reihe anderer Frauen zu nennen, aber trotz allem spielen sie nur eine unbedeutende Nebenrolle auf die gesamte der Bibel bezogen.

Die Frauen mehr zu Wort kommen zu lassen oder stärker einzubeziehen, kann sicher nicht dadurch erfolgen, dass man statt von den Jüngern nunmehr von Jüngerinnen und Jüngern, bei Paulus von Schwestern und Brüdern oder im AT von Jakob und seinen Töchtern und Söhnen spricht. Das ist nur Kosmetik. Sie alle mehr in das Bewusstsein der Hörer oder Leser zu bringen, gelingt zum zweiten auch nicht dadurch, dass man feminine Worte und Begriffe des AT und NT jetzt auch entsprechend im Deutschen wiedergibt und dann nicht mehr vom „Geist“ (im Deutschen ♂, im Hebräischen und Griechischen dagegen ♀), sondern von der „Geistin“ spricht.

Etwas anders sieht es dagegen mit dem Wissen aus, dass es in Israel starke und bedeutende Frauen gab. Deren Geschichten wieder „auszugraben“ und stärker in den Fokus zu rücken, ist durchaus geeignet, um Frauen hervorzuheben. Dazu gehört auch, die weibliche Seite Gottes wiederzuentdecken, die an verschiedenen Stellen aufscheint. Gott ist nicht nur der Kriegsherr Israels, der dazu da ist, dessen Feinde zu dezimieren, sondern er ist auch der zärtliche Gott, der sein Kind, die Weisheit, liebt und vor seinen Füßen spielen lässt (Spr 8,30f).

Für Interessierte: Da Gott bei der Schöpfung einen „Bauplan" braucht und die Schöpfung in Weisheit angelegt ist, muss die Weisheit präexistent sein. In der Zeit des sogenannten Frühjudentums, d.i. je nach Definition zwischen 538 v. Chr. und 200 n. Chr. betrachtet man die Tora als *„die"* Weisheit – enthält sie doch alles, was für die Schöpfung gut und erforderlich ist. Wer nach der Tora lebt, lebt ein gutes Leben, oder wie auf dem Vorhang des Toraschreines in Marburg zu lesen ist:

> *Spr 3,18 Ein Baum des Lebens ist sie für alle, die sie ergreifen, und wer an ihr festhält, ist glücklich zu preisen.*

Und somit gilt die Tora als präexistent. Es ist nur logisch, dass Jesus Christus als Erfüllung des Willens und Wortes Gottes, als Mensch gewordener (präexistenter) Logos (Joh 1) für das Christentum die Rolle der Tora einnimmt und somit den Platz der Weisheit – und damit auch deren Präexistenz, wie schon aus der Bezeichnung der Christuskirche „Hagia Sophia" in Istanbul deutlich wird.

Gott ist ferner der Gebärende, die Mutter und Hebamme. Im Neuen Testament klingt diese Seite Gottes z.B. im Bild von der Henne an, die ihre Küken unter ihre Flügel nimmt und ihnen dadurch Schutz gewährt (Mt 23,37 vgl. Lk 13,34). Und schließlich haben im Hebräischen das Wort „Barmherzigkeit" und „Mutterschoß" eine gemeinsame Sprachwurzel.

Diese Seiten Gottes wieder neu zu entdecken und ins Bewusstsein der Bibelleser zu rücken, ist ein Anliegen der feministischen Theologie. Es soll hier nicht auf die Frage eingegangen werden, ob Unterschiede zwischen Mann und Frau aufgrund der unterschiedlichen Sozialisation existieren oder ob diese grundsätzlich mit dem (physischen) Mann- und Frausein gegeben sind. Vermutlich liegt die Wahrheit wieder einmal in der Mitte: Beides hinterlässt seine Spuren. Aber wie auch immer: Es dürfte einen Unterschied machen, ob ich die Bibel als Mann oder Frau lese und entsprechend gibt es auch eine feministische Bibelauslegung. Frauen empfinden sicher völlig anders als Männer, wenn sie kinderlos bleiben. Sie empfinden auch anders, wenn von schwangeren Frauen wie z.B. von Elisabeth und Maria die Rede ist. Feministische Theologie achtet z.B. auf frauenfeindliche Äußerungen und hebt, wie gesagt, die weiblichen Seiten Gottes hervor. Sie macht darauf aufmerksam, dass ein Vater-Sohn-Verhältnis anders gestrickt ist, als eine Mutter-Tochter-Beziehung, aber sicher auch anders als eine Mutter-Sohn-Beziehung.

Feministische Theologie macht im Übrigen keinen Hehl daraus, dass sie parteiisch ist, dass sie ganz bewusst die weiblichen Seiten des Glaubens aufdecken möchte. Dies ist durchaus legitim, denn die „übliche" Schriftlektüre und -auslegung ist in der Regel männlich geprägt, ohne dass man sich darüber groß Gedanken macht. Sie ist demnach ebenfalls parteiisch, mit dem Unterschied, dass man diese Parteilichkeit aufgrund der Tradition für normal hält.

## Zusammenfassung

Die heiligen Schriften des AT und NT sind in einer von Männern dominierten Zeit und Gesellschaft entstanden. Es ist von daher kaum verwunderlich, dass Frauen in diesen Schriften nur selten vorkommen und selbst wenn, dann nicht in exponierter Position. So hätte es keinen Sinn gemacht, das Zeugnis der Frauen vom leeren Grab in Mk 16,1-8 stärker hervorzuheben. Die Umwelt hätte diese Aussagen nur mit der Bezeichnung „leeres Weibergeschwätz“ quittiert, und die Erlebnisse der Frauen wären für die Frage nach der Wahrhaftigkeit der Auferstehung eher kontraproduktiv gewesen. Auch wenn in der Frühzeit des NT den Frauen Aufgaben zugewiesen wurden wie den Männern auch („Mitstreiterinnen für Christus“; vgl. Paulus!), wird diese Form der Gleichberechtigung bereits in den wenige Jahrzehnte jüngeren Pastoralschriften schon wieder zurückgenommen. Es setzten sich wieder die gesellschaftlich vorgegebenen Leitlinien durch und mit ihnen das Zurücktreten der Frauen aus der Öffentlichkeit. Immerhin ist beachtenswert, dass das Konzil von Laodizea im 4. Jh. verbietet, dass Frauen den Priesterberuf ausüben. Offensichtlich gab es bis in dieses Jahrhundert weibliche Priester, wenngleich vielleicht nur mancherorts.
Auch das AT kann in Einzelfällen nicht umhin, bedeutende Frauen vorzustellen, aber es bleibt eben dabei, dass es sich nur um Ausnahmen handelt, die im Laufe der Geschichte nun einmal vorkommen können. An all dem ändert sich nichts, wenn in neueren Bibelausgaben das Weibliche scheinbar gleichberechtigt neben die Männer gestellt wird oder gar Kunstworte gebildet werden („Geistin“). Eine andere Sicht der Schrift wird allerdings sicher dadurch gewonnen, dass die Interpretation der Schrift auch von Frauen vorgenommen wird. Die weibliche Sicht auf die Texte ist eine andere.

## Was lernen wir daraus?

Die Schrift bedarf in heutiger Zeit auch einer Interpretation aus weiblicher Sicht. Daraus können neue Einsichten und ein neues Verständnis gewonnen werden.

## 25. Frage: Zu welcher neuen Sichtweise kommt man, wenn man die Schrift mit den Augen der Armen liest und was ist eigentlich „Theologie der Befreiung"?

Diese Bibelauslegung ist Bestandteil einer ganz eigenen Theologie, die hier kurz dargestellt werden soll, da ohne diese auch deren Lesung und Interpretation der Bibel nicht verständlich zu machen ist. Das Vorgehen bei dieser Art der Bibellektüre gleicht der eben vorgestellten feministischen Theologie. Die Fragen sind nahezu die gleichen, nur dass dort nicht die Sicht der Frau auf den Text im Zentrum steht, sondern die der Armen. Was sagt die Schrift den Armen? Inwieweit kann aus ihr Kraft geschöpft werden, ggf. sogar Verhaltensregeln? Dies bedeutet, dass sich diese Theologie nicht darauf beschränkt, Trost zu spenden, sondern sich darum bemüht, aus der Schrift auch Forderungen für eine andere Gesellschaftsordnung abzuleiten. Dabei scheint die Schrift allerdings nur der „ideologische" – oder besser: „theologische Überbau" über der Praxis zu sein, wenn es etwa heißt: „Die Reflexion von der Praxis aus, innerhalb der gewaltigen Anstrengungen der Armen und ihrer Bundesgenossen, und die Suche nach Inspiration im Glauben und im Evangelium für den Einsatz gegen ihre Armut zugunsten der umfassenden Befreiung jedes Menschen und des ganzen Menschen – das macht die Theologie der Befreiung aus" (Boff, 18). Und weiter: Der erste Schritt ist das Handeln, das befreit; der zweite Schritt erst ist die Glaubensreflexion von der befreienden Praxis aus (vgl. ebd. 13.16).

Das Unrecht begegnet den einfachen Menschen Südamerikas im täglichen Leben in Gestalt von Großgrundbesitzern und multinationalen Konzernen, welche die einfachen Campesinos, die Kleinbauern, unterdrücken und ihnen gegebenenfalls ihr Land wegnehmen, um daraus Großplantagen zu machen – Großplantagen für schnellwachsende Hölzer für die Papierindustrie, Großplantagen von Ölpalmen für Biokraftstoff, hinzu kommt noch die Rodung der Wälder durch die Holzindustrie und zur Erschließung von Gold- und Edelsteinminen mit existenzbedrohenden Folgen für die Tierwelt und die Ureinwohner. Es kommt zum Abtrag der Humusdecke, zur vermehrten Einbringung von Pestiziden gegen Schädlinge, die stets in Monokulturen auftreten, und von Dünger in das Grundwasser. Die Goldgewinnung geht einher mit der Einleitung von Quecksilber und Cyanid in die Flüsse und Bäche. Kurz gesagt: Die industrielle „Nutzung" der Fluss- und Urwaldgebiete Südamerikas, oft durch Konzerne der „reichen Länder", führt zu schwindendem Lebensraum für die „kleinen Leute", die Ureinwohner und die dortige Tier- und Pflanzenwelt.

*„Ihre Aktien sind wie das Heu auf den Wiesen Psalm 37*
*Verlier nicht die Geduld, wenn du siehst,*
*wie sie Millionen machen.*
*Ihre Aktien sind wie das Heu auf den Wiesen.*
*Beneide nicht die Millionäre und die Kinostars,*
*denen die Zeitungen acht Spalten widmen,*
*die in Luxushotels wohnen*
*und in Luxusrestaurants essen;*
*bald wird man ihren Namen in keiner Zeitung mehr lesen,*
*selbst die Gelehrten werden ihre Namen*
*nicht mehr kennen;*
*denn sie werden abgemäht wie das Heu auf den Wiesen.*

*Laß dich nicht beunruhigen von ihren Erfindungen*
*Noch von ihrem technischen Fortschritt.*
*Den Führer, den du heute siehst,*
*wirst du bald nicht mehr sehn;*
*du wirst ihn suchen in seinem Palast –*
*und nicht finden,*
*Die neuen Führer werden Pazifisten sein*
*und Frieden machen.*

*Noch werden die Konzentrationslager vergrößert,*
*neue Foltern erfunden*
*und neue Untersuchungsmethoden.*
*Nachts schlafen sie nicht, sondern schmieden Pläne,*
*wie man uns noch mehr zertreten,*
*noch vollkommener ausbeuten kann.*
*Aber der Herr spottet ihrer,*
*weil er weiß, wie bald sie ihre Macht verlieren werden.*
*ihre eigenen Waffen werden sich gegen sie richten.*
*ihre politischen Systeme werden vom Erdboden*
*verschwinden*
*und ihre politischen Parteien nicht mehr existieren –*
*wertlos sind dann die Pläne ihrer Techniker.*

*Die Großmächte sind*
*wie die Blumen auf den Wiesen*
*und die Weltmächte*
*wie Rauch.*

*Den ganzen Tag lang spioniert man uns nach.*
*Die Urteile stehen schon fest,*
*aber der Herr liefert uns ihrer Polizei nicht aus.*
*Er wird es nicht zulassen, dass ihre Gerichte uns verurteilen.*

*Überall sah ich das Bild des Diktators*
*[es geht um den von den USA gestützten Präsidenten von Nicaragua, Somoza]*
*– Es wuchs wie ein mächtiger Baum –,*
*und als ich wieder vorbeikam,*
*war es verschwunden.*
*Ich suchte und fand es nicht.*
*Ich suchte weiter, doch es gab kein Bild mehr von ihm –*
*Und sein Name durfte nicht mehr ausgesprochen werden."* (Cardenal 27f)

### Zusammenfassung

Die Theologie der Befreiung liest die Schrift aus dem Blickwinkel der Armen und Entrechteten und entwickelt daraus nicht nur eine neue Sicht, sondern auch ein verändertes Verhalten, das sogar zu aktivem Widerstand führen kann. Dabei geht die Reflexion der Verhältnisse der Reflexion der Schrift voraus! Man versucht also zu ergründen, inwieweit die Schrift Antworten auf die ganz konkrete Lage der Unterdrückten in Süd- und Mittelamerika geben kann. Natürlich ist dies ein sehr einseitiger und interessegeleiteter Umgang mit der Schrift, aber interessegeleitet ist jeder Umgang mit ihr, auch in unserer Kultur. Einen „objektiven" Umgang mit der hl. Schrift gibt es schlichtweg nicht.

### Was lernen wir daraus?

Jede Gesellschaft, jede Kultur liest die hl. Schriften des AT und NT unter Vorgaben und unter Erwartungshorizonten, die eben aus der jeweiligen Gesellschaft geboren werden. Eine mehr oder weniger undifferenzierte Gesellschaft ohne eigene Standpunkte wird in der Schrift kaum viel anderes finden als ein undifferenziertes Werk ohne Standpunkte – und sie deshalb wohl gelangweilt zur Seite legen.

# 26. Frage – die man auch ganz am Anfang stellen kann: Wofür nützt und dient das alles?

Vielleicht haben Sie es bemerkt: Die gestellten Fragen behandeln zunächst den Text, so wie er heute vorliegt. Welche Art von Text ist das? Kennen wir die Erstausgabe eines biblischen Textes, also die Fassung des ersten Autors? Was will der Text in der vorliegenden Endfassung? Welche Verständnisfragen muss/kann ich stellen und welche Fremdworte bzw. heute unverständlichen Worte kommen eigentlich vor? Erst in einem zweiten Arbeitsschritt geht es dann um den Text in seiner Entstehung, in seiner Umwelt, in der er entstanden ist, die Einzeltexte innerhalb eines Buches und ihr Zusammenwachsen, „alte" Vorstellungen, die enthalten sind, u.ä., ehe dann spezielle Betrachtungsweisen (der Blick von Frauen und der Blick der Armen aus Südamerika auf den Text) kurz vorgestellt wurden.

Alles in allem aber sollen die 26 gestellten Fragen dazu dienen, die Botschaft der heiligen Schrift weniger rätselhaft erscheinen zu lassen. Die Texte sollen nach Möglichkeit erhellt werden, verständlicher werden, alte Vorstellungen wie z.B. der „Untergang" der Welt oder das Vorkommen von Dämonen sollen aus ihrer Bildhaftigkeit genommen und in heutiges Verständnis, auch in das heutige Weltbild eingeordnet werden. „Weniger rätselhaft" meint also nicht, die Schrift auf ihren „Wahrheitsgehalt" hin zu überprüfen und dann zu unterscheiden, wieviel davon so stattgefunden haben kann und welche Teile man als unglaubwürdig, legendarisch o.ä. einordnen muss. Stattdessen geht es um das Verständnis der Texte in ihrem literarischen Kontext: Was wollte der Text damals eigentlich seinen Lesern sagen und wie hat er versucht, seine Aussageabsichten – vielleicht auch seine Anregung zu besonderem Handeln – an den „Mann" zu bringen? Erst dann ist es möglich, ein Verständnis für uns heute aufzuzeigen. Dabei wird es vielleicht nicht überraschen, dass manche Texte bisweilen für das Heute nur noch wenig sagen können. Ein Text über den Tempel, über die Opfer, über die Wallfahrtsfeste ist für heutige Leser, selbst im Judentum, nicht mehr unbedingt von Relevanz. Die sehr bildhaften Vorstellungen der Endzeitszenarien entsprechen nicht mehr unserem Weltbild und sind nach dem heutigen Stand der Wissenschaft so nicht zu erwarten: Die Sonne, der Mond, die Sterne werden nicht vom Himmel auf die Erde fallen. Dazu ist die Erde zu klein – und ein Kometeneinschlag kann zwar die Erde vernichten, aber damit ist nichts über das von Gott herbeigeführte und theologisch oder christologisch verortete Ende gesagt, schon gar nicht über das Ende des ganzen Kosmos.

Vielfach ist es auch gar nicht so einfach die zentrale Frage eines Textes zu erkennen. Da spielt der literarische Kontext, aber auch die Wirkungsgeschichte des

Textes eine Rolle, d.h.: Wie wurde der Text im Laufe seiner Überlieferung, bis in unsere Zeit hinein, ausgelegt? Wie und wann jemand mit dem Text in Kontakt gekommen ist – bis hin zum Wortlaut, der beim Erstkontakt zur Sprache kam, ist sicher von Bedeutung. Das alles prägt einen Leser oder Hörer und mitunter fehlt dann die Bereitschaft, sich auf eine neue Leseart oder auf eine neue Aussage des Textes einzulassen. Es muss klar werden, dass jede Interpretation, sei es in Form einer neuen/anderen Übersetzung, sei es in Form einer Auslegung im Kontext einer Sonntagspredigt, nicht nur zeitbedingt, sondern darüber hinaus von der Aussageabsicht des Interpreten geprägt ist. Dies zu erkennen und ggf. bei verschiedenen Auslegungen differenzieren zu können, ist bereits ein wichtiges Ergebnis.

Um dies alles für den Leser zugänglich zu machen, versucht dieses Buch die Neugier des Lesers zu wecken, dort Fragen zu stellen, wo vorher vielleicht alles klar zu sein schien, und mit diesen Fragen neue Dimensionen des Textes aufzuschließen.

Letztendlich aber geht es bei alldem immer wieder um das Gleiche: Spuren Gottes in der Geschichte der Menschen zu finden, diese für die eigene Geschichte fruchtbar zu machen und damit ganz aktuell im eigenen Leben Erfahrungen mit Gott zu ermöglichen. Die Schrift ist ein Buch, das so ziemlich alle menschlichen Erfahrungen enthält und damit theoretisch auf alles eine Antwort geben kann, auch wenn die heutigen Fragen meist andere sind als die, zu denen ursprünglich Antworten gegeben wurden. Es ist aber das gute Recht eines jeden Lesers, seine Antwort ganz neu aus dem Text herauszulesen. Dies gilt in gleicher Weise für das AT wie das NT. Das NT geht nach unserem Selbstverständnis als Christen freilich über das AT hinaus, denn es ermöglicht die Begegnung mit einer Person, in der sich Gott selbst dem Menschen zuwendet. ER ist die menschgewordene Botschaft Gottes an uns.

# Literatur


ALFRED, Adam: Antike Berichte über die Essener. Berlin 1961 (Neuauflage 1972).

BOFF, Leonardo und Clodovis: Wie treibt man Theologie der Befreiung? Düsseldorf 1986.

CARDENAL, Ernesto: Die Freude der Armen. Texte zur Orientierung. Gütersloh 1985.

EBNER, Martin/HEININGER, Bernhard: Exegese des Neuen Testaments. Ein Arbeitsbuch für Lehre und Praxis. Paderborn ²2007 (UTB 2677).

EGGER, Wilhelm: Methodenlehre zum Neuen Testament. Freiburg u.a. 1987 (⁶2011).

ERLEMANN, Kurt/WAGNER, Thomas: Leitfaden Exegese. Tübingen 2013 (UTB 4133).

GUSTAVO, Gutiérrez: Theologie der Befreiung. Mainz ¹⁰1992.

Des Flavius Josephus JÜDISCHE ALTERTÜMER: Übersetzt und mit Einleitung und Anmerkungen versehen von Dr. Heinrich Clementz. Wiesbaden ¹³1998.

Des Flavius Josephus DE BELLO JUDAICO. Der jüdische Krieg Bd. I-III. Griechisch und Deutsch. Michael, Otto/Bauernfeind, Otto (Hg.).Darmstadt 2013.

HEYM, Stefan: Der König David Bericht. Frankfurt ²⁷2004.

KELLER, Werner: Und die Bibel hat doch recht. Düsseldorf 1958.

KELLERMANN, Diether: Artikel גור [gur], in: Botterweck, Johannes G./Ringgren, Helmer (Hg.): Theologisches Wörterbuch zum Alten Testament (ThWAT Bd. I), Stuttgart u.a. 1973, S. 979-991.

MARTIN-ACHARD, Robert: Artikel גור [gur], in: Jenni, Ernst (Hg.): Theologisches Handwörterbuch zum Alten Testament (THAT, Bd. I) München 1971, S. 410f.

Philostratos: Das Leben des Apollonios von Tyana. Griechisch und Deutsch. Mumprecht, Vroni (Hg.). Berlin 2014.

Ansprache Seiner Heiligkeit Johannes Paul II. und Dokument der Päpstlichen Bibelkommission. In: Die Interpretation der Bibel in der Kirche 23. April 1993. Sekretariat der Deutschen Bischhofskonferenz (Hg.). Bonn ²1996 (Verlautbarungen des Apostolischen Stuhls 115).

SÖDING, Thomas: Jesus und die Kirche. Was sagt das Neue Testament? Freiburg 2007.

STEGEMANN, Hartmut: Die Essener, Qumran, Johannes der Täufer und Jesus. Ein Sachbuch. Freiburg u.a. ³1994 (Herder Spektrum 4128).

STEGEMANN, Ekkehard W./STEGEMANN Wolfang: Urchristliche Sozialgeschichte. Die Anfänge im Judentum und die Christusgemeinden in der mediterranen Welt. Stuttgart u.a. 1995.

THEISSEN, Gerd: Die Jesusbewegung. Sozialgeschichte einer Revolution der Werte. Gütersloh 2004.

THEISSEN, Gerd: Soziologie der Jesusbewegung. München [3]1981 (Theologische Existenz heute 194).

TIWALD, Markus: Das Frühjudentum und die Anfänge des Christentums. Ein Studienbuch. Stuttgart 2016 (Beiträge zur Wissenschaft vom Alten und Neuen Testament 208).

UTZSCHNEIDER, Helmut/NITSCHE, Stefan Ark: Arbeitsbuch literaturwissenschaftliche Bibelauslegung. Eine Methodenlehre zur Exegese des Alten Testaments. Gütersloh 2001.

# Bildquellen

Abb. 1: Der Evangelist Matthäus und der Engel, Gemälde von Rembrandt van Rijn, 1661

Abb. 1a: Piktogramme Damen- und Herren-WC, Gigillo83, lizensiert als Creative Commons bei Wikimedia Commons https://commons.wikimedia.org/wiki/File%3AItalian_traffic_signs_-_icona_wc.svg, 02.11.2016

Abb. 2: Phönizisches Alphabet, eigene Darstellung

Abb. 3: Keilschrift, UnknownRama, lizensiert als Creative Commons bei Wikimedia Commons https://commons.wikimedia.org/wiki/File%3AHurrian_tablet_AO12016_mp3h8901.jpg, 02.11.2016

Abb. 4: Papyruspflanzen, Heike Hoffmann/SuSanA Secretariat, lizensiert als Creative Commons bei Wikimedia Commons https://commons.wikimedia.org/wiki/File%3AConstructed_wetland_(5546614783).jpg, 02.11.2016

Abb. 5: The Heracles Papyrus (Oxford, Sackler Library, Oxyrhynchus Pap. 2331), a fragment of 3rd century Greek manuscript of a poem about the Labors of Heracles

Abb. 6: Biblia Hebraica Stuttgartensia: Elliger, Karl u.a.(Hrsg.), Stuttgart $^{4}$1990

Abb. 7: Widmung an Ptolemäus VI. von Ägypten. Ägyptischer Kalkstein, 2. Jhd. v. Chr, Louvre

Abb. 8: John 1:5b-10 in Codex Ebnerianus; example of minuscule writings, Tregelles S. P., An Introduction to the Textual Criticism of the New Testament, London 1856.

Abb. 9: Das Neue Testament. Griechisch und Deutsch: Aland, Barbara und Kurt u.a. (Hrsg.): Griechischer Text: Novum Testamentum Graece. Stuttgart rev. Aufl. $^{28}$2012. Stuttgart 2013

Abb.10: Figurenkonstellation in der Josefsgeschichte, eigene Darstellung

Abb. 11: Figurenkonstellation in der Geschichte vom barmherzigen Vater, eigene Darstellung

Abb. 12: Handlungsalternativen, eigene Darstellung

Abb. 13: Portal der Marienkapelle Würzburg, Daderot, lizensiert als Creative Commons bei Wikimedia Commons https://commons.wikimedia.org/wiki/File%3AMarienkapelle_W%C3%BCrzburg_-_IMG_6741.JPG, 02.11.2016

Abb. 14: Totenmaske von Tutanchamun, Carsten Frenzl, Obernburg 2012, lizensiert als Creative Commons bei Wikimedia Commons https://commons.wikimedia.org/wiki/File%3ATUT-Ausstellung_FFM_2012_47_(7117819557).jpg, 02.11.2016

Abb. 15: Holzstich „Wanderer am Weltenrand“, unbekannter Künstler, veröffentlicht 1888 in *L'atmosphère. Météorologie populaire* von Camille Flammarion

Abb. 16: Quellen und Textfassungen, eigene Darstellung

Abb. 17: Detail from the Greenfield Papyrus (the Book of the Dead of Nesitanebtashru, *What Life Was Like on the Banks of the Nile,* edited by Denise Dersin, 1997)

Abb. 18: Schichtengrabung in Augsburg, Inneres Pfaffengässchen, Anja Mößbauer, 2006

Abb. 19: Genageltes Fersenbein des Gekreuzigten von Jerusalem – Giv'at Hamivtar, Hans-Peter Kuhnen: Mit Thora und Todesmut. Judäa im Widerstand gegen die Römer – von Herodes bis Bar-Kochba. Stuttgart 1994, S. 126.

Abb. 20: Das geozentrische Weltbild mit einer Hierarchie der Cherubin und Seraphinen in einer Darstellung aus der Schedelschen Weltchronik, 1493

Abb. 21: Bevölkerungspyramide, eigene Darstellung

Abb. 22 und 22a: Klaus Dorn

# Glossar

**Antiquitates XVIII, 3,3**: Es handelt sich dabei um einen Ausschnitt aus Josephus Flavius „Antiquitates Judaicum", den man „Testimonium Flavianum", das Zeugnis des Flavius nennt. Dort wird über Jesus gesagt:

> *„Um diese Zeit lebte Jesus, ein weiser Mensch, wenn man ihn überhaupt einen Menschen nennen darf. Er war nämlich der Vollbringer ganz unglaublicher Taten und der Lehrer aller Menschen, die mit Freuden die Wahrheit aufnahmen. So zog er viele Juden und auch viele Heiden an sich. Er war der Christus. Und obgleich ihn Pilatus auf Betreiben der Vornehmsten unseres Volkes zum Kreuzestod verurteilte, wurden doch seine früheren Anhänger ihm nicht untreu. Denn er erschien ihnen am dritten Tage wieder lebend, wie gottgesandte Propheten dies und tausend andere wunderbare Dinge von ihm vorherverkündet hatten. Und noch bis auf den heutigen Tag besteht das Volk der Christen, die sich nach ihm nennen, fort."*

Die Aussage stammt im vorliegenden Wortlaut und Umfang mit hoher Wahrscheinlichkeit nicht von Josephus. In der neueren Exegese geht man allerdings davon aus, dass sie im Kern auf Josephus zurückgeht und lediglich christlich überarbeitet wurde, jedoch nicht in Gänze – das wäre die Alternative – christlich ist.

Eine **Ätiologie** ist eine Legende, die den Namen einer Person, eines Ortes, aber auch einen kultischen Brauch oder eine geologische Besonderheit begründet (aitios = der Grund). So beruft man sich z.B. bei Wallfahrtsorte darauf, dass man an der Stelle, an der sich jetzt die Kirche befindet, eine Erscheinung hatte, ein Kruzifix oder eine Marienstatue gefunden wurde u.ä.

**Aton** ist der Sonnengott, der von dem Pharao Ach-En-Aton, üblicherweise Echnaton genannt, monolatrisch oder monotheistisch verehrt wurde. Seine Ehefrau ist die bekannte Nofretete, deren Büste im Ägyptischen Museum in Berlin ausgestellt ist.

Von einer monolatrischen Verehrung eines Gottes spricht man, wenn andere Götter ebenfalls verehrt werden, ein bestimmter Gott aber besonders hervorgehoben wird und ihm besondere Ehre zuteilwird. Monotheismus wird die Verehrung ausschließlich eines Gottes genannt, wobei andere (frühere, ältere) Götter nicht mehr verehrt werden und/oder deren Existenz bestritten wird.

**Babylonisches Exil** nennt man die Zeit, in der ein Teil der Bevölkerung des Südreiches Juda, v.a. die Oberschicht, ins babylonische Großreich zwangsumgesiedelt wurde. Es dauerte von 597/586 bis 538. Im Jahre 538 erlaubte der Perserkönig Kyros II nach seinem Sieg über die Neubabylonier (Chaldäer) die Rückkehr der Exilierten und den Wiederaufbau des Tempels.

Den **Bann vollziehen** heißt, die Beute aus einem Krieg dem Staatsgott zu weihen und ihm für seine Hilfe im Krieg zu danken: Gebäude werden niedergerissen, Menschen und Tiere abgeschlachtet, sonstige Beute dem Tempel gestiftet oder verbrannt. Sowohl atl. Texte wie auch archäologische Funde lassen allerdings vermuten, dass der Bann nicht in einem totalen Sinn vollzogen wurde. Es ist von Kriegsgefangenen die Rede, die als Sklaven arbeiten mussten bzw. von demjenigen, der sie erbeutet hatte, geheiratet wurden.

### Bewertung von Übersetzungen

*„Elberfelder Übersetzung:*

1. Sprachstil: Gehoben ohne Altertümlichkeiten; der Grundsatz der Worttreue (s. Punkt 4) bedingt eine gewisse Umständlichkeit und Holperigkeit....

4. Übersetzungstyp: Philologische Übersetzung, die genaue und wortgetreue Wiedergabe anstrebt, auch auf Kosten der ‚sprachlichen Eleganz'. Soweit sinnvoll, einheitliche Wiedergabe der biblischen Begriffe (eingeschränkt begriffskonkordant). In der revidierten Fassung wurden schwierige Satzkonstruktionen aufgelöst.
5. Namensschreibung: Evangelische Tradition. Gottesname HERR; im unrevidierten Text Jehova.
6. Kommentierung: Fußnoten zur Textüberlieferung mit alternativen Übersetzungsmöglichkeiten.
7. Verweisstellen: Ausführliche Verweisstellen in der Mittelspalte, zugeordnet durch Verweisbuchstaben im Text.
8. Besonderheiten: Der Name ‚Elberfelder Bibel' leitet sich vom Verlagsort (Wuppertal-)Elberfeld her. Es gibt keine Spätschriften des AT (Apokryphen), da diese Bücher von dem Kreis, der hinter der Elberfelder Bibel steht, kritisch beurteilt werden.
9. Zielgruppe: Leser, die eine Übersetzung suchen, die sie möglichst nahe an den biblischen Grundtext heranführt, und die auch einen schwierigen Text nicht scheuen.
10. Gesamturteil: Im Ganzen eine der zuverlässigsten Übersetzungen. Die Fußnoten vermitteln dem Leser einen Eindruck von den Schwierigkeiten des Übersetzens und gelegentlich der Unmöglichkeit, zu einem gesicherten Verständnis des Textes zu gelangen."

https://www.die-bibel.de/bibelwissen/bibeluebersetzung/deutsche-uebersetzungen/uebersicht/elberfelder-bibel/ (20.5.2016)

*„Fridolin Stier: Übersetzung des NT:*

1. Sprachstil: Gehobene Sprache mit übersetzungsbedingten Eigenheiten (vgl. Punkt 8) [sic!]...
4. Übersetzungstyp: Wörtlich; konsequent begriffskonkordant.
5. Namensschreibung: Weitgehend ökumenische Regelung.
6. Besonderheiten: Die Übersetzung bildet den Sprachduktus des Originals nach, manchmal aber auch nur – wenig sinnvoll – die Wortstellung. Sie setzt vor allem auf die erschließende Kraft des Einzelworts. Dabei wird z.T. an die anschauliche Grundbedeutung des griechischen Wortes angeknüpft (anbeten: ‚sich tief verneigen'), es werden aber auch freie Neubildungen gesucht (Dämon: ‚Abergeist'). Die Begriffskonkordanz wird so streng gehandhabt, dass Bedeutungsdifferenzierungen untergehen (‚ermutigen' durchgehend für das griechische parakalein, das je nachdem ‚herbeirufen, ermahnen, trösten, bitten' bedeuten kann).
9. Zielgruppe: Anspruchsvolle Leser, die es sich nicht leicht machen, sondern in der Übersetzung möglichst viel vom Charakter der ursprünglichen Botschaft spüren wollen.
10. Gesamturteil: Eine Übersetzung von beachtlichem Format, die zu neuer Aufmerksamkeit auf das Bibelwort anleitet, aber mit Manierismen wie gekünstelten Wortneubildungen belastet ist und das Prinzip der Begriffskonkordanz auf Kosten der Verstehbarkeit auf die Spitze treibt."

https://www.die-bibel.de/bibelwissen/bibeluebersetzung/deutsche-uebersetzungen/uebersicht/stier/ (20.5.2016)

Ein **Codex** ist im Vergleich zur Rolle ein „richtiges" Buch. Man legt die beschriebenen Blätter aufeinander und klappt diese, einem Buch vergleichbar, in der Mitte zusammen. Der Vorteil eines Kodex besteht darin – wenn er mehrere Bücher enthält – dass die Reihenfolge der Bücher festgelegt ist. Dies ist bei Rollen nicht der Fall, die beliebig in einem Regal oder Schrank abgelegt werden können. Zudem kann ein Codex mehr Bücher enthalten als eine Rolle, denn theoretisch kann er beliebig umfangreich sein. Man vermutet, dass das Christentum seine Schriften von Anfang an in Codex-Form verfasst hat.

**Durch Null zu teilen** ist nicht möglich, weil das Ergebnis nicht eindeutig ist: Wenn ein Kuchen einer Person gehört, bekommt sie einen ganzen Kuchen: 1:1 = 1. Wenn ein Kuchen aber überhaupt nicht geteilt wird, bleibt es ebenfalls ein ganzer Kuchen 1:0 = 1. Da die Division als Umkehr der Multiplikation gilt, ergibt sich hier genauso wenig ein eindeutiges Ergebnis: 3 * 0 = 0 und 15*0 = 0.

Warum es nicht möglich ist durch 0 zu teilen, kann natürlich auch mathematisch bewiesen werden (vgl. z.B.: http://www.liste-null.de/division.php 15.7.2016).

**Etymologie** befasst sich mit der Herkunft eines Wortes. Diese zu erheben kann vielfach die Bedeutung eines Wortes in einem scheinbar missverständlichen Kontext klarer erscheinen lassen oder diese überhaupt erst erschließen, v.a. wenn es sich um ein Lehnwort aus einer anderen Sprache handelt.

**Kain und Abel**

• Warum bevorzugt Gott den Abel und dessen Opfer [Abel = hævæl = Windhauch, Vergänglichkeit)?
Mit dem Namen „Abel“ wird in der Erzählung bereits die Vergänglichkeit des Mannes, sein kurzes Leben, zum Ausdruck gebracht. Das aber bedeutet, dass es sich nicht um einen Bericht, sondern um Erzählung handelt. Warum Gott den Abel bevorzugt, erklärt der Text nicht – genauso wenig wie wir heute erklären können, warum Menschen unterschiedliche Begabungen haben oder vom Glück/vom Pech verfolgt sind. Dennoch kann hier eine gewisse Plausibilität für eine Lösung gefunden werden: Israel legt vielfach Wert darauf, dass seine Vorfahren, besonders die großen Männer wie Abraham, Isaak, Jakob sowie die zwölf Söhne – und nicht zu vergessen David – Hirten waren, die mit ihren zumeist aus Kleinvieh (Ziegen, Schafen) bestehenden Herden durch die Halbwüste zogen. Mit den sesshaften Bauern wollte man nicht allzu viel zu tun haben, ja es konnte sogar zu Konflikten kommen, wenn die Herden zu sehr in das (bebaute) Kulturland einbrachen. Die „Guten“ sind demnach die Hirten.

Vielfach wird in entsprechenden bildlichen Kommentaren zu dieser Stelle der Eindruck erweckt (oder sogar behauptet), Abel habe das Beste aus seiner Herde geopfert, Kain dagegen nur das Minderwertige aus seiner Ernte. Man sieht dann, wie der weiße Rauch von Abels Opfer senkrecht in die Höhe, in den Himmel hinein steigt, während sich der dunkle Rauch des Kainopfers am Fuße des Altares dahinwindet. Das mag zwar einleuchtend sein, ist aber nicht zutreffend und ist auch nicht im Sinne des Textes.

• Wodurch bemerkt Kain denn die Bevorzugung des Abel?
Diese Frage ist mit Blick auf Stellen wie 1 Sam 18,14 (u.a.) relativ einfach zu beantworten. Dort heißt es:

*Und David hatte Erfolg auf allen seinen Wegen, und der HERR war mit ihm.*

Wenn jemand den Herrn aus seiner Seite hat, dann wird er Erfolg haben. Er wird seine Kriege gewinnen, seine Herden werden fruchtbar sein und sich vermehren, seine Äcker werden reiche Frucht tragen. D.h. die Herde des Abel vermehrte sich im drauffolgenden Jahr, während Kain nur eine magere Ernte einfahren konnte.

• Warum fragt Gott Kain nach seinem Bruder, wenn er es ja doch schon weiß?
Der Grund dürfte der gleiche sein wie in der Sündenfallgeschichte. Selbstverständlich weiß Gott von dem Verbrechen des Kain, aber er soll seine Untat selbst bekennen, zu ihr stehen.

• Wie kann das Blut schreien? Welche Vorstellung von Blut (und vom Ackerboden) wird hier sichtbar?
Auch hierbei hilft ein Blick in atl. Umgangspraxis und Sprache:

> *Gen 9,5 Jedoch euer eigenes Blut werde ich einfordern; von jedem Tiere werde ich es einfordern, und von der Hand des Menschen, von der Hand eines jeden, nämlich seines Bruders, werde ich das Leben des Menschen einfordern.*
>
> *Lev 17,11 Denn die Seele des Fleisches ist im Blut, und ich selbst habe es euch auf den Altar gegeben, Sühnung für euer Leben zu erwirken. Denn das Blut ist es, das Sühnung tut durch die Seele in ihm.*
>
> *Lev 17,14 Denn was das Leben allen Fleisches betrifft: sein Blut, das ist sein Leben – und ich habe zu den Söhnen Israel gesagt: Das Blut irgendwelches Fleisches sollt ihr nicht essen, denn das Leben alles Fleisches ist sein Blut; jeder, der es ißt, soll ausgerottet werden. [vom Autor korrigierte Elberfelder Übersetzung]*

[In der Elberfelder Übersetzung steht statt „Leben“ jedes Mal „Seele“. Diese Übersetzung ist jedoch nicht zutreffend. Im hebräischen Original steht das Wort „Nefesch“ das so viel wie Kehle, Atem bedeutet und somit für „Leben“ steht, denn ein Mensch, der nicht mehr atmet, der den von Gott eingeblasenen Atem nicht mehr hat (vgl.: *Gen 2:7 Da formte Gott, der Herr, den Menschen aus Erde vom Ackerboden und blies in seine Nase den Lebensatem. So wurde der Mensch zu einem lebendigen Wesen;* EÜ), ist tot – ebenso wie jener, der kein Blut mehr in sich hat.

Der Mensch kann demnach nicht über das Blut verfügen, weil es Träger des Lebens ist. Es gehört Gott, der den Menschen für vergossenes Blut zur Rechenschaft zieht. Beim Opfer wird es (je nach Art und Zweck des Opfers) auf den Altar gesprengt, der größere Teil wird dabei jedoch am Fuße des Altares ausgegossen und versickert demnach in der Erde.]

> *Lev 1:5 Und er soll das junge Rind schlachten vor dem HERRN. Und die Söhne Aarons, die Priester, sollen das Blut herzubringen und das Blut ringsherum an den Altar sprengen, der am Eingang des Zeltes der Begegnung [steht].*

Die Erde „trinkt" das unschuldig vergossene Blut, das „zum Himmel schreit". Da der Mord im Stillen, ohne Zeugen geschieht, wird das Blut zum Ankläger und fordert Rechenschaft bei Gott.

- Vertreibt Gott den Kain tatsächlich vom Ackerboden?

Nicht wirklich, aber da die Erde in Zukunft für Kain keine Frucht mehr bringen wird, kommt dies einer Vertreibung vom Ackerboden gleich. Kain kann von der Erde nichts mehr erwarten. Sie wird ihn nicht mehr ernähren.

- Wieso fühlt sich Kain bedroht von jedermann?

Kain ist aus der menschlichen Gesellschaft herausgefallen. Er ist ein Fremder, der nicht mehr im Schutze einer Familie oder Sippe steht. Im Mittelalter hätte man ihn als „vogelfrei" bezeichnet. Niemand, der ihn umbringt, muss die Rache irgendjemandes fürchten. Für ihn tritt kein Bluträcher mehr ein. Damit ist er aber aufs Höchste gefährdet. Das weiß er auch!

- Mit welchem Kainsmal kennzeichnet Gott den Kain?

Gott ist nicht daran gelegen, dass Kain wegen seiner Bluttat ermordet wird. Deshalb markiert er ihn mit einem (scheinbar jedermann verständlichen) Schutz-Zeichen, das zwar einerseits Kain als Brudermörder ausweist, andererseits aber auch sein Leben schützt. Worin dieses Zeichen besteht, wird nicht gesagt und eröffnet somit den Raum für jede Art von Spekulationen. Im MA wird diese Mal mit dem gelben Ring in Verbindung gebracht, den Juden seit dem Laterankonzil von 1215 auf ihrem Gewand als Erkennungszeichen tragen mussten – damit stand das Judentum für „Kain". Dem Antijudaismus wird dies sicher Vorschub geleistet haben! Nach anderer Überlegung verstand man darunter Muttermale oder Feuermale auf der Haut eines Menschen, nach wieder anderer Überlieferung habe Gott dem Kain ein Zeichen auf die Stirn geritzt, z.B. einen Buchstaben seines Namens.

Ein **Lektionar** ist ein Buch, in dem biblische Texte entsprechend ihrer Verwendung in den Gottesdiensten zusammengestellt werden. In heutiger Zeit werden die ntl. Texte für die Lesungen auf drei Lesejahre (A-C) verteilt, in denen jeweils vorwiegend ein bestimmter Evangelist im Gottesdienst vorgetragen wird. Der Wechsel zu einem anderen Evangelisten im neuen Lesejahr erfolgt jeweils zu Beginn des Kirchenjahres, d.h. zum ersten Advent. Lektionare gibt es etwa ab dem 5. Jh.

Als **Leviratsehe** bezeichnet man die Schwagerehe: Eine Frau, die von ihrem verstorbenen Mann kinderlos geblieben ist, wird von dessen Bruder geehelicht. Die daraus hervorgehende Nachkommenschaft gilt als Nachkommen des Verstorbenen (vgl. das Buch Rut sowie Mk 12,18-27).

**Majuskel** bzw. Majuskelschrift bezeichnet eine Schrift, die ausschließlich mit Großbuchstaben geschrieben ist, wobei die Buchstaben selbst, wie in Blockschrift, ohne Verbindungen hintereinander geschrieben werden. Im Gegensatz dazu verwendet die **Minuskel** Kleinbuchstaben und verbindet diese miteinander zu einer Art Schreibschrift. Als **Karolingische Minuskel** bezeichnet man eine Schriftart, die den Kleinbuchstaben in einer bestimmten, eigenen Form schreibt.

**Masoretischer** Text des AT: Es ist jener Text, der sich heute in den hebräischen Bibelausgaben befindet. Der Text ist nicht nur durch ein System aus Strichen und Punkten vokalisiert, sondern enthält dazu auch noch Anmerkungen – z.B. bei fehlerhafter Schreibung – sowie Betonungen und „Satzzeichen".

Ein **Naziräer** ist ein Gottgeweihter. Es ist ein Mann, der sich die Haare zeitlebens oder zeitlich befristet nicht schneidet und keinen Alkohol zu sich nimmt. Der Verzicht auf Ehe und Sexualität gehört freilich nicht zum Naziräat.

**Abb. 22 und 22a:** Spolien in der Theodosianischen Mauer in Istanbul

**Nordreich und Südreich:** Nach dem Tod des Salomo gelingt es seinem Sohn und Nachfolger Rehabeam nicht, das wenige Jahrzehnte vorher von seinem Großvater David geeinte Reich zusammenzuhalten. Während Salomo noch fraglos als König akzeptiert wurde, wehren sich zu Beginn der Regierungszeit des Rehabeam die Zehn Stämme des Nordens (der Süden besteht aus Juda und Benjamin), gegen zu hohe Abgaben. Rehabeam ist nicht bereit, diese zu senken, ohne dabei daran zu denken, dass er seine Forderungen gar nicht durchsetzen kann – auch militärisch nicht. So kommt es zur Spaltung des Reiches ca. 926 v. Chr.

Obwohl die weitere Geschichte aus der Sicht des Südreiches und seiner davidischen Dynastie betrachtet und aufgeschrieben wird, ist das Nordreich nicht nur wesentlich größer, sondern auch bedeutender. Seine größte Blütezeit wird es unter der Omridendynastie und deren König Ahab gehabt haben (ca. 871-852 v. Chr.). Nach der Trennung wird der Norden „Israel" genannt, der Süden „Juda".

**Polysem** ist ein Wort, wenn es unterschiedliche/verschiedene Bedeutungen hat; dies gilt es besonders bei einer Übersetzung in eine andere Sprache zu beachten. Denn hier kommt es sehr darauf an, unter den verschiedenen Bedeutungen die richtige für den jeweiligen Kontext auszusuchen.

Ein Beispiel für ein polysemes Wort im Deutschen ist das Wort „Blatt": Es kann ein Blatt am Baum, aber auch ein Blatt Papier gemeint sein. Bei der Übertragung ins Englische müsste man hier leave oder sheet verwenden. Umgekehrt kommt dem Wort „leave" aber nicht nur die Bedeutung „Blatt" zu, denn als Verb bedeutet es verlassen, weggehen/fahren, vergessen, vererben u.v.m.

Die **Septuaginta** ist die bedeutendste Übersetzung des hebräischen Alten Testaments in die griechische Sprache. Sie entstand mit hoher Wahrscheinlichkeit im 3./2. Jh. im Diasporajudentum, vermutlich in Alexandria. Ursprünglich ging es dabei freilich nur um die Übersetzung des Pentateuch, der fünf Bücher Mose, doch im Laufe der Zeit wurden auch die anderen Bücher des AT übersetzt. Darüber hinaus enthält die LXX, so ihre Abkürzung, auch Bücher des Judentums, die keinen Eingang in den Hebräischen Kanon gefunden haben, sowie Zusätze zu einzelnen (kanonischen) Büchern. Die Abkürzung LXX rührt daher, dass laut Entstehungslegende 70 Übersetzer den Pentateuch gleichlautend ins Griechische übertragen haben sollen. Damit gilt diese Schrift ursprünglich als inspiriert. Ein guter Teil der über das Hebräische AT hinausgehenden Schriften findet sich auch in katholischen Bibelausgaben. In den Ausgaben der Kirchen der Reformation ist man hier wesentlich zurückhaltender. Die entsprechenden Bücher finden sich i.d.R. dort nicht, da man sich stärker an der hebräischen Bibel orientiert. Die LXX war bis ins 2. Jh. n. Chr. hinein *die* Heilige Schrift der Christen – das NT gab es ja zunächst noch nicht. Im Zuge dieser „Vereinnahmung" der Schrift durch die Christen und in der Diskussion um fehlerhaft übersetzte Stellen, verlor die LXX an Ansehen unter den Juden. Man beschränkte sich zunehmend auf das hebräische „Original". Die LXX ist freilich nicht die einzige Übersetzung des AT ins Griechische.

**Spolien** (Pluralwort) sind Steine oder allgemein Mauerreste, die in ein neues Bauwerk eingefügt werden. Besonders auffallend ist diese Bauart in der Theodosianischen Mauer aus dem 5. Jh. in Istanbul (s. Abb. 22 u. 22a), wo Fensterrahmen, Säulen und andere Gebäudebruchstücke ihre Neuverwendung erfahren haben. Auch in der bekannten Zisterne nahe der Hagia Sophia und der Blauen Moschee wurden Säulen der unterschiedlichsten Herkunft verwendet, wie unschwer zu erkennen ist.

Als **Textzeugen** bezeichnet man alle Schriften, die ein- und denselben Text, ggf. mit Varianten und aus verschiedenen Zeiten oder Zeiträumen enthalten. Dabei ist es völlig gleichgültig, auf welchem Schreibmaterial der Text überliefert wird.